时光中的黑美人

纪念『黑美人』艺术节三十周年

主　编：赵　强
执行主编：李　彬　高字民
王理鹏　张　昊

西北大学出版社

图书在版编目（CIP）数据

时光中的“黑美人”：纪念“黑美人”艺术节三十周年/赵强主编.—西安：西北大学出版社，2017.9
ISBN 978-7-5604-3781-1

Ⅰ.①时…　Ⅱ.①赵…　Ⅲ.①高等学校—校园文化—研究　Ⅳ.①G647

中国版本图书馆CIP数据核字（2017）第244950号

时光中的“黑美人”
——纪念“黑美人”艺术节三十周年

主　　编: 赵　强
出版发行: 西北大学出版社
地　　址: 西安市太白北路229号
邮　　编: 710069
电　　话: 029-88305287
经　　销: 全国新华书店
印　　装: 陕西博文印务有限责任公司
开　　本: 787mm×1092mm　1/16
印　　张: 19.5
字　　数: 320千字
版　　次: 2017年9月第1版
印　　次: 2017年9月第1次印刷
书　　号: ISBN 978-7-5604-3781-1
定　　价: 38.00元

编委会
BIANWEIHUI

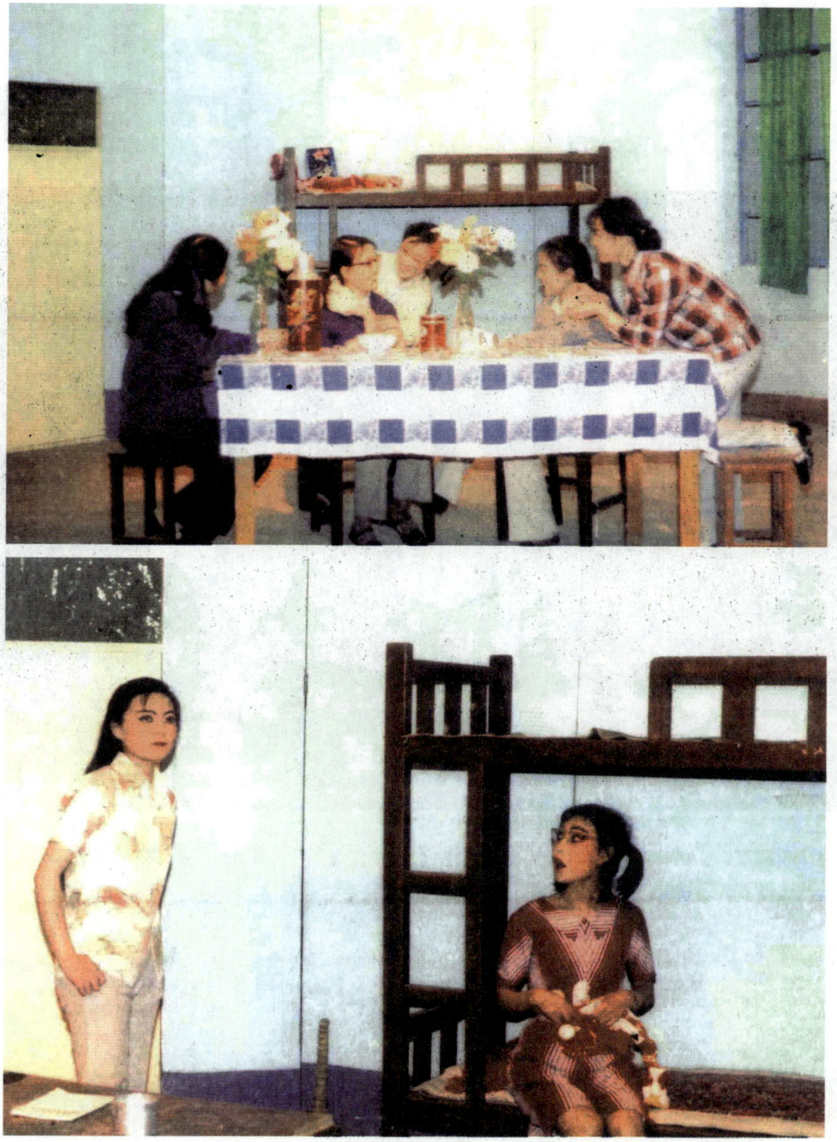

1987年《女大学生宿舍》剧照

首届“黑美人”戏剧节剧照

第十届“黑美人”艺术节剧照

第十一届“黑美人”艺术节剧照

贾平凹参与第十二届“黑美人”艺术节合影

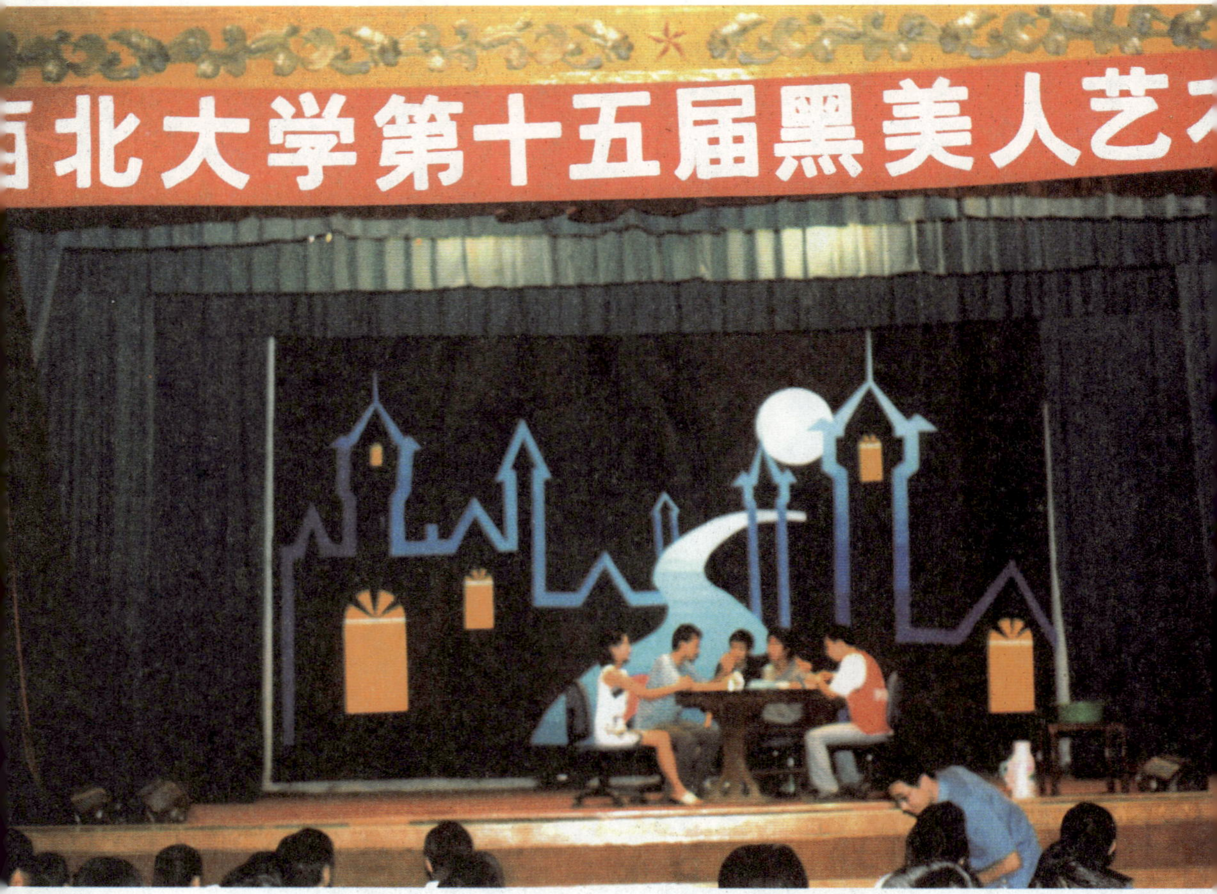

第十五届“黑美人”艺术节剧照

第十六届“黑美人”艺术节剧照

第十六届“黑美人”艺术节剧照

第十七届“黑美人”艺术节剧照

第十八届“黑美人”艺术节剧照

第十九届“黑美人”艺术节
全体演职人员合影

陕西省首届大学生戏剧节暨第二十届“黑美人”艺术节剧照

第二十四届“黑美人”艺术节剧目《我不是李白》剧照

第二十五届“黑美人”艺术节剧照

第二十六届“黑美人”艺术节部分演员合影

第二十七届“黑美人”艺术节剧照

西北大学校长郭立宏、纪委书记李邦邦
与第二十九届“黑美人”艺术节全体演职人员合影

《家里的玩偶》演职人员合影

《家里的玩偶》剧照

该剧荣获首届国际大学生易卜生戏剧节最佳剧目特等奖、最佳导演奖

《武贰》剧照

该剧荣获陕西省第四届校园戏剧节优秀剧目奖、剧本一等奖、优秀表演奖，陕西省首届大学生话剧节最佳团队一等奖、最佳编剧奖，戏剧奥林匹克暨陕西省大学生校园话剧艺术节编剧二等奖

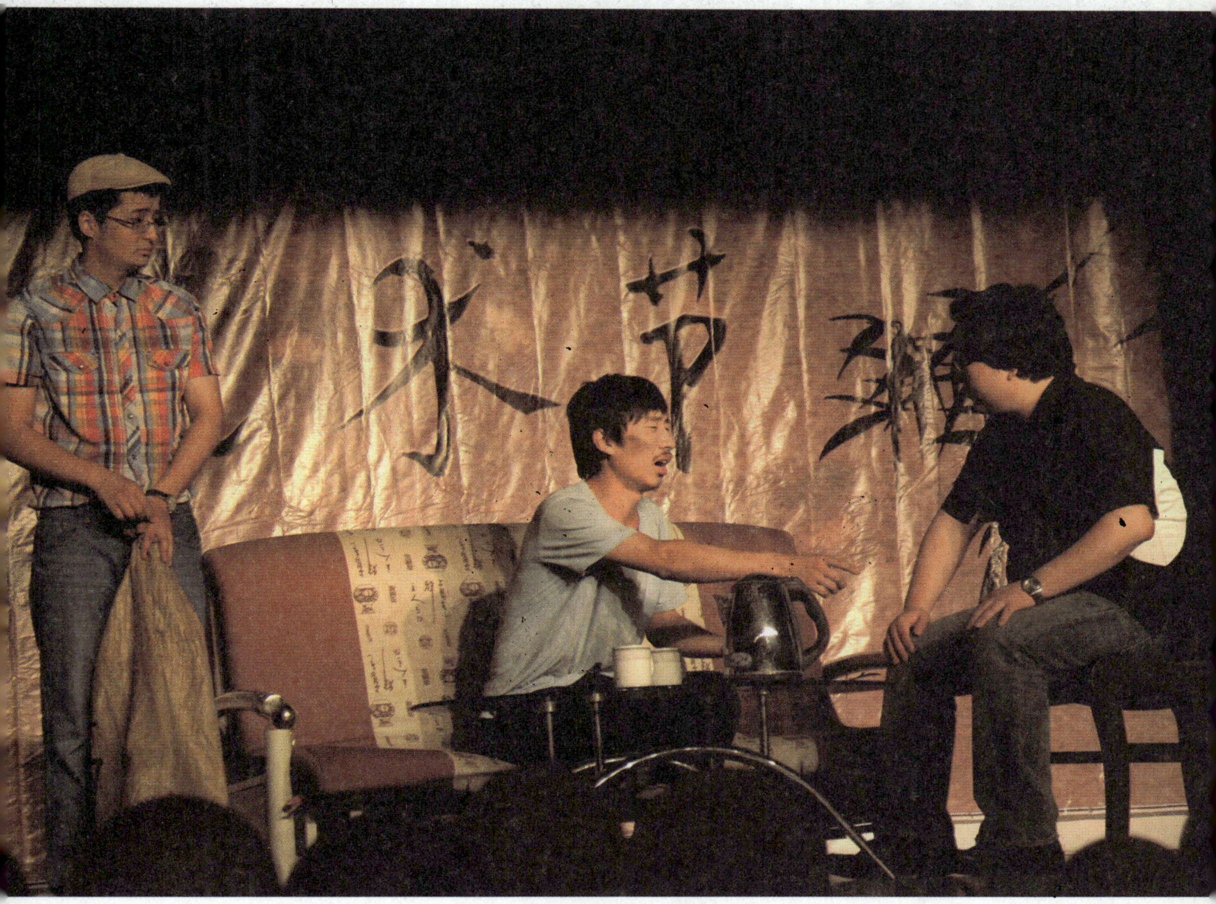

《山寨爸爸》剧照

师生同台演绎人生

该剧荣获陕西省第三届校园戏剧节优秀剧目奖

《伤逝——涓生的手记》剧照

该剧荣获陕西省第四届校园戏剧节优秀剧目奖

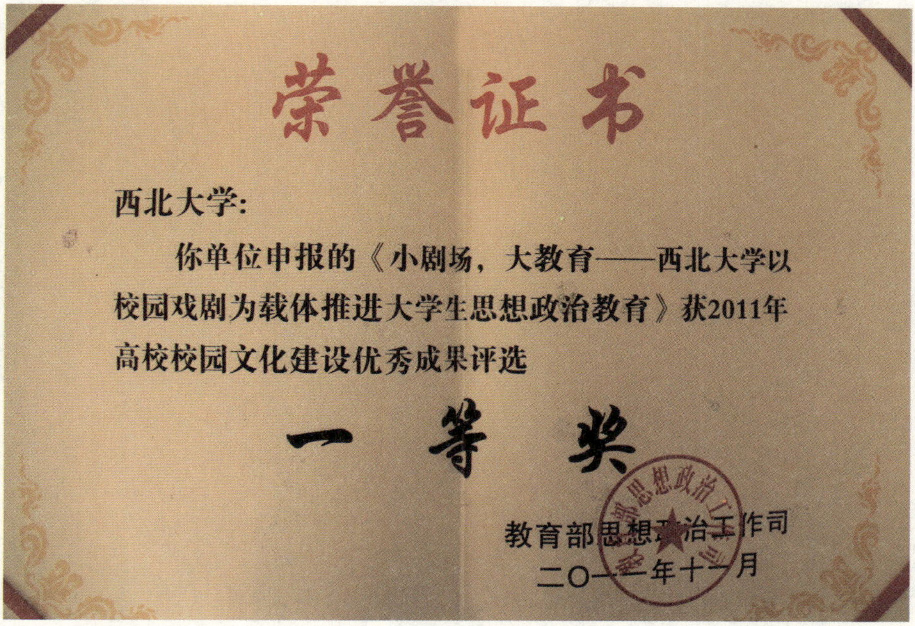

教育部颁发的高校校园文化建设优秀成果一等奖奖状

序

“黑美人”艺术节已经举办三十年了，这真是件不同寻常的事情！

去年年末，学院李彬副书记和戏剧影视专业高字民副教授对我说，“黑美人”艺术节到2017年就是第三十届了，他们和几位辅导员想搞点纪念活动。我表示完全肯定，并让他们先拿出策划方案来。过了几天，他们送来一份很细致的策划书，其中包括排演一台主题剧，编纂一本回忆录，拍摄一部纪录片，举办一场座谈会。我认为可行，并在学院班子会上商议了此事，大家都很赞成，于是列入了今年学院的重点工作计划。

剧本创作的事，我建议字民以“美人黑兮”为名，以几个年代“黑主”的成长故事为内容，着力展示“黑美人”三十年来独特的发展历程和文化育人的功能与价值。字民很幽默，以“这个美人有点儿黑”为剧名，创意策划，找学生中的戏剧骨干，编创剧本，招募演员，筹备排演，搞得很火热。

纪录片的制作和回忆录的撰写，两位一体，由李彬副书记牵头，带着辅导员王理鹏、张昊，动员并指导学生，组织队伍，开始了拍摄和征稿工作。我曾随纪录片摄制组前往北京参与拍摄活动，时值酷暑，全队上上下下，个个大包小箱，一天赶十几个场，真是不容易！几位干部、同学的工作热情、敬业精神，让我十分感动。

征文的事，经过广泛征集和特约组稿，收集了多篇文章和多幅图片，涵盖了创办至今众多主办者、参与者和支持者极富个人感情色彩的回忆文章和珍贵照片。这些文章，或回味，或抒情，或感悟，或思考，对于我们理解“黑美人”、认识“黑美人”、欣赏“黑美人”、传承“黑美人”都具有非常重要的价值。

丹纳说，艺术的花朵盛开在生长这朵鲜花的肥沃土地上。我们的“黑美人”就是诞生在人文荟萃、底蕴深厚的文学院，壮大在历史悠久、综合包容的西北大学的一朵奇葩。她以她的绚丽多彩、青春活力，塑造着一代代、一群群钟情戏剧、热爱艺术的文学青年——他们是编导，是演员，是剧务，是学生，是老师，是干部……他们在这个艺术舞台上健康成长着，茁壮成才着，不断追求着成功。他们用自己的人生故事创造、演绎、抒写、回忆着一个个美好的“黑美人”传奇！

美人黑兮夜未央，一词一句正调腔。兰若青春遗何梦，六月热火扑面妆。月狐移步清音长，琵琶曼妙反弹香。凤出西岐多俊秀，玉立亭亭大道章。

谨为序。

西北大学文学院党委书记　赵　强

2017年8月

青春的轮回

——《时光中的“黑美人”》序

我有一个固执的观念:上大学是每个人青春的权利,校园里的艺术节让莘莘学子的青春更加亮丽。

人在十八九岁的时候,多少都有点儿疯狂,有点儿忧伤,时而执着,时而颓废,爱做梦,好幻想。大学的课堂,把疯狂引入科学的轨道,把忧伤演绎成诗意的华章,让执着为以后的人生奠基,把颓废变成奋斗之前的一段小憩。学校的艺术节是一个梦幻的舞台,给青春的梦想插上翅膀,让幻想在艺术的天空自由翱翔。

“黑美人”艺术节,1987年由中文系发起,为学子们搭建青春的舞台、梦幻的剧场。三十年来,它让一届届青年学子,穿越古今,在现实与理想中徜徉,快意了文学院的师生,陶醉了西北大学的教职员工。在发展过程中,吸引了各院系的学生,队伍逐渐扩大,剧本逐渐精良,演出效果逐渐登上新的台阶。部分优秀剧目在全国展演,受到了专家肯定、观众欢迎,教育部曾给予嘉奖,国际大学生易卜生戏剧节也曾邀请展演。

每个人一生中只有一次十八九岁,“黑美人”艺术节却青春永驻,年年都演绎十八九岁的故事,放飞十八九岁的梦想。当它即将经历第三十个十八九岁的时候,我们邀请曾经在这个舞台上挥洒过青春,付出过心血,现在全国乃至世界其他地方工作的校友们,暂缓一下自己崇高的事业,重温一下自己十八九岁所登的那个舞台,追忆一下自己在舞台上挥洒的青春年华。

今年是一个极致的年份:夏天,如火的骄阳把热情发挥到极致;入秋之后,连绵的细雨又把忧伤发挥到极致。青春的季节是极致的季节,在“黑美人”艺术节三十华诞之际,上苍用这样的气候,给我们制造了一个青春永驻的氛围,预示着“黑美人”艺术节像尼采所赞美的正午的太阳,要使极致的青春永恒轮回。

是为序。

西北大学文学院院长　段建军

2017年8月

目　录

第一辑　一醉文苑三十春，而今重说“黑美人”…… / 1

见证“黑美人”戏剧节 ………………… 薛迪之 / 3
映日荷花别样红——写在“黑美人”艺术节
20 周年之际 ……………………… 王静波 / 5
“黑美人”艺术节诞生的故事 ………… 聂益南 / 12
戏里戏外“黑美人” ……………… 王　军 / 19
为了那些珍藏的美好……………… 李　彬 / 25
“美人”与“鲜花”——校园戏剧的“爱美”天性
…………………………………… 高宇民 / 30
咫尺舞台天地宽　文化引领青春梦
——“黑美人”三十年有感 ……… 王理鹏 / 34
共同的美好回忆…………………… 张　东 / 38
回想………………………………… 王晋华 / 40
不期而遇“黑美人” ……………… 王文汇 / 41
你不知道她有多美………………… 胡红一 / 44
乱弹“黑美人” …………………… 汪　涛 / 51
那些最好的时光…………………… 王　倩 / 54
“黑美人”的延长线 ……………… 王春梅 / 58
感动“黑美人” …………………… 王　洵 / 64
一个触及灵魂的下午……………… 樊　鹏 / 67
我爱“黑美人”！ ………………… 谢　斌 / 71

摇曳心灵的记忆——我与“黑美人”艺术节
…………………………………… 刘　磊 / 72
寻找“黑美人” ………………………… 陈翠英 / 74
校园戏剧中的明珠……………………… 吴小佳 / 75
今昔往怀一曲有情人——《断肠何限》
…………………………………… 李大陆 / 76
“管”中窥“狮” ………………………… 艾　未 / 80
(那时)你也许会明白 ………………… 小　胖 / 82
一场游戏一场梦………………………… 袁　方 / 86
我的小黑………………………………… 付　蕾 / 90
十年一梦………………………………… 毛圣明 / 94
纪念西北大学文学院“黑美人”艺术节三十周年
…………………………………… 范晓涵 / 96
春夜同看“黑美人” …………………… 王彦龙 / 97
别热爱戏剧……………………………… 王俊婷 / 99
我与“黑美人”的二三事 ……………… 吴文鑫 / 102
一封老朋友的来信 …………………… 林俊才 / 104
我与小黑 ……………………………… 刘可馨 / 106
寂静与喧嚣中剧情呈现 ……………… 汪　汎 / 108
“黑美人”,梦开始的地方 …………… 徐亦琦 / 111
毕业两年——致小黑 ………………… 张夏伟 / 113
当腼腆的我遇上小黑 ………………… 周　聪 / 115
那是记忆中的“美人” ………………… 张　瞳 / 117
如果回忆是一枚安静的动词 ………… 杨婉若 / 119
我与“黑美人”的故事 ………………… 施　鸽 / 121
莫失莫忘　收获成长 ………………… 殷大惟 / 123
我只是一个演员 ……………………… 刘之栋 / 126

我与“黑美人”的故事 …………………… 梁星宇 / 128
与“黑美人”二三事 …………………… 鲁冰清 / 131
爱着，痛着，快乐着！ ………………… 孟　杰 / 133
与“黑美人”有关的日子 ……………… 蔡一璇 / 135
我与“黑美人”的那些事儿 …………… 孙　悦 / 136
美，是你——写在“黑美人”三十年 … 邓光玥 / 138
美人依旧：一次时间旅行——记“黑美人”
三十周年纪录片“北京之行” …… 王亦萌 / 140
从你我的世界路过 …………………… 范玥昕 / 142
人生若只如初见 ……………………… 于东琪 / 145
京城寻“美人” ………………………… 刘宇涵 / 146
今年她三十了——我与“黑美人”的故事
之“北京之行” ……………………… 刘　琳 / 148
在青春这场盛大的冒险中遇见你 …… 李　悦 / 151

第二辑　审美实践勤开拓，文化自觉贵创新 …… / 153

心理情景剧 …………………………………… / 155

戏剧来源于生活 ……………………… 王　伟 / 156
《徘徊》中的徘徊 ……………………… 王　爽 / 161
心中的那扇门 ………………………… 刘睿子 / 164
懵懂的爱 ……………………………… 倪惠杰 / 167

莎剧撷英 ……………………………………… / 170

在角色的悲喜里感知真善美，感受戏剧的
阳光 ………………………………… 王　乐 / 171

三份收获 …………………………… 沙海波 / 173
简单的叙述 …………………………… 王芳蕊 / 175
情怀与传承 …………………………… 吴 优 / 177

剧场党课 …………………………… / 179

在表演中快乐，在批评中成长………… 陈 尧 / 180
不一样的党课 ……………………… 李 靖 / 183
换个角度，看个崭新的世界………… 代倩倩 / 186
剧场党课，戏剧人生………………… 贾雪彤 / 189

第三辑 烂漫年华凭追忆，舞台绽放更青春 …… / 191

今朝挽起"黑美人"——王静波访谈 ………… / 193
昂扬发展的"黑美人"——访张阿利纪实 …… / 198
回望昔日"骄龙"——陈龙访谈 ……………… / 200
情系"黑美人"——耿建访谈 ………………… / 202
追忆似水年华——寇嘉访谈 ………………… / 204
执着追求，真情演绎——燕来访谈 ………… / 206
聚焦"黑美人"剧目评审工作——唐明访谈 … / 208
爱你需要理由吗？——郭家嘉访谈 ………… / 210
幕后崔莺莺——孟婷访谈 …………………… / 212
因为付出，所以无悔——《麻将》编导访谈 …… / 214
经典剧目将超越过去，给人新的思考——《窦娥冤·等待戈多》剧组主创访谈 …………… / 216
大爱无言——林颖访谈 ……………………… / 218
我是舞台上的主角——王洋访谈 …………… / 220
英雄的内涵——张铭峰访谈 ………………… / 222

采访纪实 …………………………………… / 224

梦一场——访王文汇纪实 ………………… / 225
当时只道是寻常——访樊鹏纪实 ………… / 228
恰同学少年——访焦磊纪实 ……………… / 232
“黑美人”,我成长的温床——访胡娜纪实 …… / 237
再回首,我心依旧——访陈海华纪实 ………… / 240
经年再忆“黑美人”——访陈志纪实 ………… / 243
昔年好景君须记——访王小亭纪实 ………… / 246
窗外的世界——访蔡可人纪实 …………… / 248
时光远走,铃声依旧——访马小茏纪实 ……… / 250
青春的自由——访郑欣纪实 ……………… / 253
重塑自我——访吴文鑫纪实 ……………… / 256
质朴的“美人”——访王俊婷纪实 ………… / 259
忆往昔峥嵘岁月稠——访杨婉若纪实 ……… / 262
遇见更多的可能性——访吴玄利纪实 ……… / 265
青春做伴“黑美人”——访袁佳纪实 ………… / 268

“黑美人”编年 …………………………… / 270

后记 ………………………………………… / 273

第一辑

一醉文苑三十春，而今重说『黑美人』

见证“黑美人”戏剧节

薛迪之

新的一年将至,西大文学院“黑美人”戏剧节即将迎来她的30岁生日。要问这个戏剧节的来历,作为见证人,我陷入了深深的回忆。

西大文学院有着绵长的戏剧传统。20世纪50年代,由学生自导自演的大型话剧《阿Q正传》和《哎呀呀,美国小月亮》在学校大礼堂演出成功之后,曾走出校门演红西安。60年代,学生下乡下厂从事社会实践,也把在校演过的小戏如《苹果园》《吹鼓手抬亲》《霓虹灯下的哨兵》(折子)带下去,或者同当地群众共同创作单本戏曲如《一分工》,举办文艺晚会,深受欢迎。70年代,七七级同学排演红极一时的话剧《于无声处》在校内外演出,轰动西安。

80年代是一个改革开放的年代,当时的学生朝气勃发,思想活跃。“文革”后的大学生一届接一届毕业留校任教,涌现出一批富于创造力的文艺骨干和文艺活动组织者。同时,首届三年制戏剧班和连续三届四年制作家班先后入校,给校园带来了空前活跃的文艺气氛。传统的戏剧根系加上时代机遇,使得“黑美人”戏剧节破土而出。

七八级学生聂益南1983年毕业留校任教,并负责团总支工作,八二级女生边学锋1987年获得双学位后毕业留校,从事学生工作,在他俩的倡导和组织下,在校学生的文艺活动越发活跃,每年的劳动节和青年节前后都要举办文艺晚会。1987年的晚会是戏剧专场,由各班自编自演,在大礼堂演出后当场评出奖项,当场隆重颁奖,并名正言顺地取了个名称,叫“‘黑美人’戏剧节”奖。究竟为什么以“黑美人”冠名,如今已难以说清。有人说是因为奖品是一件黑色材质的文艺女神雕塑;有人说“黑玫瑰”“黑马”常用来形容“惊世骇俗、脱颖而出”之举,作为文艺女神,自然要以“黑”为妙称。

这期间,我正为学生讲授“莎士比亚戏剧论”专题课程,有幸被邀为评委。记得一次闲聊,我向聂、边两位组织者开玩笑说:“取名‘黑美人’,蛮摩登啊!”他们征求我的意见,我说,戏剧大师莎翁就很钟爱“黑美人”。他的喜剧场景大都安排在意大利,而那里不仅是浪漫之乡,并且人种肤色深,戏中美丽的女主人公在白色人种中无疑都是些黑美人。他的154首十四行诗中有许多篇幅是颂扬和写给黑美人的，据说他的情人就是一位黑美人。从戏剧的角度讲，你们将她称为“黑美人”，倒也妥帖。莎士比亚不仅属于英国，也属于全世界；不仅属于他的时代，也属于所有的时代。作为两位组织人的师友，也作为戏剧爱好者，我很支持他们的工作，常利用自己同戏剧界的关系，为他们聘请西安的导演和演员来校审查节目并做评委，如葛瑞五、朱道娴、曲中、杨惠珍等人。

作为文学院最受师生欢迎的第二课堂，“黑美人”戏剧节使历届学生受益匪浅，终生难忘。常有返校校友每每谈及当年编戏排戏演戏的活动，都记忆犹新，兴奋动情。希望每届在校的学弟学妹能将这一受用终生的课堂永远坚持下去。

（薛迪之，西北大学中文系教授，曾任西北大学教务处处长）

映日荷花别样红

——写在“黑美人”艺术节20周年之际

王静波

今年是“黑美人”艺术节创始20周年，恰逢中国话剧百年诞辰。回首20年“黑美人”艺术节所走过的道路，毫无夸饰地说，她是中国话剧艺术在大学校园中生命的跃动和存续，正因为学子们的执着坚守，才更显其文化的内蕴和弥足珍贵。

“黑美人”艺术节的前身为“黑美人”戏剧节，发轫于1987年。当时中文系的几位学生辅导员风华正茂，多艺在身，在工作中，他们产生了一个想法：搞一台晚会（以话剧为主）活跃文科学生的学习气氛，彰显学生的表演才华。在校的1986级、1987级学生也正苦于没有一个很好的载体表现文科学生的个性特点，经老师的倡导，便很快动作起来。经过两三次“务虚”会议后，大家心中已有了一个较为鲜活的框架。后来他们以一尊非常美丽朴质的黑美人瓷像作为获奖者的最高奖励，经外国文学教师的点染想象，赋予她莎士比亚笔下黑人劳动妇女等多重象征意蕴。至此“黑美人”戏剧节诞生了。

初期的戏剧节无论是剧本的创作、演出的形式、组织的手段，都带有草创的稚嫩。戏剧节定在每年的12月份，意在纪念“一二·九”运动。那时基本上是学生自发的一种活动，几个爱好表演的同学先着手组织创作剧本，或创作，或改编，或照搬原作。剧本确定后，编剧自己在全系物色演员，投入排练。参加创作演出的均为中文系的学生，当时四届在校学生总共只有200人左右，剧本创作多以“班级作坊”为主要模式，没有经费投入，没有较为成熟的条件。辅导员老师以摊派的方法把任务布置到各班，并要求在指定的时间内完成。因为演出是在冬季进行，加之时间临近学期末考试，排练和表演均存在着诸多不便。

在实践的层面上，开始的“黑美人”戏剧节以自娱自乐为主，质朴而随意，并没有明确的目的性，更没有一个完整的纲领。演出场地极为简陋，没有舞美，没有布景，创作组织过程中存在许多的不足。为此第一届、第二届的演出中就造成了台上闹哄哄，台下戏更多，领导坐不住，同学收获小。有了这两届的教训和尝试,同学们感到,若要将其坚持下去,就必须重新整合,使其在质量和形式上有突进,于是就有了审查剧本、彩排节目的环节。这样的运作模式一直持续到90年代中期。

1994年可以说是"黑美人"艺术节的一次新的转折。当时中文系主管学生工作的教师有一个基本的共识:"黑美人"的发展越来越证明了对学生学业与思想的不可低估的引领,若只是维持原有模式,任其自由发展,要达到一个更高的境界似乎不够。于是经过反复商讨、论证,广泛听取学校与有关部门的意见,提出了活动的宗旨:丰富成长经历,拓宽知识层面,激扬青春活力,锻造健康人格。为了使戏剧节活动面更宽、容量更大,将原来的戏剧节更名为"艺术节",并由"班级作坊"推广到全校各系和不同的专业,征集剧本,发掘人才,张扬个性。当年就收到来自全校不同系别的70多个剧本。为了保障艺术节顺利运行,中文系从很少的学生经费中拿出一半作为经济支撑,同时也建立健全了一套行之有效的审查剧本、统筹排练和彩排的制度,使艺术节的运作更加正规化、科学化。

1995年以后,我们平均每年会收到来自全校不同专业的剧本30~40本,不仅有文科学生(经管学院、法学院、外语学院的同学)的参与,更可喜的是还有理工科学生(化工、数学、化学、地质等系的同学)的加盟。第十届艺术节上由法学院王倩同学编导的《诗的成人礼》、第十五届艺术节由地质系高明同学编导的《风口》曾轰动校园,受到同学们的好评。除此之外,全校各系的演员也一茬接一茬从未间断,经管学院的胡志学、社科系的李立文等同学参加过三届艺术节,对艺术节有着解不开的情结。90年代末期,艺术节已受到学校领导、教学部门和学生工作处的极大支持和关注,并被列为校内文化素质教育基地。

20年来"黑美人"艺术节在剧本创作上大体走过了三个阶段:1987—1994年,寓言剧、改编剧为主体;1995—1999年,校园生活剧为主体;2000—2006年,社会现实改编剧为主体。分野并非十分清晰、科学,但主题是鲜明的。

第一阶段"黑美人"艺术节的剧本大多是寓言剧,其特点是:情节和人物亦虚亦幻,台词优美洗练,充满哲理意蕴,表现了理想主义的精神。其代表作者是1988级的学生冯晓明、赵伟、郝国庆,1991级的吴晓妮、王晓燕等。他(她)们先后以《旅馆》《金枝》《太阳城》《金元方》《今天没戏》《雨天无故事》等剧作捧走了四届艺术节最佳剧目奖。寓言剧的内容虽然离学生生活远了一些,但其思想特征却代表了不少青年的内心渴望和理想追求,台词、音响、服装也吸引了很多学生的关注。这一时期的剧本创作,无论在题材还是风格上多显示出经院气息和贵族风格，尽管也有现实剧问世，表现得更多的仍是主观的情绪，理想化色彩较为浓郁。

“黑美人”艺术节进入第二阶段的显著标志是剧本创作从寓言剧向校园生活剧转化，范围也从中文系向全校拓展。在总结第一阶段“黑美人”艺术节的经验时，学院主管学生工作的老师们认为，寓言剧不是不能演，但文艺终究要为现实服务，同学们的创作更应当以反映改革开放的社会、校园文化生活和大学生的思想情感为主调，强调原创，表达自己的思想和情感，更贴近生活的本质。当然，同寓言剧相比，现实剧的创作更具挑战性和高难度，仅停留在口头的鼓动上，任其自由发展，想达到目的是不可能的，于是采取了措施，分为三个步骤：利用讲座、沙龙形式提高对创作现实生活剧重要意义的认识；采用走出去、请进来的办法，在陕西文艺界请专业编剧做讲座，从理论的角度进行训练；鼓励同学们以身边发生的事件为题材进行创作，组织观看宝鸡话剧团演出的《同船共渡》及莎剧录像。这一年收到了来自全校的近50个剧本，以表现校园学习生活、爱情、理想追求等为主，多为独幕剧。比较有代表性的剧本是1993级中文系王洵同学的《乡情》、张渭涛同学的《睡在我上铺的兄弟》、王迪同学的《金利来与石头馍》，表现了大学生情系家乡、报效祖国的决心，同学们日常的学习生活现实，贫富两极分化对于大学生情感的影响，以及不同的生活追求。校园剧中也有寓言剧的佳作，比如《镜子》，表现了知识阶层的两重人格状态。处于转换期间的创作还很单薄、稚嫩，还需要进一步打磨，确定一个明确的发展方向。1996、1997年以后校园文化剧有了突飞猛进的发展，形式上由独幕向多幕发展，生活内容含量扩展，从艺术手段上看更加具有艺术品位，从内容上看更加贴近生活、情感。王洵的《山祭》《光辉岁月》给予大学校园很大的震撼，他的剧作包揽了1995、1996、1997年三届优秀剧目奖。

这里要特别提及的是王洵同学创作的《光辉岁月》。剧作主要表现了临近分配时同学们浮躁的心态和生活理想，校园生活的一隅折射出大学生在找工作的过程中遇到的各种各样的现实状况，有托人情、走后门的，有用金钱打通关节的，但更有同学立志献身于祖国的边疆，这一群对未来充满希望的青年聚集在一起，共度光辉的岁月；也反映了改革开放以后大学生的心理状态与价值取向。王洵毕业后，继之而起的是1996级广告专业的陈龙同学。因为“黑美人”他毅然放弃了自己所学的专业，毕业后去了西安电影制片厂，走上了专业编剧的道路。1998年，他的《夜郎西》使校园剧得到了又一次拓展，不再局限于校园内的情感波折、理想信念,发展到了广阔的社会中,讲述了大学毕业生支援偏远山区教育,并为此奉献青春生命的感人故事。第二年的《青铜骑士》又一次在校园里引起轰动。剧作塑造了一个民族英雄的形象,规模宏大,演员阵营整齐,可以说它代表了"黑美人"艺术节的第一个高峰。这部戏首次走出校门赴西安其他几所高校做专场演出,第一次受到更大范围的检阅。

2000 年以后,"黑美人"艺术节表现出成熟、深沉的态势,主要特点是题材由校园现实延伸至社会。同学们把笔触伸向了社会的各个层面,理解、反映社会的现实生活,使大学生的生活更加厚重。他们的剧作不再拘泥于表现身边的琐事和情感小天地,而是以更广阔的视角观照社会变化在大学生的思想上引起的冲击。当然这一发展并非一蹴而就,早在第一、第二阶段时业已有所表现,比如 1996 年有一个话剧就引起了不同的看法。由专升本学生胡红一创作的《三八热线》,从形式上看有些沉闷,以对话的方式为主,演员的形体动作、舞台的调度很少,但反映的却是当时社会上最为敏感的问题——知识分子出书难、农村浮夸风、出国热潮等都在舞台上得到了真实的再现。如果说该剧切入点十分新颖,但是思想深度不够,仅是能提出社会上所存在的受关注的问题的话,那么到了 2000 年,随着世纪前进的步伐,大学生对社会的认识更加深刻独到,剧本创作日趋成熟。如《大漠林河》《金光大道》《风口》《瞳孔爱情》等剧作以细腻的笔触、深沉的思考表现出同学们对社会上各种问题的关注:有环境保护,为治理沙尘暴的肆虐,一代又一代人奋斗的身影;有为改变农村面貌,坚持修路,引导人民向现代化迈进的好干部;还有志存高远、献身于西部建设的毕业生对生活的感悟。可以毫不夸张地说,到了 21 世纪"黑美人"艺术节进入新的创作巅峰。

"黑美人"艺术节给我们带来的思考不再限于内涵的追求。同学们对这门艺术开始有了新的形式上的追求,音乐剧《同行》《窦娥冤·等待戈多》给我们以耳目一新的感觉。在不知不觉中他们已开始摒弃传统的创作手法,对实验剧、音乐剧有了探索的渴望。戏剧艺术在实验中彰显出感人的艺术魅力。

长期以来,如何将书本理论有效地转化为能力,培养出适应社会的通才,一直困惑着高等教育,对文科学生要实现这一目的尤显其艰难。"黑美人"艺术节从某种意义上讲,成为一种承载,形成了一套较为稳定的综合素质训练的教育实验机制,成为课堂教育的延伸和扩展。

著名哲学家怀特海曾强调大学必须注重学生的智慧培养,他曾告诉学生:"在中学阶段,学生伏案学习;在大学里,他应该站起来,四面瞭望。"瞭望的目的就是培养能力。在"黑美人"艺术节的能力训练构架中，同学们所经历的是系统的、多方位的、不同门类的综合训练。比如剧本的创作就要经历几个环节：收集素材，选择题材，创造人物形象，语言表达，安排冲突，生活借鉴、评判，等等。成形的剧本必须具备两个基本条件：一是可读性，二是表演性。要达到这一目的，必须调动所有的知识储备，涉猎广泛的知识门类。这是单纯以某种知识讲授为主的课堂教育难以企及的。哲学、社会学、伦理学等不同的知识需要通过主观能动性融会在剧本之中。作为组织者必须为同学们开辟另外的课堂——专题讲座，作为课堂教育的补充。在实践层面上也存在着导入的问题，诸如导演技巧和理论、服装设备、化妆、台词均需做进一步的创新，若没有一定的基础是很难完成的，在整个过程中实现的不是传统课堂教学的知识传授，而是有声有色的思想碰撞、学习融会，课本上的理论在实践的运作中一次又一次加深、升华、充实。不光是剧本的创作，在舞美设计的更迭中也表现了同学们的创新能力和对大学文化的审美结构。同学们最初手工绘图，然后搬上舞台，后来用彩色喷绘，2000 年后开始在电脑上制图，用幻灯连接银幕。这一进步和演变尽管很不起眼，却表明了实践中学生成长的过程。同学们说："这是专业教育难以达到的，剧本创作使我们的写作、表达以及其他方面都得到了综合训练。"这就是同学们对戏剧节钟爱的一个真实的理由。

其次，"黑美人"艺术节培养了学生的团队精神和组织能力。"黑美人"之所以有充足的理由存在，并不仅在于前台表演的成功，更在于她有一个同样精彩、充满戏剧性并不断向纵深延伸的后台。围绕着前台的表演，更多的同学聚集在这里承担着舞美、宣传、化妆、公关、剧务等大量的工作，在"黑美人"的整体格局中，每一个环节都必须互相配合互相提携，缺一不可，也正是这一互动的模式有效地培养了同学们的团队精神。在无人喝彩的后台，剧组是戏剧节的有力支撑。组建一个剧组是一件很不容易的事情，它将导演、编剧、演员扩展为一个群体，使之成为一个最有效的行动组织。来自全校不同系别不同年级不同性格的同学聚合在一起来完成一个使命。这里有理解、关照、扶持、学习。在后台的大空间中也表现出整体的协调，跑龙套的同学心甘情愿，拉大幕的同学兢兢业业，幕后调度的同学指挥若定。两个小时的演出表现出极大的凝聚力量。正因为团体力量的凝聚和发挥，"黑美人"才给每一届的参加者留下了挥之不去的记忆。每每舞台上的戏已经结束，而激动的心情还难以平静，谢幕后他们会聚集在不同的场合聊至深夜。每一个细节若干年后回忆起来仍历历在目，记忆犹新。这种团队精神不仅仅存活在艺术节的舞台上，更深植于同学们的学习生活层面上，积淀在百年校园之中。

在团队精神形成的同时，一大批同学在戏剧节中获得了更多超乎演艺的体验，那就是组织才能和敬业精神。一出戏能否成功演出，很大程度上取决于组织者的功底。剧本定稿后，他们便着手于选择演员、组织排练、准备道具、制作音响等等，哪一点都不能忽视。面对全校不同专业的学生，面对着性格各异、时间又不统一的戏剧爱好者，他们需要付出很大的艰辛和代价。这中间并无领导与被领导、功利等关系，有的只是大家对戏剧共同的痴迷和爱好。一个过程下来同学们承受了各方面的考验，心智、毅力、才华都得到了全方位的锻炼，个性化人才的培养在这里不再是理论上的论证，而是有意义的实践。在后来同单位谈工作时，他们很快赢得高分，并被录用。一位应聘中青报的同学深有感触地说："若没有这一环节的锻炼，我难以在众多强手竞争岗位时有最佳表现，赢得中青报记者的工作。"同学们的敬业精神和全身心的投入更是令人感动，有时对一幅广告宣传画、一个舞美小稿、一件道具都要推敲数十次，以求得最满意的效果。艺术系的郝飞剑，广告专业的张辉、仵军智，汉语言文学专业的谢斌、樊鹏、严峰、燕来等，现已走上了工作岗位，但他们的精神仍被后来的同学们传承。从"黑美人"戏剧节中走出了一批又一批才艺俱佳的学子，有的被分配到媒体，有的被分配至大型企业、党政机关，返校时"点击率"最高的便是艺术节。排戏的日子最令人留恋，剧组人员在一起亲密无间，共享演出时的激动欣喜。艺术节不仅承载着他们年少时的梦想，更是他们成长的见证。日前，我们对本院近三年的毕业生进行了函调，反馈意见是，功底扎实，应对能力强，有后劲。

俗话说，人生如戏，戏如人生。在艺术节这方舞台上同学们接受知识，丰富阅历，拓宽情感，更多的是学习做人，锻造健康向上的人格，更表现出自由和激情的特点。塑造古代英雄形象时他们得到的是道德的升华，排练贴近生活的现实剧考量着每一个人的是非判断能力，戏中的先进人物给他们以感召，以这种形式给予大学生人生、理想信念的教育要比任何刻意的安排、书本理论要来得殷实、形象。学生在学校所感受的一切决定了他们在未来的生活中有什么样的精神风貌，有什么样的道德水准、人生境界。基于这些认识，我们在"黑美人"艺术节的运作过程中有意识地导入文明精神、理想信念、人文情怀的教育，在编演戏剧的过程中受到一次次心灵的洗礼、灵魂的净化。同学们一致认为艺术节构筑了先进的文化氛围，催人向上，参与其中、收获其中能展现自我，开阔眼界，结识人才，启发人生。他们感受最为深刻的是，不管是写剧本还是表演，甚至是组织策划，他们都会以一种独特的方式学到书上不曾教给他们的东西。陈龙同学编导话剧《夜郎西》时曾深有感触："我写这个人物为山区教育做出人生奉献，我认可她，钦佩她，她的精神经常回旋在我的脑海中，让我时时反顾。"

"黑美人"艺术节走过了20个春秋，昔日在"这一小舞台上演绎大千世界"的十几届学生，现今更有了不小的建树。虽然活动中的表演是业余的，但他们的精神是职业的。"接天莲叶无穷碧，映日荷花别样红"，转眼间，第二十届"黑美人"艺术节开幕在即，又赶上纪念中国话剧诞辰百年、陕西省首届大学生戏剧节，我们期待有更好看的话剧问世。我们希冀年轻的思想在这里碰撞，青春的热情在这里挥洒，生命的精灵在这里飞扬。

【原载于2007年"黑美人"二十周年纪念刊】

（王静波，曾任西北大学文学院党总支书记）

“黑美人”艺术节诞生的故事

聂益南

前不久，先后有几位学生（如今是母校西大文学院的老师）联系我，说母校的“黑美人”艺术节马上就创立30周年了，如今已经是改革开放恢复高考以后全国高校中一个历史最长，有相当知名度和影响力的文化品牌活动，希望我作为“黑美人”艺术节的主要创立者，能在30周年纪念活动举办之际讲一讲“黑美人”艺术节诞生的故事。这个“命题”作文一下就把我的思绪拉回20世纪80年代的西大校园，拉回当年和学生们共同创造理想大学生活的美好回忆里……

初　心

1982年7月，我从西北大学中文系毕业留校，在中文系党总支工作，任中文系团总支书记、学生辅导员。9月开学，我迎来了我人生中第一批学生——中文系1982级80名同学。开学不久，系领导又决定把1981级的学生也交给我来带。我的辅导员老师生涯自此开始。我的工作分两部分：一是团总支的工作，即全系各年级的团支部工作；二是班主任即年级辅导员工作。

当年“文革”刚过，大家都以业务为重，高校自然是以教学科研为重，学生思想政治工作并不为人所看重，我决定留校当辅导员，系里一位副主任不无惋惜地对我说：“益南，你搞教学也是可以的……”因为我四年学习的总成绩在我们班67个同学里在前十名以内。但是我当时从内心里觉得做学生工作不比教学低人一等，真当好辅导员和班主任是比教学更有意义和挑战性的事情。

四年大学生活是学生世界观、价值观形成的重要阶段，作为一个学长和专职辅导员，带着学弟学妹们一起创造、实现理想的大学生活，通过营造良好的、正向的班风、系风，在丰富多彩、健康活泼的集体生活中健康成长，使学生不仅能学好书本知识，更能通过文艺体育活动和各种社会活动开阔视野，陶冶情操，培养集体主义精神和合作意识，提高社会工作能力。在大学阶段，其意义并不在各门课程的课堂教学之下。

我是从这个角度和高度去理解学生工作的价值和意义的，也是抱着这样的初心,全身心投入到中文系的学生工作中,努力组织同学们共同创造丰富多彩的业余文化生活:话剧、诗朗诵、大合唱,办壁报、出诗刊、参观游览,篮球赛、排球赛、足球赛、田径赛……学生思想政治工作完全融入丰富多彩、生动活泼的业余文艺活动之中,寓教于乐,乐在其中。

当然,对于中文系的学生来说,文艺活动和专业学习有着更紧密的关系,如大合唱、诗朗诵、话剧表演,如果精心组织、认真排练,加之请专业人士指导,努力创作精品的过程和成果不仅会加深学生对专业知识的理解,对于学生审美能力的提高乃至专业发展方向的确定,抑或形成终身爱好都具有巨大的影响力。而作为辅导员和学生活动的组织者,领着学生"玩"出水平也是一项富有创意和挑战性的工作,其难度不在教学与科研之下。

纸领带和洗衣机的故事

1982级学生刚进校那一年,学校决定搞一次歌咏比赛,奖品是一台双鸥牌洗衣机。中文系以大合唱《在希望的田野上》参赛。当时中文系阵容颇佳:指挥是1979级手风琴拉得很专业且高大帅气的徐海滨,有以1981级男生为主的全校唯一的铜管乐队,1982级80名新生中有高达50%的女生,彻底改变了中文系男女生比例严重失衡的局面,使得中文系第一次有了最有颜值,最有实力问鼎冠军的合唱团。

当年学校有一套演出服,男士是湖蓝色西装,女士是玫红色西服裙装。据了解,至少有三四个系要用这套服装。中文系合唱团也要用,因为当时要在全西安市借到100多套西装是不可能的。怎样在严重的"撞衫"中出彩?配领带!可是20世纪80年代初,想找100多条领带更是天方夜谭。怎么办?

演出中,中文系合唱团一亮相,立刻迎来了满堂彩:同样一套演出服,配上了领带立刻大不一样!只见中文系男生都配上了一条镶有两条银线的湖蓝色领带,女生的好像是玫红色的领结,乐队是黑色的西装佩紫红色的领带,领带上两条金线在灯光下闪闪发光。在那个年代,这领带配得好抢眼!比赛结束,演唱完美的中文系毫无争议地获得了一等奖,这领带的创意给中文系加分不少。当时很多老师、同学都很惊讶:哇,你们从哪里借到这么多颜色忒搭的领带的?!

演出结束,大家才发现中文系的领带都是纸做的。比赛前几天,我就安排1980级的柏一林同学(后来是西大校史上任期最长的招办主任)在当时的边家村商场买了一批绘图纸,分别刷上湖蓝、玫红和紫红色,晾干以后各班抽了一批女同学按照领带的标板剪出来，再分别贴上细细两条金色、银色的油光纸，100多条领带就做出来了。演出时用大头针别在领口上就行了，舞台效果绝对不输于真的领带。据说还有同学演出后穿着演出服戴着纸领带去边家村照相馆拍照留念呢！

这次大赛赢来的洗衣机，在六号楼中文系各年级男女生宿舍（当时中文系男女生都住在六号楼）流转，陪伴了好几个年级四年的大学生活。

今天看来，纸领带的创意深深地打上了改革开放之初的时代烙印。

《女大学生宿舍》和“黑美人”艺术节

我当班主任时，在学校组织过不少活动，话剧《女大学生宿舍》的排演是其中之一。

1982年女作家喻杉创作了短篇小说《女大学生宿舍》，作为第一部反映改革开放后大学生生活的小说，颇为轰动。为了丰富大家的业余文化生活，同时也是继承和发扬1977、1978级在校时轰动一时的话剧表演的优良传统（中文系薛迪之老师有详细叙述），我们决定把《女大学生宿舍》改编成话剧。

剧本本来是在学生中挑了个文笔不错的同学来改的，结果出来基本不能用，除保留了一场“生日聚会”外，其余我全部根据小说情节重新编写，应该说在最大程度忠实原著的基础上，较好地保留了小说中人物鲜明的性格特点和戏剧冲突。根据小说里的人物形象、性格，从1981、1982、1983级同学里选出了各个角色的扮演者。主要演员有：1981级张玫，饰演辛甘（心肝儿）；1982级李晶饰骆雪，沈兰演夏雨，王左青演宋歌；1983级洪方饰匡亚兰（筐筐）。还有几位戏份不多但也不可或缺的角色：匡亚兰的男友（1982级李勇饰）、辛甘的母亲（1983级张宇饰）、辅导员（1981级韩睿饰）、校长（1982级李铁旺饰）。西影厂子弟、1982级刘挺同学为该剧请来了西安电影制片厂青年演员归群、张建栋当导演。

因为所选同学在形象气质上与角色很贴近，而且学中文对于角色的理解和人物性格的把握还是很有帮助的，加之从西影厂请来的两位导演认真地教同学们表演，同学们很快就进入了角色，表演水平提升很快。特别是归群和张建栋两位青年演员也把此剧当成了他们自己艺术理想、表现手法的实验场，把许多电影的手法用到了这部话剧里，比如用切光、追光来换场景，把一个独幕剧，一个布景的舞台，通过切光、追光变成了四幕话剧。

该剧的布景是学生宿舍的门，是我去学校老北门东侧的木工房，让木工师傅按照学生宿舍的门钉的木框，还做了一扇门。又是1980级柏一林同学绷画布，画布景。为剧情需要，还让柏一林专门画了两块红砖裸露的贴纸，那是当时学生宿舍常见的门框旁边墙皮脱落红砖裸露的情景；还画了一块砖垛的布景，在一束追光下表现剧中匡亚兰在工地上拉砖的场景。另外两块带窗子的墙壁布景，还有支布景的铁杆和压铁，都是1981级的孙杰从铁路文工团借的。那一块学生宿舍布景，多少年之后西大的戏剧节还在用。

话剧《女大学生宿舍》在西北大学校礼堂首次公演，把从学校库房借的两张木头架子床和当时学生宿舍用的大桌子、脸盆架都搬到了舞台上。熟悉的情景、熟悉的演员、创新的表现手法和演员们近乎专业的精彩表演，大获好评。后来该剧还在边家村剧场做了汇报演出，应该说表演水平和整体效果都达到了相当专业的水准。

此后数月，才有了根据《女大学生宿舍》改编的电影，是在学校西门露天影院放映的。我记得1981级的丁科民同学专门跟我说："聂老师，我觉得电影还没有咱们的话剧改编得好，咱们的话剧戏剧冲突比电影好。"这评价很中肯，也很能反映丁科民后来成为省内外知名文艺理论家的潜质。

对于中文系的学生来说，我觉得改剧本、演话剧都是学以致用的好机会。当然，学到的不仅仅是知识，经历的不仅仅是过程，丰富的不仅仅是业余生活。

这个戏也催生了中文系团总支一年一度的文艺会演。应该说《女大学生宿舍》是"黑美人"艺术节的奠基之作。今天来看，《女大学生宿舍》能够为"黑美人"艺术节奠定坚实的基础，在艺术和专业性上为西大学生文艺活动树立起一个高的标杆，邀请行业和专业人士进行辅导是一条宝贵经验。

归群、张建栋后来成为中国第五代导演，张建栋还曾任北京电影学院导演系主任，执导过《不要和陌生人说话》等多部很有影响力的影视剧。我们当时的灯光控制也是西影厂的灯光师，给我们在西大礼堂舞台上面打追光的是1982级女生刘挺和她当时的男朋友刘惠宁，后来也成为影视圈里著名的导演。最近上演的电视剧《白鹿原》，刘惠宁是监制，刘挺的弟弟刘进是导演。

"黑美人"艺术节之所以用"黑美人"命名，是因为当时的奖杯是一个艺术瓷雕——一个黑人妇女全身像。那是我在西大街桥梓口十字西南角一家瓷器店里买的，好像只要两块多钱。当时这样的工艺品很少，半抽象半写意，很漂亮，类似奥斯卡小金人，故为文艺汇演取名"黑美人"戏剧节。20世纪80年代初，我们已经有了这样的创意，不简单吧。

后来才知道“黑美人”艺术节在一届又一届老师和同学的薪火相传中已经发展成为西北大学的年度盛典，至今已经举办了二十多届，并早就成为陕西乃至全国高校圈子里知名度很高的校园文化活动品牌。据说，“黑美人”艺术节中诞生的话剧精品，差点儿演到了挪威易卜生戏剧节上。

现在，“黑美人”已经成了传奇，“黑美人”的缘起也有了不少传说。我一直在想，最早的那个黑美人瓷雕奖杯在哪里呢？

《青春奏鸣曲》大型集体诗朗诵的故事

如果说《女大学生宿舍》是为“黑美人”艺术节奠基的话，大型集体诗朗诵《青春奏鸣曲》则是“黑美人”艺术节成为西北大学文化活动品牌的一次成功推演。

1979 年对越自卫反击战爆发，在前线浴血奋战的同龄人深深地牵动着后方大学校园里大学生们的心。特别是当驻守陕西的部队即将走上前线，前方的流血牺牲顿时和校园里的和平宁静那么强烈地并列在一起，如何激发大家的爱国热情，并把这热情转化成为祖国努力学习的动力呢？我当时就想策划和组织一个大型的集体诗朗诵。于是组织中文系的同学搜集了《中国青年报》上刊登的参加自卫反击战的战士们的英雄事迹，创作一首以青春使命为主题、有男女领诵的大型集体朗诵诗。

朗诵诗本来就不好写，特别是要写出一首充满激情、有一定长度且适合集体朗诵的长诗绝非易事。同学们推荐了刚从武汉大学研究生毕业到我们中文系任教的张中良老师，从他的讲课中看得出他对诗歌特别有研究。张中良老师爽快地答应了，并且在很短的时间里创作出令我喜出望外的长诗《青春奏鸣曲——献给同龄人的歌》。这首献给老山前线浴血奋战的同龄人的长诗，在深情地讴歌年轻战士用生命和鲜血保卫祖国的英雄事迹的同时，表达了 80 年代大学生热爱祖国、奋发向上、振兴中华的精神与理想。这首诗不仅有崇高的思想境界，而且有很高的艺术水平。全诗结构严谨，感情跌宕起伏，或如涓涓小溪沁人心脾，或如排山倒海气势磅礴，极具艺术感染力。我觉得这首诗足以媲美当时最有名的朗诵诗《雷锋之歌》和《团泊洼的秋天》。

这首朗诵诗先是由中文系各年级选拔了 60 名同学，男女生各分为两个声部，设男女领颂各一人。经过精心排练，在全校文艺汇演中亮相，反响极其强烈。因为首先这样规模的大型集体诗朗诵极少见，再者中文系同学经过刻苦训练，反复排练，朗诵水平也达到了一个很高的程度。在音色和音量的控制上，男女领颂加四个声部，根据诗歌内容，或男领一人，或女领一人，或女生一组，或男生一组，或男生部全体，或女生部全体，合颂时则全体压上，这样丰富的表现手法一是避免了长诗容易造成的冗长沉闷，二是分解了参加朗诵的同学记忆背诵的压力。令人印象特别深刻的是，集体诗朗诵最难的是几个人齐颂时都往往不整齐，但中文系的同学们在最后达到了所有的合颂都仿佛是一个人那样整齐！

后来，在陕西省高校学生去老山前线慰问的时候，中文系的学生代表把我们这首诗朗诵的录音带作为礼品送到了老山前线同龄人的手中。

此后，我在校团委任副书记时，又以中文系参加此次诗朗诵的同学为基础，在全校范围内选拔了120名同学，再次排练大型集体诗朗诵《青春奏鸣曲——献给同龄人的歌》，参加陕西省高校诗歌朗诵比赛。

在排练中，来自全校各系的同学高度团结，刻苦背诵，很短的时间就达到了脱稿排练。排练中，一站几个小时，曾有同学晕倒在排练现场，但功夫不负苦心人，120人的集体诗朗诵从规模、气势、朗诵水平到整体艺术效果都比中文系的表演提升了很多。在即将比赛之前，我们聘请了国家特级播音员丁涛先生给我们做了最后辅导。

是年，陕西省高校诗歌朗诵比赛在西大举行，即在今日老校区的大礼堂里。男领是中文系1984级牛德让同学，女领是中文系最后一届作家班学员李桂萍（后来成为知名记者，笔名木佳）。记得当时的评委是丁涛、海茵（陕西电台著名播音员）、丁凡（陕西省电视台主播）和西安话剧院著名演员张痴等。

早在排练期间就听说我们的劲敌是西安交大6人组合的节目《圆明园的沉思》，但我心里清楚，我们属于完全原创的如此规模和水平的大型集体诗朗诵是难有匹敌的。果然，我们以远超第二名的成绩获得了陕西省高校诗歌朗诵比赛的特等奖。时任西北大学校长的张岂之先生对诗歌朗诵艺术团的精彩演出给予高度评价，并欣然与诗朗诵的组织者、作者和全体成员合影留念。

这次活动时间很长，在全校范围内培养了一批文艺活动的骨干，为“黑美人”艺术节从中文系变为西大的校园文化品牌活动做了一次最好的推演。

感悟和寄语

在学校历届领导的重视和支持下，在全校历届同学的积极参与下，历经30个春秋，“黑美人”艺术节已经成为全国高校的一个颇有影响力的校园文化品牌，成为西北大学一张亮丽的名片，同时也是西北大学作为一个历史悠久的综合大学的优秀文化传承的明证。她凝聚着多少老师、学生的心血，她承载着母校多少学生对自己学生时代的美好回忆。“黑美人”艺术节也是西北大学几十年把学生思想政治工作融入丰富多彩的校园文化生活的经典。

大学时代是青年三观最终形成的一个重要阶段，一个好的大学仅有一流的课堂教学是不够的。丰富多彩、健康向上的文体活动对于校园文化氛围的形成，对于良好的班风、系风、院风、校风的形成，都是不可或缺的要素；同时也是提高学生文化素养和艺术审美能力，陶冶学生情操，培养学生合作意识和合作能力的第二课堂。更重要的是，多元化的、丰富多彩的、健康向上的校园文化生活就是历届大学生入学前对大学时代的最大期待和理想，也是毕业多年后脑海里最美好的回忆或者是一种缺憾。

在“黑美人”艺术节迎来她30岁生日的时刻，作为她的初创者之一，我衷心祝愿“黑美人”艺术节在母校能够越办越好，水平越来越高，专业性越来越强，影响力越来越大，品牌越来越亮。希望“黑美人”艺术节能够成为中国高校校园文化的著名品牌，希望母校西北大学能够成为中国高校校园文化建设的引领者！

（聂益南，西北大学中文系1978级学生，曾任西北大学中文系团总支书记、校团委副书记，现任中国民营经济研究会副秘书长、中国民营经济协会《民营经济内参》主编）

戏里戏外“黑美人”

王　军

从学生时代算起，到后来当辅导员，和“黑美人”的接触深深浅浅有近10年。这期间，我在前台没看过戏，看到的都是“美人”的背影。学生时代，或当演员或当剧务编导，没机会看。当了辅导员，要总理后台，更是无心往前台去坐。好比一个厨子说他从来没在厅堂正儿八经吃过一顿饭，对此我是可以理解的。

我不喜欢看“黑美人”的正式演出，就像厨子对自己的菜品没多大胃口一样。大一的时候，辅导员给各班下达了写剧本的任务。我们是初来乍到的“菜鸟”，一脸严肃，两眼懵懂，不知道剧本该怎么写。那时的学生大多没什么表现欲，显得闷闷的，看戏的时候猛往前挤，让写个剧本演个角色就往墙角退。我是班干部，这时候得站出来。编剧，靠的是感觉、才华抑或是天赐，跟勇气没多大关系。20多年过去了，到现在都记得那会儿可把我难为坏了。整天都在琢磨这事，飞机、火车在脑子里嗡嗡嗡地跑，一刻不停。人一会儿发呆，一会儿满地转圈，就是无法命笔成文。肚子里没啥，还整天在茅坑上蹲着，能不难受吗！

大概是我当编剧的那一年，整场演出缺乏亮点。记得当时崔健的《一无所有》《新长征路上的摇滚》正火得不得了，社会上，尤其是我们这些年轻人心中充斥着迷茫焦躁的情绪。文坛上与崔健相呼应的有王朔——庙堂之论说他是“痞子作家”，但他终究是圈粉无数、城头树旗，以一副百无聊赖、满不在乎的神情出战伪崇高、假道学，虽无大胜，但也博了个满堂彩。现如今王朔已经淡出了人们的视野，自然算不得文学大家，但他肯为年轻人，尤其是城市底层的年轻人说话，忘他贬他亦不可得。

崔健、王朔天分高，把人心中的负面情绪玩出了花。叵耐同样的东西经我们这些庸才一表达，则颓废的味道冒了头——这是当年那场演出的格调，因而不能不视其为失败。除了学生，台下还有领导、老师也在看着呢。我猜，一晚上下来，一定把他们看得心里堵得慌。于是从第二年开始，在辅导员老师的引导下编剧创作的指导思想明显改变，情绪化的宣泄明显少了，文学化、艺术化、理想化的表达明显多了。我个人对她这个转变的形容是：头一年美人蓬头垢面、衣衫不整地站在台上骂街，第二年小姑娘梳洗一番白衣长裙飘然而出。犹记得我们在一帮个性鲜明、思想前卫、时尚感十足的学长学姐的带领下写剧本找演员忙排练。宿舍灯已熄，青天月正白，舍友们围着个蜡烛热议剧本，毫无睡意，兴头之高、趣味之浓，恍如青春一梦，去而不返。这么多年过去了，其中的许多人再未谋面。尤其是我们的辅导员老师已定居海外多年而不得相见，心中十分想念。当年那些神采飞扬的年轻面孔虽不刻意记忆，但挥之不去，总在那里，偶一相逢必定醉倒。

醉？且慢说容易。不喝不会醉，喝了也未必。有时喝多了，胡言乱语一番，手舞足蹈一通，昏昏然也就过去了。喝酒半生，喝多无算，真正畅快淋漓地醉了的又有几回？1993 年的最佳剧目是《金元方》，那晚我和剧中的男一号应该是喝醉了。我俩已多年不见，最近才听说他在某地任行政长官。为了不暴露他的隐私，也为了叙事方便，又想起“黄鹤一去不复返”的诗句，就给他起个名字叫老别吧。老别人长得帅，高高大大，潇潇洒洒，导演找他友情出演，他不肯。我接着找他，他同意了。我开始以为是自己面子大，后来才知道他瞄上了女一号，心里痒痒，正苦于没机会接近，借着我的劝说半推半就答应了，装得跟真的一样，还送我了个顺水人情。老别贼会演，剧中有一个高潮段落：他扮演王子，身披斗篷，拔剑指天，口中说着豪壮的台词，然后电闪雷鸣。他定格在台上，灯光渐暗，落幕换场。本来一切是完美的，老别深深地入了戏，台下观众都看呆了，偌大个剧场鸦雀无声，那场面太震撼太感人了。可是，负责拉幕的剧务也看呆了，忘了拉幕，老别就只能那么站着，下不了台啊！过了一会儿，场下有人明白过来，开始笑了，剧务们才手忙脚乱地把幕合上。老别燥了——多尴尬呀，胳膊都举困了。这幕一合上，他扭头冲过来，照着拉幕的人一脚踹了过去！

当晚负责拉幕的是谁？学生小白（白子清），家在神木。小白毕业时本来有机会去繁华锦绣之地发展的，但他表示家中只有一个老父亲，无人照顾，割舍不下，就回了原籍。现在工作、生活安定安然，成天盼着我们去找他喝酒。那天晚上他本是来看戏的，可进不了门——剧场里连个站脚的地方都没了，两边窗户上都扒满了人，实在不能让人再进了。他摸到后门，负责把门的是他同学，悄悄把他放了进来。进来后就低头猫腰急慌慌地往台下跑，被站在台中央的我一眼看见，一声叫住。我当时正急火攻心——演出马上开始了，有人来告诉我拉幕的同学病了，来不了了。这幕死沉死沉的，拉幕不仅要有力气，还要了解剧情，眼疾手快，所以我提前安排了膀大腰圆的壮汉锻炼身手，接洽剧组专职此事，但我疏忽了麻绳总会在细处断掉。小白来得正好，“别跑了，去拉幕”。那一晚把他忙得够呛，导演们一个又一个的指令，一会儿向东，一会儿向西，往来奔命，战战兢兢，身小力薄的他满头是汗，还不停地被埋怨。

演出结束了，其他人忙着照相庆祝，小白还在幕边站着。我走过去，他问还有事吗，我说 over 了，可以休息了，才看到他如释重负的眼神。他那一刻的样子让我愣住了，忽然听不到身边的喧闹，不由得想起电影《战争与和平》里一个令我非常感动的片段：俄军在拿破仑军团的强大攻势下崩溃了，开始撤退。但混乱中前线的一个炮兵连并未接到撤退的命令，他们坚守在阵地上，不知道自己是在孤军奋战。他们击发的猛烈炮火让拿破仑做出了错误的判断——俄军主力未被击溃，必须停止进攻，再做部署。这个误判使俄军得以喘息，摆脱了全军覆没的命运。隆隆的炮声让俄军主帅也迷惑不解，派出探马查看究竟。探马的口信让这一连酣战的官兵醒转过来，停止了疯狂、机械的装弹射击，在硝烟中呆住了。那位连长的呆相，酷似当时的小白。

事后，我请老别和小白来我宿舍喝酒。我在大学南路随便买了些凉菜，酒不是好酒，几块钱一瓶的，三个人三瓶，估摸着足够了。没想到小白这个陕北汉子酒量很好，我勉强陪得住，老别量差点，渐渐跟不上我俩的节奏了，表现得兴致越来越高，话越来越多。聊着聊着又说到戏上去了，他提出要把出彩的那一段再演一遍。我俩自然高高兴兴地配合，挪了桌子腾出点空地好让他发挥。还是那一段，他手里攥着支筷子，权当宝剑了。借着酒劲，他放得更开，表演台词十足到位，最后把筷子一挥，扬手指天，定格在屋子当中。我和小白又一次看呆了，只见他就那么挺拔地站着，并没有收势的意思，然后身体慢慢向一边斜，最后直挺挺地倒在了地上。我和小白这才明白过来：哦，原来是醉了。赶忙上前去扶，而他已酣然入睡了。每每想起这一幕我都忍不住暗笑起来。

那些年，那些戏，那些经历确实精彩，就是当时太穷了。那时候的办学条件和今天实在没法比，除了精神力量以外，几乎要啥没啥。经费有一点，也只是象征意义上的，用来支付礼堂和灯光音响的租金都紧张。服装道具化妆物品能借就借，借不来只能自掏盘缠——那时的学生经济都拮据，没腰包，超预算支出都得从口粮款里去挤。

学生穷是本色，老师们的穷则让人心酸。有一个哥们儿，后来也留校工作了，现在是我的同事，当年是我的学生。这人一直比较闷，虽然也踢球也积极参加学生活动，但不出头不出声，安静得像空气，平淡得像空气。你总见他在眼前忙来忙去，可过去就忘了。1992 年的最佳剧目是《太阳城》，场面大，人物多，服装绚丽好看。一眼瞅过去,吃了一惊:在众人的簇拥下昂然出场、扮演国王的竟然是他!这个造型跨度也太大了吧,让我几乎认不出。只见他抬头挺胸,沉稳镇静,把威仪四射的国王演活了。从那晚起,我对他刮目相看,深深地记在了心里。

记得1997年初的寒假,我在宁静清冷的校园里碰见了刚留校的他。他的热情驱走了冬天的寒冷,他执意请我到他宿舍坐一坐。那年留校的教师原本被安置在校园南边的一间大仓库里,中间一道隔板,一边住男一边住女,鼠跑蝇飞,呼噜声人语声两边入耳,简陋之状不忍多叙。这帮年轻人虽头角峥嵘,但绝非好事之辈,竟联名给校长写信,要求调换宿舍。学校费了很大力气协调房源再做安排,他因此分得了两人一间的新宿舍,兴致正高,力邀登门。房子在7号教学楼北边的一排平房内,现已拆掉了。看他兴冲冲的样子,以为他分得了什么香甜的糖果。进门一看,呆住了:屋里绷着一张大彩条布接着从房顶上嘀嗒下来的雪水,地面湿乎乎的,桌上散落着碗筷,一个碗里的残汤已结成了冰。我本是脸冷眼硬之人,那一幕却差点让眼泪流出来。他却浑然无觉,静静地忽闪着一双幽黑幽黑的大眼睛。其人散淡,遇事也不多言。偶有一天,知道他的学生,后来是我们共同的朋友,英年早逝,逢年过节他总忘不了备份礼去探望慰问学生的父母,情真义重令我感佩。前些日子,冷不丁他给西大版《南山南》填了词,唱出了对母校的深情,唱响了祖国南北,火火地宣传了一把西大。

经费紧张还罢了,最头疼的是找不到排练场地。宿舍、教室里可以对台词,但找不到舞台感,戏出不来。即便台词和剧情都已烂熟于胸,但演员往台上一站就蒙了,腿不会迈了,手不会抬了,眼也不知该往哪儿瞅了,准演砸。辅导员老师把办公室和宿舍都借给我们用,还是不能满足需要。我在学校的角角落落转悠,希望能发掘出个场地。结果能用的地方都有专人看着,说什么也不借。记得是在1992年发现东操场观礼台上的杂物被清空,平平整整的一个大台面空着也没人管,可用来彩排,还可以省下礼堂一晚的租金,于是一帮人抬着桌椅道具兴高采烈地去了。彩排从下午2点正式开始,一直进行到晚上9点多。那年西安很冷,北风嗖嗖的。天黑透了,实在看不清演员的表演,负责后勤的同学又从远处引了电源,竹竿上挑个电灯,愣是把彩排进行到底。本来所有排练剧目过一遍场用不了这么长时间,但各节目组好容易逮着了个大场子,边演边练时断时续,一遍不满意非得再来一遍,可是把人冻得够呛。想想过去,看看今天,短短20年,我们的工作和生活条件发生了翻天覆地的变化,让人不由得由衷感叹:中国人太厉害了!

“生活是倾盆而下的臭大粪，艺术是我们唯一的保护伞”，这话对不对可另行商榷，我觉得如果不仁、不美、不雅，即便得了天地灵气，撞了人间大运，也只能演个暴发户。人要想好，离不开艺术，起码所有人都要用到讲故事的艺术，用以对抗波澜不惊、沉重乏味、不断重复的日常生活。人们日复一日地在路上走着，走向远方，真心要走到哪里去，恐怕没几个人心里清楚。这时难免有人从队列里跳出来，给大家讲个故事说个笑话，冲淡一下这凝重的气氛，提振一下行进的士气，所以人的生活中总少不了小说、影视和戏剧。同样是讲故事，水平和境界却大有不同。我以为，打动了自己，听者无动于衷，是为初级水平；自己流着泪讲，观众流着泪听，是为中级水平；于不动声色、平静如水中娓娓道来，却令听者心潮澎湃、涕泗奔流，是为高级水平。更有甚者，讲述者不按章法，不修边幅，嬉笑调侃，一把撕破了正经相，一脚踹倒了庄严感，本以为是小丑在演肥皂剧，哪知事后突然领会到他情深似海，泪飞如虹，忍着心底的痛带我们去看生命中刻骨铭心的爱情、虽死不惧的担当、似乎起伏不定实则无法改写的宿命，去品味庸俗无奈又饱含深意不掩深情的人生。其为神来之笔，《大话西游》当为一例。

“黑美人”与《大话西游》深深浅浅也有些缘分。记得是 1993 年《罗刚之死》那出戏，前卫锐利很出彩，我们要着力推出。剧中需要一段渲染阴曹地府的音效，一时间找不到，有人提议大雁塔附近有个旅游景点“鬼城”，可以去那儿录这段音效。一试能行，但普通录音机录音效果差，需要找个保真度好的机子。有那么个小女生，手里有台爱华牌随身听，但捂着宝不外借。我是老师，出面劝说她才让步，但要求必须由我本人去录，于是约了剧组的人带着她同去。

同来同往说说笑笑，录音顺利。返校之后各自别过，心中忽然有了恋恋不舍的感觉。这感觉来得没有理由，但清晰强烈似被雷击——我不由得总想见到她。

两年后她毕业。办完了离校手续，她来宿舍找到我，专程向我道别。有一个问题一直堵在她心里，一定要问清楚才肯走：为什么我与其他同学都相处甚欢，唯独对她面带冰霜爱搭不理？她领了毕业证就不是学生了，我就可以坦言相告了：因为我心有爱意，必须用力掩饰。她问为什么，我说我的原则是不和学生谈恋爱。她问现在怎么办。我说你在天南，我在地北，能怎么办？天空没有留下痕迹，可鸟儿已经飞过，就这样吧。

她就这样走了，可我们还是渴望见到对方。那年寒假，她约了班上要好的同学还有我去成都一聚。她和我都不愿把心里的难过写在脸上，我们相聚的时候气氛自然热烈。到最后，火锅店里只剩下我们一桌食客了，大呼小叫，酒兴正浓，半夜时分仍无离去的意思。老板是个敞亮人,不仅不摆脸赶我们走,还凑着凑着也上了桌,跟我们一起喝酒划拳,临到最后大手一挥:免单,交朋友!就在那酒酣耳热之际,抬头看见墙上的电视里正播着《大话西游》结尾那一段,那一段里恰恰有他们的身影——那是在榆林拍的,当时她和她的同学作为群众演员参加了演出。我们抬头看剧中的自己,热烈的气氛再次被引爆。看,那时多么可笑——为了离周星驰近一点,为了在镜头中多闪现两次,私底下你挤挤我,我推推他,脸面上还一本正经,哪知道今天在这里才笑作一团!

(王军,西北大学中文系1989级学生,曾任西北大学中文系辅导员,现任西北大学外国语学院党委书记)

为了那些珍藏的美好

李　彬

陪伴“黑美人”走过的日子不算漫长，但仍有一些事情让我念念不忘。贸然把时光里的记忆片段呈现给大家，只为那些深藏于心中的美好和曾经见证青春的成长。

《兰若遗梦》

《兰若遗梦》刚开始排演，精心挑选的女主角和副导演就接连病倒，出现这种状况，我们只能忍痛取掉这部戏。但是导演很执着，说服了小黑当时最强的女演员加盟该剧，并借此争取老师支持，让他们继续排练。二次彩排时，这部本来并不被看好的剧竟然脱颖而出。正当大家拭目以待这部戏闪亮登场的时候，没想到男主角又住进了医院，且医生建议至少住院休息一周。已经没有时间再更换演员了，大家只好选择苦等。真是一波三折。终于开演，眼看着演完最后一幕，算是松了口气。本来应该谢幕的时候，却看见导演径直走上舞台，在台中站定，先是给大家深鞠一躬，迟疑片刻说：“各位老师，实在不好意思，中间有一场戏落了，如果可以的话，我们希望重演那一段……”此话一出，台下一片寂静。我有些尴尬地把目光投向坐在旁边的赵书记，谁知赵书记气定神闲地说：“这就是学生最真实的表现，我们的学生就是要有这种真性情。”那一刻，我感到下沉的心瞬间有了着落，脑海中闪着一句话：这就是文学院，这就是西北大学“黑美人”的舞台。那一晚的谢幕是以这幕剧的重演完成的。结束的那一刻，台下掌声如雷鸣。我沉浸在深深的思索中，我被“黑美人”剧组的那份执着、认真、坦诚和勇气打动，同时被舞台上下师生互相理解与支持的那种氛围所感染。也许正是这种宽松和包容，激发了青年学生在成长的关键阶段源源不断的内心自勉。正因为如此，我们西北大学校园文化的园地里，才能够百花齐放，争奇斗艳，学生的思想火花不断闪现，思维方式不断创新，以海纳百川的气魄在专业与艺术的大美之路上越走越远。

《武贰》

记得《武贰》在奥林匹克大学生戏剧节上演出结束后，我说了些关于人物性格的感受和分析，高字民老师就眯着眼睛微笑着“怂恿”我：“写么，把这些写出来。”我心想，这有什么好写的？但是他的这种挠人的鼓励，总让我蠢蠢欲动，让我希望通过文字去表达，通过戏剧去呈现生活中许多细微的美好和深刻的感受。我终究没能开启戏剧之门，但是至少点亮了一盏灯，学会了欣赏和发现。

“黑美人”艺术节对学生的培养是一个循序渐进的过程。《武贰》从“黑美人”的舞台上走出，相继获得了陕西省大学生戏剧节和大学生话剧节的最佳剧目奖，以及奥林匹克大学生戏剧节的二等奖。在两年的时间里，这个剧不断排演，但其实每一次获奖的都是不同的剧组。铁打的营盘流水的兵，剧是同样的剧，演员却因为实习或者毕业，不断在更换。每一次几乎都要从头开始，然后一次次打磨，一点点重塑，需要指导老师有极大的耐心。对此，高老师总说“没关系，一千个人就有一千个哈姆雷特，学生就是这么一拨一拨锻炼培养出来的”。我感觉高老师就像一个很有年代感的发动机，自带沧桑，外表冷静，但只要一提起“黑美人”，就会神采奕奕，内心蕴藏的火热与能量一涌而出。

我感到这些耐心与启迪体现在身边很多老师身上，点亮了很多人的梦想。拍摄“黑美人”30 年的纪录片时，学生们投入了大量智力、心力。剧本刚刚拿出来的时候，大家内心或多或少有些忐忑，但指导老师王滔看过之后，赞许地说：“这个剧本孟杰这样写就对了，特别有感觉，让人一看就有很多激荡的感受。”只见小姑娘本来略带沮丧的眼神立刻就明亮起来，一下子劲头十足。之后每一次剧本修改、影片拍摄困难重重的时候，都有一股强劲的动力，激励着编剧、导演、拍摄组，也激励了我。当剧本修改到第四稿的时候，我的眼睛也亮了。

洗　礼

在“黑美人”的舞台上，每一个经典剧目的诞生，都离不开老师们和同学们大量的付出。每一个好的剧目从修改剧本到排演打磨再到搬上舞台，其过程本身也是对参与者的一种精神洗礼。记得排《秋风秋雨愁煞人》那个剧的时候，有一幕是秋瑾所在的学校即将被反动派包围，很多进步师生要被逮捕，这时另一位革命者劝说秋瑾离开，但是秋瑾拒绝了。在我看来，劝说的革命者不过是塑造秋瑾这个人物的一种衬托，但是当时指导老师饱含激情地解读：“你们知道他为什么要劝秋瑾离开么？是单纯的害怕死亡么？秋瑾为什么不离开？只是为了革命义气，以卵击石么？不是的，劝离的革命党人在这种情况下绝不是贪生怕死，而是希望保存革命的种子，继续开展革命，特别是像秋瑾这样的领袖人物，一旦牺牲，是极大的损失；而秋瑾做出不离开这个决定，更需要经过激烈的思想斗争，因为她那时已经是两个孩子的母亲，像秋瑾这样有血有肉、有家国情怀的人，不可能草率地抛开母亲的角色，但是她最终选择了和青年学生在一起，也是因为家国大爱。两位革命者都没有从个人的生死角度去考虑问题。你们在表演的过程中，虽然只是短短几分钟，简单的几个动作，但是蕴含着主人公丰富强烈的思想斗争，要将这些内心活动表现出来，其实是有难度的……”指导老师是张也奇，很瘦，她讲话时语速很快，身体随着情绪的跌宕起伏，时而前倾，时而立定。在场的同学们没有人说话，不约而同地眼神朝着一个方向，整个过程中似乎只感到每个人内心的波澜起伏。那次排演已经过去一年多了，但那情景依然清晰。我惊异于这么瘦弱的身体里怎么会迸发出那么巨大的能量。也许从那一刻起，我对戏剧教育有了更加鲜活的感受，对戏剧有了新的理解。

舞　台

总有那么一群执着的孩子，在“黑美人”的舞台上，用心展现他们对艺术的理解，无怨无悔。每到“黑美人”艺术节排演的季节，华灯初上之时，教学七号楼的楼道里就会被各个剧组“霸占”。他们或席地而坐，促膝而谈；或彼此争论，面红耳赤；或情绪高涨，慷慨激昂；或沉默不语，满眼泪光。为了一句台词，改了又改；为了一个表情，想了又想。我问他们：你们又要学习，又要写论文，还要排剧，累么？他们告诉我：老师，为了自己喜欢的事，不觉得累；而且还因为有了实践，学习体会更深呢。

其实，参与戏剧演出的还有好多文学院以外的学生。新闻学院副书记曾专门找到我，说他们的学生也想登上“黑美人”艺术节的舞台。经认真策划和排练，后来就有一晚几乎成了新闻学院学生的专场演出。在这方舞台上，表演的学生亦不分文理，信科院有位男生更是“喧宾夺主”，以配角的身份大大吸引了观众的眼球，捧得大奖。艺术自有其独特魅力，在艺术的园地里追逐梦想、展现自我，成了很多热爱戏剧的同学的共同追求。戏剧艺术之美，吸引着一批又一批年轻人抛开尘世的杂念，拥抱真正的雅致与美好。毕业于我院对外汉语教育专业，现在活跃在荧屏内外的学生王小亭有一次感慨道：“人只要是单纯地奔着真正对作品有益的方向去考虑，好运就会随之而来。”或许，这就是艺术给学生带来的最美的塑造，也是艺术带给人的最奢侈的享受吧。

二楼大厅

每每说起“黑美人”艺术节，感受最深的不是光鲜的舞台，不是瞩目的奖杯，镌刻在我记忆里的，更多的是舞台背后那些充满智慧、勇于担当的辅导员，和不畏辛劳、认真工作的学生会干部，以及默默关注、常常陪伴着的普通同学。记得彩排的日子里，七号楼二楼大厅里会聚集很多学生，不规则地围出中间的空地作为舞台。其间，我一直惊讶于辅导员们时间管理和统筹协调的能力，以及他们对“黑美人”事业的满满激情。在王理鹏的带领下，王晋华、张昊、张东、石琬璐，还有以前其他的辅导员都有这样的经历。他们常常既是评审老师，又是剧务总管，还是多方照应忙碌的管理干部，频繁地悄悄穿梭于大厅和办公室之间，直到最后一场彩排结束和大家一起离开，浑身散发的那种能量和劲头仍感染着周围的每一个人。一直坚守的是学生会的干部们，他们精心策划，细心组织，合理协调，保证了彩排的有条不紊。最可爱的是从始至终热切关注、真情支持的普通同学。舞台的聚光灯下不会有他们的身影，他们也注定不会拿到什么奖；但是和他们在一起，有他们的陪伴，就会让人感到一种踏实，一种温暖，一种发自内心的喜悦和力量。

心　怀

“黑美人”艺术节 30 年之际，学院组织拍摄纪录片，走访过的每一位校友都对母校及“黑美人”有着浓浓的深情。有老师年逾花甲，仍对“黑美人”保持热切的关注，把珍藏多年的照片全部捐赠给学校。盛夏的北京淹没于热浪之中，被采访的校友竟然反客为主，不见外地帮摄制组搬运起设备，衣服完全被汗水湿透了。这次录制中，有放弃了节假日休息参与拍摄的，也有凌晨加了班以后赶来拍摄的。让我感动的，还有更多没有出镜，却一直悄悄关注，而且不遗余力地为“黑美人”默默付出 30 年的朋友……

曾经的老“黑美人”们如此的关注与热情，让摄制组的同学们无比感动。这些大一到大四的学生，激情一旦被点燃，便更加忘我地投入到摄制工作中，越拍越有劲，常常工作到深夜。有时，我真的很难分清，推动这一群人执手前行的到底是怎样一种力量，是“黑美人”魅力别具的艺术感染力，还是关于青春的岁月怀想，抑或是对母校的款款深情？也许，根本不需要分清楚，因为所有的一切都已经化作一种文化的传承,印在了每个"黑美人"的骨子里,内化于每位曾因"黑美人"而聚拢的个体的心灵深处。

写到这里,我突然想到一个人——小黑戏剧社的创始人之一——袁方,他以个人名义在学校设立奖学金,用于奖励资助好学上进的学弟学妹。奖项数额不高,因为他没有身居高位,也并非什么贤达大款。但这份带着勉励的深厚情怀,却给了人无尽的温暖。我想,这一定是与"黑美人"赋予的那份情怀息息相通的。

有你们真好

"黑美人"艺术节从最初的自发性活动,逐渐成为一个院系品牌活动,再发展为在高校内外具有一定影响的校园文化精品,到目前在育人实践中成功有效的综合应用,都离不开学校及相关部门的大力支持,除了给予政策和资金的支持之外,还在项目策划、理论研究等方面给予了悉心指导。作为"黑美人"艺术节的参与者,我也感受到了来自社会各界的浓浓暖意,那些始终关心和关注"黑美人"的朋友,给予的支持与帮助从未间断。这些弥足珍贵的关怀与智力精神支持,加上伙伴们和学生们的共同努力,才成就了"黑美人"今天的无比精彩。

记得习总书记讲过,"伙伴的意义和价值,不仅在于顺境中共襄盛举,更在于逆境时携手前行"。对我而言,"黑美人"不正是一种陪伴的力量么?每在困窘的时刻,想想那些曾经砥砺前行的老师和同学,那些颇具哲理、能让人不断在生活中找到共鸣的台词,那些内心充盈、刻画鲜活的舞台人物,还有那些为了艺术之美不懈追求的"黑美人",总会多一点勇气和豁达,多一份寄托和梦想,多一种对生活的淡定与激赏。其实,能在很多人的支持和鼓励下比较深入地从事一件很有艺术感的事业,在成就别人的同时实现自己的价值,怎能不感到由衷的喜悦呢?

荏苒的时光中,"黑美人"风华依旧,展露着绰约的风姿,绽放出别样的光彩。总有很多触动内心的人与事,还没能言表。所有这些都已悄然珍藏在记忆里,成为支持自己继续前行的动力。感谢"黑美人",她带给我的是美好的回忆、深刻的成长。

任岁月流淌,那些熠熠闪耀的光辉,沁人心脾的芬芳,已凝结为我内心既是"黑美人"又不仅仅是"黑美人"的美丽情愫。

(李彬,现任西北大学文学院党委副书记)

“美人”与“鲜花”

——校园戏剧的“爱美”天性

高宇民

2012 年，时逢西北大学 110 周年校庆，而我大学毕业正好 20 年。这年国庆，阔别已久的大学同学重新聚首，纪念我们中文系 1988 级毕业 20 周年。聚会畅聊中，年少轻狂、烂漫青春的历历往事不觉又栩栩如生地浮现于眼前，过电影一样蒙太奇“闪回”。作为中文系的毕业生，“黑美人”自然是绕不过的话题。1988 年我们进校的时候，“黑美人”戏剧节(后来改为艺术节)举办到第二届。我带着中学创作的一个剧本，迅速建组参赛。虽是初出茅庐，却意外夺得了最佳男演员奖。

此举激发了班里同学的热情，尤其是钟情戏剧的“才子佳人”们。先是我们影视班涌现出曾两届夺得最佳剧目大奖的冯小明、赵伟搭档，同学们戏称这对校园情侣开的是“夫妻店”。颇有意思的是，中文系 1988 级汉文、影视两个班的同学毕业后，唯一成为夫妻的，就是他们这一对。毋庸讳言，他们俩的姻缘就是“黑美人”牵的红线。后来，汉文班也不甘示弱，冒出了一个个子不高却满腹经纶的“大编剧”——郝国庆。本科毕业后，他继续攻读外国文学研究生，在校 7 年竟拿了 6 年的最佳编剧奖！而我，在校期间越来越喜欢喜剧了，于是和我们班的王革、赵伟又是说相声，又是排小品，还自创了当时颇受欢迎、很有人气的“领袖人物方言模仿秀”小节目。该模仿秀后来应邀在陕西省广播电台、陕西电视台的综艺栏目演出。1990 年，由我编剧的喜剧小品《晚点》，代表西北大学参加了陕西省高校文艺汇演，获得优秀剧目奖。

时间过得真快，一晃大学毕业已经 20 年，浪漫的“黑美人”也已经 25 岁了。说来也许真是一种难得的天意机缘，我的校园戏剧创作历程竟然恰恰和“黑美人”同龄！1987 年，当西北大学中文系一帮热爱戏剧的老师、学生有创意地提出要自发举办属于大学生自己的戏剧节时，我还在临潼华清中学读高二。虽然已临近高考，但我对戏剧的喜欢似乎超过了对高考的关注。紧张学习之余，我写了一部长剧《兄妹盟》和一部小品《买不买?》。后来《买不买?》入围当年的中学生戏剧节决赛。1987 年春天，当西大校园里爱戏的师兄师姐们在筹划“黑美人”戏剧节的时候，我则和《买不买?》剧组来到西安市青少年宫，参加中学生校园剧的比赛呢。

大学毕业时，正是在校园文艺方面的出色表现，才使我获得了中文系 1988 级唯一的一个留校机会。由于工作部门是学校电教中心而不是中文系，所以毕业后“黑美人”渐渐看得少了。再后来，学校电教中心撤销，我的工作部门转到了校电视台。从此，借拍校园新闻和专题片的机会，又看到久违的“黑美人”了。虽然每次都匆匆忙忙，很难静下心看一场完整的演出。但那几年王洵、陈龙、燕来等一批“可畏后生”的精彩作品，还是给我留下了十分深刻的印象。

在校电视台工作，经常拍摄有关学生活动的新闻，一来二去就和团委的老师学生们混得很熟。当时的团委书记李彬是我同级留校的好朋友。2001 年，由教育部举办的“五月的鲜花”全国大学生文艺电视汇演在杭州举行，西北大学受邀参加。由于汇演是电视形式的，因而“五月的鲜花”组委会给每个参演学校的演出时间都只有短短 5 分钟，节目的形式则自由不限。拿什么样的节目献给你，“五月的鲜花”？这一问题着实令大家伤了一番脑筋。后来，经过激烈讨论和集思广益，最终确定了综艺情景短剧的形式。李彬把创作任务交给了有“黑美人”底蕴的文学院。当时我正在文学院读硕士研究生，便和一位小师弟创作了综艺情景说唱剧《传统与现代》。该剧以 RAP 说唱与歌舞交融的形式，模拟了一场大学生辩论赛，辩论的主题是传统艺术与现代艺术哪个更受青年学子青睐。节目演出并播出，颇受好评，连远在北京的名誉校长张岂之先生都激动地写来亲笔信，畅谈他的观后感想。从此，我对“美人”移情别恋，又和“鲜花”结缘。2002 年又写了综艺情景朗诵剧《飞天》，2010 年再次应邀写了综艺情景说唱剧《村官和他的同学们》。

2001 年至今，西北大学团委已组织参加了 7 次“五月的鲜花”汇演。基本不变的是，节目的形式一直保持着西大自创的综艺情景短剧的形式。由于各种历史原因和客观条件所限，西北大学没有音乐、歌舞、表演等艺术专业，但却拥有悠久的办学历史和深厚的文化底蕴。如何扬长避短，同时尽显我们的本色与特色？“五月的鲜花”综艺情景短剧富有创意的尝试彰显了西大人的个性风采。

艺术审美的热情与魅力是具有扩散性和传染性的。正是在“黑美人”艺术节浓郁氛围的熏陶下，2007 年文学院热爱戏剧艺术的本科学生袁方、付蕾、毛圣明等人自发成立了西北大学小黑剧社。剧社成立后，他们先后排演了先锋、实验话剧《切·格瓦拉》《恋爱的犀牛》《暗恋桃花源》以及原创话剧《明天你要嫁给谁?》《人造模特》《扶起你的大爷》《梁山伯与大甲虫》等剧目。剧目参加陕西省大学生戏剧节,分获了最佳表演奖、剧本一等奖等殊荣。

除了戏剧排演实践,剧社成员还积极开展“业务”学习与研究,不断增加自身的戏剧知识,提高戏剧素养。2008 年,小黑剧社的骨干雷涛、毛圣明、李超、付蕾等人成功申报了国家大学生创新计划实验项目“小剧场话剧在高校发展潜力与模式创新研究”,来聘请我做指导教师,这时我才知道小黑剧社成立的消息。

我欣然同意,同时兼任项目和剧社的指导老师。2010 年项目结项,被评为优秀。以创新项目为依托,小黑剧社还走出校园,在西安外国语大学、西安政法大学举行了多场巡回演出,并面向大学生观众进行了大量的问卷调查。

2010 年是西北大学小黑剧社取得辉煌成果的一年。为纪念我国现代著名戏剧家曹禺先生的百年诞辰,小黑剧社以戏剧的方式纪念戏剧大师,学生们自编自导,排演了曹禺先生的名作《日出》,两个学期先后演出三场,受到学生的热烈欢迎,以至于出现了一票难求的火爆场面。

同年 8 月 7 日至 8 日,由学生袁方担任编导的原创话剧《人造模特》赴北京,参加了第九届“金刺猬”大学生戏剧节,最终荣获剧目奖。10 月 22 日至 24 日,小黑剧社又赴南京参加了由南京大学和挪威易卜生国际联合举办的首届国际大学生易卜生戏剧节。由我编剧并和孙阳老师联合导演的小剧场话剧《家里的玩偶》在戏剧节上精彩亮相,一举夺得最佳剧目特等奖和最佳导演奖。根据组委会安排,剧组还受邀于 2011 年 5 月下旬赴挪威,参加卑尔根国际戏剧节的交流展演。

2011 年,西北大学校园戏剧继续绽放异彩。小黑剧社排演的话剧《一妇五夫》受邀参加了首届西安国际戏剧节展演。第 24 届“黑美人”戏剧节的好几部获奖作品,入围参加陕西省第三届校园戏剧节。最终话剧《山寨爸爸》荣获优秀剧目奖。同时,综艺情景说唱剧《村官和他的同学们》应邀参加戏剧节闭幕式演出。另外,在当年举办的陕西省校园戏剧创作研讨会上,西北大学的师生应邀做了大会交流发言。

2012 年西大校园戏剧又结硕果。以校园戏剧为主题的校园文化活动先后荣获了陕西省和教育部高校校园文化建设优秀成果两个一等奖。同时,由学生自编自导的另一部校园话剧《上海夫人》再次入围国际大学生易卜生戏剧节的决赛。该剧的编剧——文学院电影学硕士生郑欣和导演——文学院戏剧影视文学专业的王俊婷，都多次参加过“黑美人”比赛并荣获过大奖。如果说她们取得了一定的成绩，那么起码一半的功劳都应归功于那个驰名西大的“黑黑的美人”！

丰富多彩的校园戏剧活动，培育了校园中热爱艺术、热爱戏剧的浓厚氛围，极大地提升了参与活动的学生的综合素质。以《家里的玩偶》剧组为例，2011年，剧组六位学生中有三位报考了戏剧专业的研究生。其中，经管学院金融专业的陈海华考入中央戏剧学院戏剧表演专业，文学院戏剧影视文学专业的宿东明考入安徽大学戏剧戏曲学专业。2012年，余下的三位又集体赴北京参加中央戏剧学院的研究生考试。其中，对外汉语专业的陈志、王小亭报考了戏剧表演硕士，电影学硕士生付蕾则报考了戏剧表演的博士。虽然三人都遗憾地与中央戏剧学院的研究生学位失之交臂，但最终却都选择了“北漂”生活。他们都考入并签约了喜剧艺术家陈佩斯的大道喜剧院，真正把戏剧作为自己的人生事业来追求。

“美人”流彩，“鲜花”绽放。在25年的历程中，西北大学的校园戏剧在师生自发热情的激荡和执着不懈的追求中不断发展、壮大、提升。25年，我自己也从一个爱戏的学子逐渐成长为一名教戏的老师，有幸见证了“黑美人”为青春喝彩的戏剧人生。

中国话剧在诞生之初并不叫话剧，而是有许多别名。其中，影响最大的当属“爱美”剧。现代著名戏剧家陈大悲先生曾编写过《爱美的戏剧》一书，并积极推动“爱美的”戏剧运动。所谓“爱美”，其实是英语 amateur 的音译，意为业余的、非专业的。在他看来，校园戏剧是最为典型的“爱美”的戏剧。“爱美”之剧虽然业余，却不受商业票房和政治压力的束缚，因之反而更自由，更洒脱，更具现代性，更符合艺术本性。在2010年的一篇论文中，我曾将校园戏剧的这一特性概括为“非专业的超专业性”。简言之，校园戏剧的参与者从不把舞台实践当成糊口的工具、谋生的手段，他们的目的单纯而清晰，这就是——追求艺术的审美，尽显青春的绚美。

爱美，是校园戏剧的天性。爱戏的孩子们，走进剧场，登上舞台，解放你的天性吧！在艺术的想象和戏剧化的冲突中，来尽情体验、充分享受别样的多彩人生吧！

（高宇民，西北大学中文系1988级学生，现为西北大学文学院副教授，西北大学现代戏剧研究中心主任）

咫尺舞台天地宽　文化引领青春梦

——“黑美人”三十年有感

王理鹏

记得那是2006年5月，我第一次和“黑美人”相见。长安报告厅过道上坐满了学生，他们聚精会神，仿佛也在舞台上，在剧情中；报告厅里最后一排打射灯的郑文轩同学满头大汗，只为了使每束光不偏不斜地照在演员的身上……舞台上，一群朝气蓬勃的年轻人正在用他们的表演书写自己的青春。舞台下，一个人回到了千禧之年的迎新晚会现场，他饰演牛经理——一个话剧团的经理。也许就是那个时候，我和话剧有了无言的约定。

时光荏苒，我们互相陪伴走过了十个春秋。十年中，有很多值得回忆的时刻。2007年，在唐明老师的带领下，我们参加了陕西省第一届校园戏剧节，“黑美人”正式进入竞赛平台；在我的倡导下，袁方和毛圣明两位同学发起成立了小黑戏剧工作室。2011年，“黑美人”艺术节获得教育部高校校园文化建设优秀成果一等奖，其在校园文化建设上的作用得到教育行政部门的肯定。2012年，《家里的玩偶》获首届“国际易卜生大学生戏剧节”最佳剧目特等奖，我们走向了国际舞台。2013年，我主持的省级辅导员精品项目以优秀结题，我们开始从理论层面诠释和发展“黑美人”。2014、2015、2016年，首届心理情景剧成功举办，心理情景剧获得高教工委表彰，剧场党课成功开课，“黑美人”“打破了第四堵墙”，增加了应用戏剧、教育戏剧内容。

回首十年，“黑美人”繁荣昌盛，离不开学校科学精准的顶层设计。

紧紧围绕提高人才培养质量这一核心，发挥其在凝心聚气引领成长、提升校园文化品位、打造实践平台、培养学生创新精神方面的积极作用。通过“黑美人”艺术节，将社会主义核心价值观有机地融入校园戏剧这种艺术形式之中，使思想政治教育形象化、艺术化、立体化、直观化，增强学生对社会主义核心价值观的认同感和践行自觉性。通过对“黑美人”艺术节的品牌经营，提升校园文化育人的品质和品位，推动高校校园文化建设更好更快地发展。“黑美人”艺术节以汉语言文学、广播电视编导为专业背景，将专业学习和艺术节实践相结合，将思想政治教育和专业教育相结合，打造高品位的实践育人平台。“黑美人”艺术节从剧本编撰、剧目排演、舞台设计、演出宣传到后期制作等各个环节，均需要学生精心设计、用心把握、细心实施、耐心总结，每个过程每个环节都是培养学生创新精神的沃土。

回首十年，“黑美人”生机勃勃，离不开在长期的建设和实践中凝练的“六结合”工作模式。

1. 精神引航和身体力行紧密结合。我们始终将培养合格的建设者和可靠接班人这一核心理念渗透于“黑美人”艺术节的各个环节。一是鼓励创作和演出能够促进心灵健康成长、激发生命活力、提升审美能力、具有艺术感召力和教育意义的戏剧曲目。二是将社会主义核心价值观作为价值判断的标准，对剧中的人和事进行导向性评价，褒扬积极健康的社会风尚，针砭庸俗丑恶的社会现象，让演员和观众在艺术创作和欣赏的过程中受到潜移默化的教育和影响。三是注重提升辅导员的政治理论修养，增强辅导员对剧目和排演的鉴别力和指导性，不断提高剧目的思想性。

2. 继承传统和大胆创新紧密结合。在剧本的征集中，既鼓励弘扬祖国优良传统文化，又鼓励以身边发生的事和特色社会主义建设中的新人新事体现时代特性。在剧目的排演中，辅导员既要恪守基本职责，把握正确导向，又要结合学生实际、社会现状，启迪引导学生的思想。

3. 思想教育和专业（学科）教育紧密结合。将思想教育和专业（学科）教育相结合是西北大学将艺术节引向深入的又一重大举措。在艺术节剧本征集环节，我们要求学生的创作以反映社会主义建设、校园文化生活和大学生的思想情感为主调，强调原创，要表达真实的思想和观点，贴近生活的真谛。每年辅导员和专业老师要对剧本进行筛选、审查，不论是否选用，老师都要给每个剧本撰写评语。

4. 内涵发展和外向拓展紧密结合。一直以来，我们注重“黑美人”艺术节的内涵式发展和外延式拓展，不断挖掘、拓展艺术节的表现形式，将我们主张的、倡导的融入艺术节中，不断提升其质量和水平。在内容上，既有褒扬积极健康的社会风尚的主题，也有针砭庸俗丑恶的社会现象的主题；在形式上，既有校园戏剧、诗歌朗诵，也有 DV 短片、微电影；在活动范围上，既有汇报、交流、访问等演出的舞台阵地，也有省内、国内、国际的竞赛阵地；在组织形式上，既有学校打造的舞台盛宴，也有社团自发的戏剧展演；在动员宣传上，既有海报、橱窗、报纸等传统的纸媒形式，也有网站、微博、微信等网络媒体工具的动态展现。

5. 学校组织和学生自发参与紧密结合。在艺术节的各阶段各个环节，学校的积极组织和学生的自发参与紧密结合。每年学校都主动邀请文艺界的剧作家和表演艺术家来校举办讲座，每场讲座都座无虚席，同时，学生主动邀请高年级有经验的同学传授经验，学习提高。在剧本创作中，我们要求相关专业的同学至少提交一个剧本，专业学生往往平均编写 2～3 个剧本，非本专业学生也都积极撰写剧本。每年很多理工类学生也都主动提供剧本。

6. 以点带面和上下联动紧密结合。"黑美人"艺术节不仅是文学院师生广泛参与的活动形式，更成为西北大学全校师生喜闻乐见的精神大餐，成为西北大学校园文化一道亮丽的风景。如今，每届活动都有来自不同院系的几十个剧目参演，涌现出一批具有广泛影响的校园戏剧作品。

"黑美人"艺术节坚持学校、院（系）两手抓的方针。通过校学生工作部（处）、教务处、校团委等部门在资金、场地、人员调配、对外交流等方面不遗余力的支持，"黑美人"艺术节的影响渐渐扩展到全校和省内兄弟高校。多次参加陕西省大学生戏剧节分会场演出，多次在国内高校和社会舞台上巡演。

回首十年，"黑美人"硕果累累，离不开一代又一代"黑美人"在丰富校园文化载体、活跃校园文化生活、深化大学生思想政治教育的方式方法上的孜孜探索。

1. 理想信念不断坚定。在"黑美人"艺术节的运作过程中，有意识地导入校园精神文明、人文关怀和理想信念的教育，使广大同学在编排、演出、观赏剧目中受到一次次精神的洗礼和灵魂的净化。同学们一致认为，"黑美人"艺术节构筑了先进的校园文化氛围，令人振奋，催人向上。俗话说，人生如戏，戏如人生。在"黑美人"这个方寸舞台上，同学们丰富阅历，扩宽情感，学习做人，锻造人格。演英雄形象使他们得到了道德的升华，演现实剧考量了他们的是非判断能力，剧中的先进人物形象给他们以感召。

2. 优良校风日渐形成。校风反映着一个学校的整体形象，一流的大学应该有一流的校风。西北大学作为一所百年名校，长期以来一直高度重视校风建设，注重把优秀校风的形成融入"黑美人"艺术中。目前，"黑美人"艺术节已经成为传播先进文化、塑造美好心灵、倡导科学创新精神、弘扬优良校风的重要阵地，通过艺术节的熏陶和感染，我校学生以学风促校风，以文明促和谐，自觉践行"勤奋、严谨、求实、创新"的优良学风，形成了奋发学习、团结互助、热心公益、蓬勃向上的良好风尚。

3. 专业知识不断拓展。一个优秀的剧本必须具备两个条件：一是可读性，二是表演性。要达到这一目的，必须调动所有的知识储备，涉猎多种专业学科。对文学、艺术、历史、哲学、社会学、伦理学等不同专业的知识要通过不断历炼而融会贯通，若没有一定的专业知识，是很难完成的。反过来，这些又对专业知识的扩展和延伸起了很好的实践推动作用。

4. 实践能力有效提高。"黑美人"艺术节是学生提高实践能力的很好载体。比如剧本的创作要经历几个环节——收集素材、选择题材、塑造人物形象、进行语言表达、安排冲突、向生活借鉴等，而这些都是对学生实践能力的一个很好的锻炼和检验。再如在排练过程中，只有勇于尝试、大胆实践，才能排练到位。作为辅导员，我们能明显感觉到，但凡经历了"黑美人"的学生，其处理问题的能力比一般学生都要高出许多，这自然与他们在剧中的历练是分不开的。

5. 团队精神得到树立。"黑美人"艺术节培养了学生的团队精神和组织能力。"黑美人"之所以有充足的理由存在，并不仅是因为前台表演的巨大成功，更在于她有一个同样精彩、充满团结精神的后台。围绕前台的表演，更多的同学聚集在后台承担着舞美、宣传、化妆、公关、剧务等大量工作。在"黑美人"的整体格局中，每一环都必须相互配合，相互提携，缺一不可。也正是这样一个互动的模式，培养了学生的团队精神。在无人喝彩的后台，剧组是戏剧节有力的支撑。一个剧组包括导演、编剧、演员、剧务等，来自全校不同院(系)，甚至是外校的同学聚合在一起，完成一个共同的使命，这里有理解、关照、扶持、学习。每一个排练的情景在若干年后仍历历在目，记忆犹新。这种团队协作精神不仅仅表现在舞台艺术上，更深植于同学们的日常学习和生活中，积淀在百年的校园文化中。

6. 就业升学胸有成竹。实践证明，只要踏上"黑美人"的舞台，就是向成功的方向迈进了一步；只要走进"黑美人"，就会有别样的风景。参加过"黑美人"艺术节的年轻人，现在很多或成为资深编剧，或成为知名的电视编导、主持人，或成为所在部门的骨干、精英。"黑美人"不仅承载着他们年少时的梦想，更是他们成长的见证，使他们的心智毅力、才华能力都得到了全方位的锻炼，人性化人才的培养在这里不再是理论上的论证，而是有意义的实践。在毕业生就业洽谈会上，在研究生面试环节，他们往往能很快赢得考官的青睐，以优异的成绩被录用或录取。

十年坚守，十年磨炼，百年基业。路漫漫其修远兮，吾将上下而求索。祝"黑美人"越办越好！

（王理鹏，现为西北大学文学院团委书记）

共同的美好回忆

张　东

逝者如水，转眼已是邂逅“黑美人”的第十四个年头了。2009年来文学院工作后，我负责了“黑美人”艺术节从2010年到2013年四届的主创工作，对其余各届也都参与其中。工作中许许多多的人、大大小小的故事总能让我感觉到“黑美人”独有的魅力。

“黑美人”艺术节是文学院学生工作的一件大事，作为一个综合性实践平台，她不仅包括话剧的编、导、演实践，还包括其他如主持、串场、舞台效果等方面的实践，学生无论有没有戏剧方面的才能，都可以在这个平台上发挥所长，做出成绩，得到成长。

这里有几点感想可以同大家分享。我从2009年参加“黑美人”第一次彩排开始，几乎每次彩排都和高字民老师一起。高老师总是对每一个剧目的方方面面不厌其烦地进行指导，赶不上晚班校车的情况也时有发生。他对戏剧的热情总是感染着我。这些年高老师指导的多个话剧获得多项省级、国家级、国际级奖项，指导过的学生也有走向专业导演、演员道路的。目前，在高老师的带动下，更多的青年教师加入到“黑美人”艺术节指导教师的行列。

“黑美人”艺术节是一个学生综合实践平台，学生在其中能够得到方方面面的锻炼和成长，有一些没有太多才艺、相对内敛的学生经过在这个平台的实践锻炼，大四时已经可以指导和演出毕业大戏了；还有一些普通话不是很标准的学生通过在“黑美人”艺术节上的表演练习，普通话变得标准，目前已经可以在工作单位做活动主持了；一些比较自我、我行我素的学生通过在“黑美人”艺术节上与其他人的合作，变得能够融入群体，能在集体活动中成为领头人，为集体争得荣誉了。

“黑美人”艺术节植根于西大，植根于西大师生，对西大师生观众影响巨大，每次演出总是观众爆满，总能引发共情。记得郭立宏校长在观看完以我校郭峰烈士为原型的话剧《重生》后，充满感情地回忆起他的大学生活以及学习郭峰烈士的往事，对“黑美人”艺术节在丰富校园文化方面做出了高度评价。

“黑美人”艺术节是一个学生实践平台，又不仅仅如此。经过三十年的发展，她已经成为大量老师、学生、观众凝结成的共同体，大量学生得到“黑美人”艺术节的多方面锻炼，受到“黑美人”艺术节的影响，已经成为各方面各行业的中坚分子和骨干，“黑美人”艺术节也成为大家共同的美好回忆。

（张东，现为西北大学文学院辅导员）

回 想

王晋华

2007年五一放假之前，袁方跟我说他们要重排《切·格瓦拉》，让我演正B。从未接触过话剧的我禁不住问他为什么，他说，因为我嗓门大。在接下来的一个多月里，每天晚上我们都在未装修前的审美文化报告厅里进行紧张而充实的排练。那时候剧组多场地少，一个报告厅里装着三个剧组，其他剧组就在教学楼各层的走廊里安营扎寨。此外还有排舞的、练主持的。整个长安校区七号教学楼的夜晚人声鼎沸，好像都被文学院的学生承包了。后来想想，嗓门大真的很重要。

那真是灿烂的“黑美人”艺术节二十周年庆典，整整四天的演出座无虚席。我们的剧被安排在第二天，那种决不能掉链子的紧张感至今记忆犹新。时至今日，排练、演出的很多细节都模糊了，可是在这个过程中每个人的投入似乎都因为带着某种使命感而令人记忆深刻。同属于我们正方的茶水（张铭峰）、毛一超，反派甲乙丙丁赵炜学姐、好悬（郝旋）学长、付蕾姐和李梦雨学姐，我们的画外音大胡子阴鹏学长，我们的导演九五哥（袁方，因其身高一米九五而得名），我那些在台前幕后忙碌鼓掌的朋友，都在那一晚的追光中长久地印刻在我脑海中。

在那一届的艺术节里，唯一能和我们《切·格瓦拉》剧组的名场面“起航”相媲美的，我个人首推《背叛》中的“保重”。我们的“起航”之所以有名，当然是因为切·格瓦拉本人的个人魅力和作品强大的艺术感染力。“保重”这件事则是因为这句台词在整个《背叛》演出中造成的明显的戏剧冲突而令观众忍俊不禁。当时男女主角此生无法再次相见，依依惜别，无语凝噎，转身离开，剧情缓缓落幕，给人无限遐想之时，身兼该剧编剧、导演和男一号的阿毛（毛圣明）突然转身作揖，郑重其事地道了一声“保重!”剧本中本是没有这句话的，可当时阿毛那语气、那神情……公主（穆洁颖饰）迟疑了，观众也迟疑了。阿毛就在全场的迟疑中挥袖下场，在雷鸣般的掌声和哈哈声中，潇洒地离去了。

（王晋华，西北大学文学院2006级学生，现为西北大学文学院辅导员）

不期而遇"黑美人"

王文汇

1987 年秋日午后,我踏入西北大学的校门。

关于西安秋之味的记忆,便定格在那一天。秋阳散发出的成熟的清香和未知的魅惑,让我对这个校园和已然开始的四年大学生活充满了浪漫的憧憬。

高中时候只醉心于对知识的疯狂捕捉,青春期的荷尔蒙一直被封存在某个恰如盒子的角落。踏进西大的瞬间,我全然没有潘多拉的犹豫和好奇,直接将那个盒子开启。于是便开始了对美女的快速搜寻和肆意追逐。

美女之美,在于长发披肩,在于眼波流转,在于小腰纤纤,当然最主要的还是要肌肤如雪、气质如兰。于是,我的眼睛就像百度的小框,填入这些关键词迅速搜索,搜到之后便迫不及待地打开。

结果可想而知,我遭遇了前所未遇的死机,信号发出后的回馈是温柔却决绝的重击。

于是我灰心,失落,感觉没有了前行的动力。

这时天空一个响雷,老天爷发来了不容辩驳的信息:你的关键词太拗,你会遇到适得其反的结果。

于是,在入校几个月后,在张学良题词立碑的大礼堂里,我遇到了"黑美人"。

好吧,你期望白,偏偏遇到黑。

并且这个"黑美人"不是人,是一个符号,一个图腾,一个挂在舞台中央的标识。

于是,我大学生涯的开始,与"黑美人"戏剧节的诞生和成长同步。

第一届"黑美人"的担纲主力应该主要是 1985、1986 级的学生。我们 1987 级刚刚入校,懵懵懂懂的生瓜蛋子,有张扬干练者,也有跃跃欲试者,应该是排了一部戏,印象着实不深。其实对于第一届演出和获奖的剧目都记不清楚了,只记得有改编莎士比亚戏剧的,专门穿了西式的服装,营造了莎剧的舞台氛围,让我们感受到了西大中文系的浪漫唯美,让我暗叹:作为西大中文系的学生,我骄傲。

对第二届“黑美人”我印象颇深，新来的1988级学弟们带来了惊喜，代表人物是一个叫高宇民的。那晚上了两部戏，一部是与人合作，一部是他独自一人。尤其对他一个人的戏印象深刻。他应该是扮演一个练摊儿卖“黄书”的，没有什么复杂背景和道具，只一个人往舞台上一站，脚下摆满了各种书本和杂志，便开始吆喝。他的吆喝叫卖，不只是讲述了一个故事，还原了一个生活片段，还让台下不断哄堂大笑，掌声不断。他这一吆喝，让他瞬间成名，也让1988级风光无限。我们常感慨，这“黑美人”就像农民种的红富士苹果，有大年小年之分，我们1987级不幸遇到小年。

“黑美人”每年一届，我一直不知道为什么叫作“黑美人”。

虽然不解其黑，但还是充满敬畏，也充满向往。作为中文系第一届影视文学专业的学生，不弄一次“黑美人”，大学生涯一定是个缺憾。所以，我后来终于撸起袖子——差点和人打了一架。

宿舍楼下的眼镜店里那个戴眼镜的老板，搞了一个学雷锋优惠促销配眼镜活动。我是雷锋活动消费者，但是眼镜配完之后，发现有质量问题，交涉时老板还态度极不好，于是大吵一架。之后依然气闷于胸，无法消解，直到把它写成了一台小戏《如此雷锋》。当真是不平则鸣，愤怒出诗人，受气走近“黑美人”。

《如此雷锋》是什么样的故事，现在已经完全不记得。只记得戏的主演，我是请了当红新星高宇民。他虽然当时已是网红大腕级别，但不要大牌，没有架子。他和我们宿舍的老二鲁涛一正一反联袂主演，我们很顺畅地排演了那部戏，并最后成功上演。

《如此雷锋》，宇民担纲主演，他依然出彩，且出彩得出了事情。

《白毛女》1947年为战士演出，演出一结束，黄世仁的扮演者陈强差点被一个战士用枪崩了。

《如此雷锋》那天晚上演出一结束，主演高宇民差点被几个观众给打了。

因为故事以学校所在的边家村为发生地，高宇民扮演的角色与边家村自然密不可分。具体细节已经记不太清，但可以肯定，因为他演得很投入，再现得很真实，没有想到，台下的观众有来自边家村的村民，于是演出结束时，宇民被几个人截住，要“教训教训”。结果貌似宇民给他们上了一堂“戏剧美学课”，使得他们“放下屠刀”，即刻回头。这件事说明了两个问题：一是宇民演得很好；二是连边家村的村民都赶来看演出，足见“黑美人”魅力之撩人。

我当《如此雷锋》的编剧和导演的同时，还和我们的团支部书记董越峰演了一对情侣。不过我的角色完全是我的对立面：头戴鸭舌帽，披着衣服，挎着女朋友，吊儿郎当地上台，把谁骂了一通后扬长而去——就是一个混混。为了那一小段戏，我第一次化妆，还被贴了双眼皮。当时照着镜子一看，觉得眼睛大了许多，深感单眼皮的局限性，禁不住又自惭形秽一回。

四年大学生活如流水匆匆，很快没了踪影。

"黑美人"是那溪水里漂过的纸船。我亲手折叠，亲手放入水中，带去了憧憬，留下了记忆。

"黑美人"在很多西大学生的心里只是回忆，只是擦肩而过的美丽。但有一个人却一直与"黑美人"牵手并肩，一直如情侣不离不弃，他就是《如此雷锋》的主演，那个在第二届"黑美人"戏剧节上惊艳四座的1988级学弟高字民。在西北大学文化育人理念的引领和审美文化浓郁氛围的熏陶下，高字民从一个爱戏、演戏的学生成长为指导学生排戏的老师，而"黑美人"风采依旧，不只坚持走到现在，而且越来越成熟，越来越美。

举办第28届"黑美人"时，高老师曾邀请我去现场。现在的学生比我们那时各方面都好了许多，感受孩子们的热情，看着高老师的执着，心里不由得为他们点赞。

2017年，"黑美人"第30届，也是我们进校30年。相信而立之年，"黑美人"在窈窕妩媚、风情浪漫之外，会更多一分成熟大气、雍容华丽。

"黑美人"越来越美。

"黑美人"永远不老。

（王文汇，西北大学中文系1987级学生，现为陕西广播电视台高级编辑、陕西广电影视文化产业发展有限公司副总经理）

你不知道她有多美

胡红一

回　望

真的想不起来23年前是如何邂逅她的了。

望着书架上横七竖八有关戏剧的奖杯、证书和剧作集，我紧急启动中年思绪，一路猛踩记忆油门，逆行追寻渐行渐远的西北大学校园生活，推开的仍是疑云缭绕的“初识罗生门”。

初识之一，去隔壁历史班寝室“吹牛”时，是走路如滚球、说话操童声的小胖同学，头一回唾沫横飞地向我夸奖她；初识之二，中文班学妹写了个舞台剧本，请我就着冰镇啤酒提意见时，第一次诚心诚意地为我引荐她；初识之三，某一次逃课途中，遇见学弟学妹们非常投入地排练节目，一时技痒主动“碰瓷”认识了她。

不管缘起何因，千言万语归结为一句话：是她改变了我……

梦　游

1993年春节前夕，在鲁迅文学院作家班的脱产学习虽然结束了，我仍然恍惚躁动找不着北。半年时间里，生吞活剥般听完汪曾祺、刘震云等数十位老中青作家的讲座，心中激荡澎湃的文学梦想，被一纸结业证书打回原形，还得原路返回河南省确山县普会寺乡中学，继续做一名乡村体育老师。

雪大天寒，来自天南地北的五十来个学员差不多走光了。跟我一样心有不甘的三五文友，围坐在北京朝阳区八里庄路边的小酒馆里，吞着涮羊肉，咽着二锅头，红头涨脸大舌头地做出决定：去读作家班，继续文学梦！

20世纪90年代初，一度最为繁盛的中国文学开始凋零，推波助澜的高校作家班随即门庭冷落。复旦大学仍在招生，给作家班发的文凭却是专科。北京师范大学和鲁迅文学院合办的研究生班规格最高，刚毕业了莫言、余华、严歌苓等一帮文学骁将，可我等又攀不上这座高门楼。武汉大学、南京大学的作家班发的倒是本科文凭，可惜均已停招。

垂头丧气打好行囊，正要绝望地各回各家，忽然一则讯息传来：培养出贾平凹、迟子建、张子良、黄建新等大批作家、电影编剧和导演的西北大学，还在招收本科班……拔凉拔凉的心，瞬间被来自古城西安的好消息焐热。我跟山东散文家赵建英和广西诗人吴慧玲击掌相约：但等来年，赶考长安！

第二年秋天，三个鲁院同学如愿走进西北大学校园。当时国家招生政策有变，学校淡化了“作家班”概念，恢复俗称“专升本”的大专起点本科班。

入校不到一个月，我的文学梦开始寡淡变味。班里的同学真正搞文学的不多，大家并不想成为什么作家、诗人，只想混一张本科文凭，便于找工作评职称而已。由于莫名的沮丧和失望作祟，本是“圆梦”的大学生活，反倒变成虚度光阴的“梦游”。埋怨老师授课不幽默，反感课本内容太枯燥，每天心猿意马地胡编乱造，将一些豆腐块文章投向全国各地报刊，坐等几十上百块不等的稿费单从四面八方寄到西安市西北大学19号信箱，一来二去弄得邮局的工作人员都认识了我这位“胡红一收”。

我们班的大部分课程都跟1992级中文和新闻专业重叠，三个班整天泡一起上大课成了家常便饭。为答谢勤奋热情的学弟学妹们在课堂笔记和考前辅导上的无私帮助，我经常请他们到学校周边下馆子，大酒大肉的撮一顿。

如此半学期不到，我或带头或帮凶犯下斑斑劣迹：酗酒晚归，敲楼门砸玻璃冒犯看门大爷，屡写检讨；逃课自驾游，翻越秦岭去贾平凹家乡采风，险遭处分；地摊上撸串儿，在棉大衣里私藏烤肉签子，偷奸耍滑少付账；隔三岔五酒喝高，在男生宿舍楼走廊上开联欢会，哭一般地吼秦腔……

一位做生意的老兄到西安出差，专程带来两万元“巨款”，要为我出版小说集。等他发现过去一直看好的“文曲星”已经蜕变成吃饱等饿的酒囊饭袋，不仅失望地收回赞助款，临走还撂下一句狠话：老弟啊，再这样下去你就完蛋咧！

遭到当头棒喝，依旧浑浑噩噩。情绪颓废，深陷泥淖，我虽有愧意却无力自拔……直到她惊艳出现。

有 戏

她之所以叫“黑美人”，缘起于1987年的校园戏剧盛会，是毕业留校任教的两位学兄学姐为了活跃校园文化生活，在每年的劳动节和青年节前后定期举办的文艺晚会。各班自编自演，在大礼堂表演完毕，当场评分，隆重颁奖。

为什么叫“黑美人”呢？有人说，因为奖品是一件黑色材质的文艺女神雕塑。也有人说，戏剧大师莎士比亚非常仰慕黑美人，在他创作的154首十四行诗中，写给黑美人的占据不少篇幅。更有人言之凿凿，说莎翁的情人就是一位黑美人。

戏剧、演出、莎翁、情人……这些关键词叫不求上进地徘徊在堕落边缘的我心生好奇，想入非非。这边正打瞌睡呢，那边递来一个绣花枕头，突然接到学校通知，要求多才多艺的“作家班”也准备节目参加“黑美人”艺术节。这个艰巨任务，凑巧压在我肩上。

破天荒走进图书馆，装模作样翻了一堆关于戏剧的书刊，仍旧两手空空。脑子里狗急跳墙般闪过一个念头：何不给老瓶子装上新酒？老瓶子，是两年前写的小品处女作，还稀里糊涂搬上了河南电视台。装新酒嘛，无非是掺进一些学生最爱看、老师又不反感的桥段噱头。

剧本《沙优和娜娜》很快拼凑完成，接下来要考虑挑演员了，我心里杂念丛生。男一号肯定得我自己演，不光因为剧本里有“拥抱”“亲吻”之类的字眼，当中还有模仿赵本山在《小草》中扮老太太的说唱呢，一般人难以胜任。

女一号“美丽时尚”，班长建议肥水不流外人田，喊来做电视台主持人的漂亮女同学，还督促我俩吃饭、看电影感情培养。尽管台词都背了，拥抱、接吻都模拟练习了，最后却因为年龄、气质问题不得不抱憾“分手”。

平生头一回当导演，岂能轻易气馁放弃？我鼓足勇气去找其他专业的女生，那时的学妹们格外纯朴青涩，大都羞于出头露面登台表演，加上当时的“胡编胡导”只学会职业导演的横挑鼻子竖挑眼，在人物塑造、舞台调度和艺术呈现上，还是不折不扣的“生瓜蛋”。

排练过程比剧情更曲折，演员和剧本难以水乳交融，不是今天“驴”不走了，就是明天“磨”不转了，磕磕绊绊排排停停，接连换了几位女主角，眼看艺术节一天天临近，我这个“未婚夫”仍然找不到中意的“未婚妻”，愁得龇牙咧嘴直犯牙痛。

直到遇见经管专业的胡智学同学，我才明白了啥叫“柳暗花明”。排练过程无须赘述，结果是“二胡”联袂一鸣惊人，成为当年“黑美人”艺术节的一大亮色。节目究竟有多火？打个比方吧：如果当年的西北大学相当于整个全中国的话，那本人就是鼎盛时期的姜文、葛优、李雪健，走在校园里随时会被认出来，继而被指指点点主动寒暄。

每当此时，我都能找到当明星的感觉，表面上假装波澜不惊，心里头美得乱七八糟、鸡飞狗跳。好心室友担心人走红后会遭受困扰，便买一副大墨镜赠我，直到毕业我也未戴过片刻。

他哪里晓得，当时我最担心的，是女同学认不出我。

中　毒

从此，我便匪夷所思地喜欢上了学校的大礼堂。没有谁比我更熟悉这里的一切，舞台上的每一盏灯，甚至控制室里的每个按钮。

小说可以一个人完成，而戏剧则需集体创作。为了让自己的创意和剧本在舞台上呈现出最佳效果，不能再像过去那么狂妄自大了——我跟喜欢戏剧的所有学弟学妹都成了好伙伴。

张渭涛同学体胖身矮面白，因其说话带童音，笑起来没心没肺，被大家直呼为"小胖"。他酷爱表演却苦恼没有原创剧本，常来跟作家班的大师哥蹭灵感。每天只要我们宿舍打开门，头一个笑嘻嘻"滚"进来的，肯定就是他。

我专门为他写了情节相声《校园蒙太奇》，还"牺牲色相"亲自捧哏儿。联欢晚会上，我俩高矮胖瘦、长短不齐地朝台上一戳，不等张口就引来哄笑阵阵。接下来包袱不断，笑声不停。到了尾声高潮处剧情陡转，小胖暗恋热情帮助自己的美女团支书，自作多情地给她写了一封肉麻求爱信，却得到八字神回复：早早入团，快快长大！包袱嘎嘣脆响，小胖表情夸张，笑声、掌声险些掀翻了大礼堂。

成为"西大笑星"之后，我趁热打铁又为他量身定制了小品《卖刀》。他扮演的哑巴，单凭一张懵懂脸和两把切菜刀，让正因鸡毛蒜皮闹离婚的小夫妻误以为家里来了劫匪，在共同抵御的过程中抱团取暖，化解了一场情感危机……小胖不吐一个字，却抢了所有人的戏，如愿获得"黑美人"艺术节最佳男配角奖。

排练抗战背景独幕剧《故事》时，遇到情感高潮戏上不去的瓶颈。邀来一帮文艺范儿的学弟学妹，给每人派发一瓶冰镇啤酒，听我南腔北调朗读剧本。在七嘴八舌的热议中，我脑洞大开改变戏路：指导员伤愈归队前，检查房东少女秀秀的"作业"。秀秀一紧张，将繁体"愛"字少写了一个"心"。他便批评她说，没有"心"怎么去"愛"呀？一直暗恋对方的她委屈地哭了，抢白指导员：你才没有"心"呢……秀秀的扮演者胡莺燕同学，因为出色的现场表演获得了最佳女配角奖。

只为逃课才"做戏"，岂料日久竟"中毒"。从本能地编故事凑人物，到沉迷于角色塑造和舞台呈现，似乎有一颗懵懂的"戏剧种子"阴差阳错中植根内心深处，悄然地开枝散叶了。

接下来，为中文班的才女们排练《热线》，笔下前所未有地出现了“舞台空间”和“人物行动”：两位男女主持人端坐在舞台正中间，两侧各设一个表演区，在追光灯的笼罩中，依次出现三位拨打热线电话的听众……

专家门外评点完大龄女博士和单亲小女孩的情感困惑，接听的下一个热线电话居然是即将出国的妻子从机场打来的。被当场打脸的门外，终于放下大男子尊严，要去机场“拯救爱情”，却六神无主地走反了方向。主持人一把拽住他，并意味深长地提醒：门外专家，门……在这边。演出当中，我为门外即兴加了崴脚的一个趔趄，女主持人的扮演者周敏同学心领神会，立马像医生搀扶病号那样顺势架住门外。在“这就是爱，糊里又糊涂”的歌声中，我俩踩着掌声踉跄下场。

毕业前夕，我还在跟一位学妹封闭排练，代表西大和高教工委参加全省小品大赛。我是最后一个离校的毕业生，在绿皮火车的咣当声中，紧抱的书包里除了大红的毕业证书，还有“黑美人”艺术节颁发的最佳编剧、最佳导演和最佳男主角的奖状。

戏　缘

千里迢迢赶去广西日报社参加招聘考试那天，正值三伏酷暑。火车里憋闷了 20 多个小时，没到南宁便鼻涕成串儿，严重感冒。

报社人事部门说我来晚了，昨天笔试，今天面试。我失望至极，口中却说晚了算逑，反正也不是老子的损失。一白胖长者拦住问我：那是谁的损失？我索性嘴硬到底：那肯定是报社的损失嘛。对方一愣，转身吩咐：马上安排他单独补考……交卷时我向监考人员打听白胖老头儿是谁，对方剜我一眼：连报社一把手李总编都不认识？

接下来的面试，众考官果然如临大敌。听说来个“西大毕业”的狂人，操着上海口音的领导先问三个名字，见我一脸茫然，他当场宣布连校长、系主任和班主任都不晓得，肯定是张“假文凭”。我义愤满腔，亮证示威。他接过一看，尴尬地笑了，说：还以为是我们广西大学呢，你们西北大学怎么能叫西大？我破罐子破摔，当即反驳：你们广西大学怎么能叫西大？应该叫“广大”才对嘛。其他考官赶紧解释说：我们叫“西大”几十年了，早就习惯啦。

我居然被录取了。每天采访写稿做编辑忙得团团转，月工资当然要比当体育老师高很多。筋疲力尽地躺在出租屋里，回想肆无忌惮“飙演技”的西大校园生活，就像刚刚经历了一场要死要活的热恋，不得不承受“被分手”的伤痛。

工作上虽然跟戏剧无缘，但在日常新闻报道中仍会本能地携带文学基因和戏剧元素，极力将笔下的真实人物写得有血有肉有故事。一年之后，有影视公司请我将新闻特稿《两个人的学校》和《感天动地父子情》改编为广播剧《山外有个世界》和电影《真情三人行》。随着这两部“处女作”先后获得中宣部“五个一工程”奖，我又隐约感受到来自“黑美人”的神秘指引。

转眼到了2008年，利用业余时间创作的大型歌剧《壮锦》接连获得中国戏剧节和中国艺术节优秀剧目奖。一次饭局上，广西文化厅的领导问我愿不愿意当编剧，想都没想我便随口答应。离开年薪十几万的新闻媒体，去做月工资不到五千元的职业编剧，我不仅没有丝毫损失，反倒如愿重拾梦想、捧起初心：终于回到“黑美人”的怀抱啦！

从事职业创作五年后，我又从编剧跨界转行做导演，到上海戏剧学院导演系脱产学习。那天正在上课，手机却不屈不挠地闪出陌生号码。本要挂断推销电话，不料将“拒绝”摁成“接受”，耳边骤然响起带童音的、没心没肺的笑声。愣怔片刻，我当着全班师生的面，冲着手机大喊：小胖，你跑哪儿去了?！咱哥俩17年没见面啦！……

在东诸安浜路那家小酒馆里，我跟人到中年童音依然的张渭涛同学，喝清酒聊往事打听女同学。小胖说，胡哥你太励志了，一个乡村体育老师为了圆戏剧梦，到北京电影学院、中央戏剧学院和上海戏剧学院分别镀金一轮，编剧、导演了二三十出戏剧作品……我大为吃惊，说，你不是在日本一所大学当副教授吗，怎么连这些都知道？小胖诡秘地眨眨眼说，去问度娘呗。

酒馆要打烊，小胖第二天一早要带日本学生搞活动，我步履摇晃地陪他到路边打车。小胖满脸坏笑地问我，胡哥可知当年因何一门功课挂科？我被问住了，只好摇头。他说，都是演《白毛女》惹的祸啊，那位老教授的小孙女看完，直夸你演的黄世仁是大帅哥，顺带着大骂陕北学弟扮演的杨白劳欠账不还耍无赖。老教授一气之下判你个59分呗。我立马还以颜色说，小胖，你还记得当年暗恋的美女团支书吗？……不论实事还是事实，只要经过我俩一掰扯，都成了没正形的段子。

午夜的上海街头，寒风凛冽空无一人。我和小胖一个逗哏一个捧哏，恍如再次登上西大舞台，争先恐后地抢戏抖包袱，赢得的每一次笑声掌声欢呼声仿佛都能掀翻大礼堂的屋顶。

其间，多辆出租车从身旁经过，我俩都口若悬河视而不见。谁都不舍得让这场既久违又过瘾的“露天演出”戛然而止。

圆　梦

从“西大”毕业的第20个年头，我去“西大”领到一本加盖钢印的工作证，原来的乡村体育教师又走进大学当教师。

此西大不是彼西大。彼“西大”是当年念书的西北大学，此“西大”是如今教书的广西大学。如果非要套用“人生如戏”这句老话，这也算是“一语成谶”，二十年转了一大圈，最终来到了当初质疑其应该叫“广大”的地方。

上班头一件事，就是跑去参观学校大礼堂——也是一座有年头的建筑。看完出门往回走，迎面遇见几个学生在花园里排练，那认真投入、旁若无人的模样，酷似当年的张渭涛、胡智学、周敏、胡莺燕等学弟学妹。看着看着心头一热，我赶紧转头闭上双眼，以免老男人出糗，泪洒当场。

就在转头闭眼那一刻，我居然真真切切看到了“黑美人”的模样……真的，你不知道她有多美！

（胡红一，西北大学1994级作家班学生，一级编剧，广西大学文化研究院副院长）

乱弹“黑美人”

汪　涛

“四教室”，估摸这个词语不经提起，遗忘的橡皮擦就一定会将很多人对那段往事的记忆悄然抹去，就像略过空气里寂寞浮动的一根透明蛛丝。

想起四教室，我会莫名其妙地想到《最后的审判》。这部“黑美人”剧场里曾经的大戏，至今在记忆的一隅笙鼓不息。记得那一年，为了使这部空前力作不留遗憾地绽放于舞台，中文系不惜重金，专门给向来素颜简朴的“黑美人”剧场租赁了音响、灯光、道具。有了院系的竭力襄助，这部诘问灵魂深处、直面困境人生、穿越现实冥界的魔幻现实大剧在古旧的张学良大礼堂里连续两晚闪亮于舞台上，成为震撼、虏获青年学子心灵的视听盛宴。至今难忘。

当年宿舍揶揄搞怪的卧谈中，幽暗阴晦的四教室是演绎鬼故事的不二之选，四教室整日价蒙尘纳垢，永远一副凝固于雨天黄昏的忧颜倦容，无疑是化身为穿越两界的一个绝佳端口。这些因子也许是后来我暗中胡乱揣测编剧王春梅同学创作背景（四教室的伏案疾书、灵感不断）的深层缘由，也在潜意识中将二者关联捆绑。哈，个人之冥想耳，与现实无干。

但关于“黑美人”，确乎是萦绕心怀的一场梦。

初入西大，1992 年的我们面对的关键词是“23511”和“黑美人”。在我们心目中，中文系理应是有别于其他院系的存在（不是神一般的存在）。至于“23511”，耗时两年的浩大的素质锻造工程，需同学少年徐徐图之。欲横刀立马向外系同学肆意标榜和彰显不同，自然非“黑美人”莫属。

我始终觉着自己应该是在舞台下默默鼓掌的人。但与“黑美人”亲密接触的机会却静悄悄地来了。1991 级的学姐吴晓妮导演的寓言剧《太阳城》公开向全校招募演员，橄榄枝同样扔向了新入校的我们。陪着舍友去 6 号教学楼三层的一个教室试戏，始终抱着观望戏谑态度的他窘然无法入戏。在旁等待的我，单纯且不成熟，贸然示范要帮舍友找感觉。阴差阳错，伴娘竟成了新娘。

若干年后，看李安导演的《色戒》，看到王佳芝们成功演出后在街头细雨中蔓延着的激动，思绪一下被牵回 1992 年的那个冬日。那场激动的心雨足足飘飞了一个冬天。《太阳城》很幸运地捧得了当年“黑美人”戏剧节的最大奖项——最佳剧目奖，享受到与风姿绰约的“黑美人”（一尊瓷质的“黑美人”雕像）相守一年、一亲芳泽的特权。后来则是因为雕塑易碎的缘故，不久就被系上索要回去了。到了圣诞节，剧组的成员们重聚在逸夫楼前的大草坪上，互赠贺卡，共写寄语。在回忆中，那应该是一个阳光很美的午后，大家笑容灿烂，内心一定仍涌动着激动的洋流。

1993 年仍然演了戏——学姐吴晓妮执导的《天鹅湖之梦》，但并无佳绩。接续了 1991 年、1992 年的传统，这一年依旧是寓言剧凯歌高奏、独领风骚。1991 级学姐王晓燕执导的《金元方》摘得桂冠。那一年西大首届表演班入校，表演班的同学们像一阵清风吹来，让剧场里处处生机勃勃，使“黑美人”焕发出更加美丽动人的光彩。申振、王铄、罗华琴、孙璐、刘芳、奚丽、艾晓珊……舞台上珠玉般闪亮的一串串名字，相隔 20 余载，时至今日，仍如数家珍。

在青春校园的舞台上，一定总是星光灿烂，才华横溢的同学们无数次在舞台上解构世界、品察人生、阐释梦想、演绎传奇。同样，青春的舞台也是一条不断流淌的河，才子迭出，各领风骚。寓言剧热度未减，1993 级王洵就以《乡情》《山祭》《光辉岁月》“三年三戏”迅速地把大家的视野引入现实的广袤世界里来。后来刘贞的《撒旦的微笑》、陈龙的《青铜时代》则以更深的理性、更广阔的视角、更丰满的情节架构，让“黑美人”的剧场真的“唬”住了大家。

以上一段赘言絮语在“黑美人”的正史里一定已获得大书特书。作为个人的记忆，我想阐明的一点也许就是，那是江湖里群雄逐鹿、英雄辈出，并没有所谓寂寞的年代。甘愿只当忠实观众的我，是在快乐地悉数曾经的美好记忆。有了过往的观瞻，所以从来不敢妄想才华与自己有缘。在校园这条流动的河流里，你会仰观满天繁星，各个璀璨。

必须提到王静波、王军、赵万峰几位老师，他们至今令我们尊重且仰视。“黑美人”的记忆里从未缺失他们的身影。我们在校的几年，曾经完美登台的所有剧目都是汲取了他们的智慧与心血的。写到这里，思绪突然飘到太白校区东操场的主席台。1992 年“黑美人”剧目初审就在那儿，从午后到深夜。灯泡泛着的黄光、演员们哈出的白气和缩着身子站在台下的王军老师就像一幅版画，就结晶在记忆里。

舞台是简陋的，记忆却丰盈。在《太阳城》令人激动的余韵里，睡在上铺的兄弟魏诠兄仗着在系里的“位高权重”，总会带回来很多让人竖耳以听的珍贵资讯——剧场的花絮、外界的评价,尤其是非常敬重的老师的意见。演出那晚,延艺云老师带着孩子就在台下。孩子不停地追问那个舞台上的老人(我饰演的智慧老人)怎么看着不老啊。那会儿延老师创作的《半边楼》获得电视剧飞天奖,声名鹊起,是大家瞩目的风云人物。听到与他有关的信息,心绪颇不宁静。仔细回味,我们舞台上的装扮可真是简陋啊,依稀记得我登场时还穿着一条三道白竖条纹的蓝色运动裤。后来不久,便听到延老师从历史系调到中文系的佳音。1993 年,《金元方》最后一幕,英气盖世的王子(1990 级的学兄别卫青)剑指苍穹,设计好的场景是大幕拉合,戏剧戛然而止,留下观众回味悠长。不想负责拉幕的同学也入了戏,看得呆呆傻傻,浑然忘了自己的职责。一意要扮酷的王子只好悻悻地喊快拉幕。戏里戏外,令人忍俊不禁。那一晚,王老师是在学生区的黑餐馆请了吃喝的。主演也去了,拉幕的同学也去了,一定多饮了几杯。关于拉幕,依稀记得同样是"黑美人",被我们亲切称为"小白"的一位同学,戏剧节开场,听到拉幕指令,赶紧发力,不承想方向搞错,幕绳一下拉断,整场演出遂成了"独幕剧",只好用灯光来补救了。小白是个踏实热情的陕北小伙子,遗憾没有参与演出,便自告奋勇承担了这项任务,想给"黑美人"出些力(拉幕可着实是个劳碌的体力活)。未承想出了这样的插曲,后悔懊恼,事后不停地找王老师道歉。但这是舞台设施太简陋,真是与他无干啊。这段旧事不晓得小白兄能否记起?

王军老师是个讲故事(往事)的高手。他肚子里一定藏了一"河滩"有关"黑美人"戏里戏外的"故"事。我完全可以想象听他讲述过往跌宕时的各种有趣。他说,他如果要写"黑美人",一定是从《大话西游》写起。他说,在围观至尊宝和紫霞仙子的化身在城墙上相拥的人群里,依稀可以看到 1993 级表演班的同学们。至于完整的讲述,我是期待涌现在他深情书写的笔端,望眼欲穿地期待啊。

相守故园很多年,守不住的是梧桐绿荫里的斑驳流光。我庆幸自己见证了"黑美人"剧场的不少精彩,庆幸自己仰视过并且还会继续仰视青春舞台上绽放的那么多璀璨的星。

对了,话还是得绕回来,很多年很多次驾车匆匆而过,尾气却比我更主动去袭扰落寞一隅的四教室。哪天绕过去瞧瞧那个曾经的幽暗王国,说不准咱也会遭遇一些什么灵感,像春梅同学一样。

(汪涛,西北大学中文系 1992 级学生,现任西北大学党委办公室、校长办公室副主任)

那些最好的时光

王　倩

多年以后，对着手机里W先生发来的照片，我回想起站在“黑美人”舞台上聚光灯打在身上的夜晚。

原谅我套用马尔克斯的经典开头，实在是因为那张像素成渣的翻拍照片瞬间击中了我：时间“嗖”一下过去20多年，生活没给我喘息的机会，毕业，结婚，生子，孩子长成我的18岁，我又看到自己18岁的样子。

一次别离

不知道编剧加导演的辛国强为什么会选我当他第一次亮相“黑美人”的女主角。90年代，白衣飘飘，红裙烈烈，大学校园里大把浓眉大眼、姹紫嫣红又生龙活虎的美女，而且从头发丝到脚后跟都很文艺，她们才适合出现在当时大礼堂的舞台上，接受热辣辣的眼光的审阅与赞美。素净、寡淡、疏离，沉默中有隐隐的与谁都不对付的刻薄，是我18岁的样子，图书馆的某个角落才是我应该出现的地方。然而，那天晚上我必须和一个高出我20多厘米的清瘦男子演出一次有第三人参与的别离。而我早已忘了，自己向上看到的男主角的下颌骨长什么样。

“是乔伊斯吗?”“不，是福克纳，威廉·福克纳……人生充满了喧哗与骚动。”不明白恋爱中的男女在离别时为什么会聊到《喧哗与骚动》，但我还是用细弱的声音说出这句记忆犹新的台词——“是乔伊斯吗?”后面的台词是谁的？男主角？还是硬生生坐在“我们”中间的局外人(导演亲自上阵演出)？为什么我看到那张照片的时候这几句台词自动蹦了出来？那时候，我最熟悉的是矮小、不美、贫穷的简·爱，熟悉她所说的“当我们穿过坟墓站在上帝的面前，我们是平等的”，甚至熟悉她内心听到罗切斯特呼唤时的表情。我不知道的乔伊斯与福克纳让我沮丧，我是一个爱人要走了却不挽留、不伤心、不渴望最后的甜蜜，而只知道问“是乔伊斯吗”的蠢得一览无余的女孩。不过，感谢这句让我记了25年的台词，它让我硬着头皮读完《尤利西斯》《喧哗与骚动》，最后爱上了弗吉尼亚·伍尔芙。

那个夜晚，同样让我沮丧的是，我得为男主角削一只苹果。老天，苹果皮啃下去不是口感更好、营养更丰富吗？为了打发等火车的时间，必须削苹果——导演给出的理由如此充分，我无力反驳。然而拙于一切家务的我上台前也没练得纯熟，我只能在舞台上捉着刀“砍”苹果，苹果皮——不，被砍下来的苹果块四处迸飞，我不担心自己接不住台词了，我只担心男主角会一脚踩滑。我敢肯定，当我把削得只剩鸭梨大小的秦冠苹果递给男主角时，他叹一口气，大概无法下咽。很久以后，我可以完美地削好一只苹果，就此苦练下去，说不定也可以练就上海滩杜老板一只手削鸭梨的绝技，但对苹果皮的好感阻止了我“近乎道”的技艺锤炼。

最终，我穿着绿大衣戴着林道静式的白围巾完成了“一次别离”，一个从未在爱河里沐浴过的爱情小白在众目睽睽之“上”告别爱情。如果说爱情是一场疾病，那我在舞台上已经打了预防针。以后还有很多次大大小小的别离，而我愿意是转身走向远方的那一个，等在原地目送、挥手作别就让别人来完成吧，舞台上有一次送别就够了。

天鹅湖之梦

“生活在别处”，这句刚进大学就听闻的兰波的诗句，在我脱离集体独自面对生活后成了坚硬的墙，无论我左冲右突总会撞上。在某一次又被撞得鼻青脸肿后，我忽然记起，在“黑美人”的舞台上，我预演过这样的撞墙，只是年轻时一腔孤勇，记忆力又太坏，忘掉了演戏时分明感受到的剧中人的真实疼痛。那一年，我19，大二。

第一次排练，我就迟到了。从小被教育女生应该矜持（默认“别人该等我”的可怕认知！），我并不觉得晚到几分钟是不尊重别人，直到我见到吴晓妮——编剧加导演的她似乎已经等很久了。一个看起来像学生干部的学长瞥了我一眼，似乎嘀咕了一句：“表演班那么多人，干吗选她？”其实我也很想问高我一级以前完全不熟的晓妮同样的问题，但一个人以这种口气表达不屑还是让我吃惊。庆幸自己近视眼和发挥不稳定的“钝感力”，那天我居然内心平静地等晓妮给出答案。但我忘了她有没有回答，也完全不记得她穿什么衣服，仿佛宝玉眼里的林妹妹，不见钗环裙饰，只见动人眉眼。我迎着她晶亮的眼睛，心里暗自惭愧，咬牙端正了自己的思想——“迟到是人神共愤的罪过”，此后，我差不多算是守时标兵了。

晓妮前一年的戏《太阳城》得了大奖，而我全然不知那出改编自鲁迅《过客》的好戏出自眼前这个比我还瘦弱的女孩的手笔。我拿到的剧本是《天鹅湖之梦》，名字已经让我欢喜又不安了。我要借梦穿越，完成一个平凡小护士到天鹅公主奥杰塔的华丽转身，在深深体味到童话世界里的黑暗后醒来，回到现实。是的，渴望的生活在别处，在梦境里。作为日漫《天鹅湖》的资深粉，是我，不是别人在一场戏梦里成了奥杰塔，我心里冒出无数个粉红色的泡泡，况且旁边那个戴眼镜的王子似乎很英俊：没有比这更像梦的了！

在狭窄的中文系办公室里，我一次一次做梦，又醒来，在梦里成为公主后遭遇黑天鹅的恶毒嘲讽并不会让我难堪，让我难堪的是自己声音太小，表情太细，内心戏够多，情绪表达不够丰富，还有其他人停下来等我校正南方口音——天知道，活了19岁，我从来没意识到“能”和“棱”发音有什么不同。而他们，尤其是晓妮，有足够的耐心，等我一遍遍把幽闭的门打开，释放情绪，等我终于学会用鼻腔发出“能”这个音。

《天鹅湖之梦》没能重现《太阳城》的辉煌，私下里我觉得是我的错。黑天鹅拿了最佳女配角，王子的形象颇有眼缘。于晓妮而言，有没有最佳编剧、最佳导演并不重要，但我觉得很重要，那是她应得的。而我，有了一起深夜坐在图书馆台阶上看星空的朋友，有我和她隔了千里都在读里尔克和穆旦的日子。

后来，我弄丢了亲手抄的《天鹅湖之梦》的剧本，也弄丢了晓妮——我的雅虎邮箱失效，失去了和她联系的唯一方式。但我知道，她一直在，在我一直体验着的生活里。

对面儿

“大四时你写我演的那个剧叫什么名字？”前几天，我给王春梅发了一条微信。几小时后，她回我：“得想会儿。《对面儿》？还是什么？”呃，我还能说什么？我这个女主角忘了男主角是谁，春梅记得那是青春爱情剧，而我记得明明是我与“我”两种人格对话的心理剧。我的打捞记忆的渔网网眼太疏，漏掉了男主角，漏掉了导演，但我一定会捞起和春梅在一起的那段波光粼粼的日子。

大四，前途未卜，别路茫茫，恍恍惚惚度日，很闲，但从脚底心到头顶都闹得慌，所谓“惘惘的威胁”大概就是这样子。春梅的戏是来拯救我的，她的笑也是。我们终于像干一件正经事一样聚在一起，剧本一直在改，除我之外的其他人都是此剧的第二、第三或第四作者，意见和建议同样多，吵闹很多，争吵极少，最常听到的是春梅响遏行云、极富穿透力和感染力的笑声，我喜欢，安静地喜欢。

出现在舞台上的我应该是典型的“精分”，女二是我的另一人格，我时时刻刻在与她缠斗，累得气喘吁吁，疲惫不堪，内心却痛快和欢喜——我与“我”周旋本是人生课题，也是修行。好嘛！舞台上修行，舞台下“酒肉穿肠过”也是修行，大学南路简陋的小吃摊上一路铺开空的或满的啤酒瓶，它们张着嘴的样子兴致勃勃又狼狈不堪。戏似乎永远没演完，春梅永远在笑，意兴从不阑珊。最后的狂欢总有些颓败的气质，我们还年轻，故意视而不见。

隔了20多年的灯火和月光来看，“黑美人”台上的戏很短，告别很长，长得令人倦怠。因为倦怠，我愿意听他们在后来的同学聚会中说起那些戏里戏外的故事，但不再想借助诉说重回现场。

大部分人口袋与腰身齐鼓之后，大学渐渐成了酒桌上越传越模糊的传说，梦多钱少的日子必然成为值得缅怀的青春记忆，聚会时聊起来都是“那时我们有梦，关于文学，关于爱情……”的腔调，灰扑扑的贫穷黯淡也成了干净的白衬衫。

我必须坦承，我的大学四年，大部分时间我行走于令人不知所措的黑暗中，抑郁、孤独是常态，在“黑美人”舞台上出现三次纯属意外，嗯，美好的意外。因戏遇见的人，你们“记得也好”，我会一直记得，那些与“黑美人”有关的最好的时光。

（王倩，西北大学文学艺术传播学院1992级学生，现为西安市铁一中学骨干教师）

“黑美人”的延长线

王春梅

或许这些瞬间一如雨中的花树
仅残留些许落英些许缤纷
但那永恒不变的是我们曾经的记忆、灿烂以及辉煌
——摘自《时光里的“黑美人”——任岁月流转，你风采依然》

人生中有许多事都随着岁月湮没于时光的无迹之中，如石沉大海一般。但另有一些事，却因为我们的付出、坚持和努力，为平淡的岁月燃起刹那芳华，如点亮生命的烟花，如划过天际的流星，瞬间喜悦了心灵，照亮了眼睛，成为深刻于生命的记忆和财富。

在我的生命中，关于“黑美人”的记忆就属于这种，它的延长线至今还在我的生命中延续。而沿着这条线回望，关于“黑美人”的那团浓得化不开的记忆、那段青春飞旋的岁月就像放飞于大学时代天骄之城的风筝，牵着我的思绪，放飞我的梦想，引领我的实践。

一

2016年，离开西北大学已然二十年，人到中年的我既可以独自思怀，也可以与同学把酒共话大学时光。同学中各种形式的小聚以纪念的名义展开，包括计划中的中文系1992级毕业二十周年纪念活动，成了大家共同的期待。

5月27日这天，收到了学弟王洵转发给我的一条信息，是一篇被西大微信公众平台推送的微新闻，由西大宣传部编写，庆祝西大第29届“黑美人”艺术节成功举办暨回顾“黑美人”艺术节29年发展历程的文章——《时光里的“黑美人”——任岁月流转，你风采依然》。

点开文章，有种说不出的亲切，那些撩拨记忆的文字，带着岁月烟尘的图片，如舞台聚光灯般闪亮的主题，让我不由得被牢牢吸引。

“‘黑美人’的每一届过往，都拥有值得铭记的无双风华，它们留在史册中静

守时光，熠熠生辉。”这是对“黑美人”崇高地位的赞美，是对历届参与“黑美人”艺术节的师生的高度褒奖。

而最让我感动的是回顾第一届剧照的时候，最大的那幅赫然是我参加“黑美人”艺术节所编剧的第一部作品——《地狱的审判》。在有些岁月斑驳的剧照上，被身着长袍、头戴锥形高帽的黑白无常押解的是剧中的主角卢刚。白无常的扮演者正是当时刚上大一的王洵，扮演卢刚的是当时西大首批表演艺术专业的学生申震，热爱艺术的他也兼任导演。这个故事是以90年代初中国留学生卢刚在美国爱荷华大学枪杀导师、校长、同学等五人，重伤一人，给世界天体物理学带来灾难的著名校园枪击案为背景，剧本以卢刚自杀为起点，虚构了其魂灵在地狱接受审判的过程，揭示了当时教育存在的偏于重视学生考试成绩，忽视心理健康教育和素质教育的问题。

这部剧展现出较强烈的思想冲撞，构建了地狱审判的独特场景，加上恰当地运用了声、光、电等舞台元素，题材贴近学生生活，剧情新奇，舞台上的表演呈现出震撼人心的力量，连续两晚的演出获得了台下经久的掌声。

还记得演出结束后辅导员王军老师对我的肯定和鼓励，希望还在大二的我认真学习，保持敢于直面社会问题的锐气，做出更高的成就。这份来自老师的肯定令我终生难忘。所谓恩师，就是在一个学生迷茫和需要激励前行的时候，以自己的真知灼见、人生智慧和远见卓识及时给予其修正、指导和鼓励的老师。所以在毕业二十周年回母校开展纪念活动时，见到已担任西大外语学院书记的王军老师，我倍感亲切，激动和感谢之情溢于言表。

而我也因编写了此剧被更多的同学认识，成为活跃在“黑美人”舞台上的学生编剧。此后的两届“黑美人”戏剧节，我都积极参与，平时就构思撰写剧本。因为每年只有一部剧参加艺术节，所以大部分习作都藏于箱底，但对我来说，这种为“黑美人”艺术节展演所做的反复练习却是一种积极的创作尝试。

二

记得我最初接触“黑美人”艺术节是大一时，那时“黑美人”艺术节还叫作“黑美人”戏剧节，我还是一个刚入校不久，到处都觉得新奇，到处都需要熟悉和了解的新生。在西大那座见证了几十年历史变迁的大礼堂，坐在台下的我第一次感受到“黑美人”戏剧节的魅力。那一届戏剧节获得大奖的是汉语言文学专业大三学生编演的《金元方》。故事情节已经忘记，但记得台上同学的表演一下子就让人进入故事的情境之中，服装和舞台效果都给人一种美的享受。戏剧节闭幕时，《金元方》剧组那位集编剧、导演、演员于一身的女生捧得了“黑美人”奖，我至今还能回忆起她高举“黑美人”时的笑容。其他学生根据古希腊神话故事改编的戏剧《美狄亚》也令人印象深刻，充满想象。

身边同学编的故事在舞台上鲜活起来，由纸上的文字变成舞台上三维立体的画面。同学们惟妙惟肖的表演，辅以如泣如诉的音乐、奇幻的灯光、入情入境的舞美布景，吸引着台下无数观众的目光；座无虚席的大礼堂，两边过道和后排挤满了站着观看的同学，有许多学生还站在礼堂外，透过开着的窗户向内观看。这人气旺盛的鼎盛场景令人难忘！

对我来说就更为着迷的是，这般奇幻之境居然是由身边熟识的同学们编演，想不到平时关系密切、看似不起眼的同学竟然有如此的才能：可以编，可以导，可以演，让人耳目为之一振。心中有种说不出的新鲜和涌动，自己又怎能甘于落后，不投身其中呢？

而当我也通过专业课程的学习，去图书馆里借阅莎士比亚、易卜生等名家的剧本，细心揣摩它们的精妙，慢慢在心中筛选主题，编写出还带着稚气的剧本，在中文系为艺术节征集剧本时，惴惴不安地交到系里，得到老师的鼓励、同学的认可，然后选择导演，选出饰演角色的演员，反复排练，彩排，正式演出，呈现在艺术节的舞台上，获得台下的阵阵掌声时，其中的荣耀和成就感给人带来的欣喜和信心无法衡量。

“黑美人”艺术节提供给文学院的学生实践的舞台和机会是多么可贵！西大培养了无数的社会栋梁，西大培养体系是一个综合系统，而“黑美人”艺术节正是这个培养系统的一个环节，它锻炼了参与活动的学生，也熏陶了台下的观众。

因为参与了“黑美人”艺术节，我和同剧组的同学就像加入了一个定期演出的剧社，成为一个有共同爱好的团体的成员。反复打磨剧目，一起排练，设计服装道具，这些繁复的工作让我们有了更多的问题去面对和解决，有了更多的时间分析和讨论，结成了深厚的友谊。这种课余时间的实践活动大概就是西大师生教学相长、学学相长的典范。

记得1996年毕业那届的“黑美人”艺术节，也是我毕业前最后一次参与。我和我们汉语言文学专业的班长张军利合作，由他任导演，将我写的剧本搬上了舞台。那时，参与的还有同学王倩、周敏、山燕平、董晓凤以及作家班的胡红一。

胡红一作为男主角，常常以自己丰富的社会阅历、舞台经验和敏锐的观察力而指点江山，他的口头禅是“台上的是疯子，台下的是傻子”，鼓励没有多少表演经验的同学大胆体验角色的心理，表现出角色的特点。在宣传纪念的微新闻的剧照中，还有我们这个小剧组的照片——我、张军利、胡红一、王倩等七人，以及胡红一和其他四位同学的合影。

三

在《时光里的“黑美人”——任岁月流转，你风采依然》的历史回顾照片上，还有我们那一届参加“黑美人”的所有学生和老师的合影，大概有几十人之多，从中可以找到当年中文系的王静波老师，我的辅导员王军老师；我曾经的舍友熊晓芬、孙晖等人演出的剧照；我影视文学专业的同学，以自己的才气多次编剧并参与“黑美人”艺术节演出，如今写出西大版《南山南》歌词的汪涛的影子……这是一个可以勾出很多回忆的“黑美人”。

于是，有关“黑美人”艺术节的记忆汹涌而来，伴着她对我们二十年不忘的执着：我们或许在广阔的社会生活大潮中，因紧张的工作和忙碌的生活淡忘了“黑美人”，但“黑美人”却以一种特殊的方式记忆着为她付出、为其增辉、为其填写了历史的我们！“黑美人”记得我们，西大记得我们！被母校以这样的方式记得，以这样的方式关怀和召唤，心中的自豪、心中的温暖、心中的感动无以言表。

当我把这条微新闻转发到大学同学微信群时，同学们关于“黑美人”艺术节的记忆像被掀开了盖子，二十年幽深的记忆之井泛起阵阵涟漪和甘甜若醴的味道。同学们都在惊叹文学院居然如此精心，保存着我们二十年前的剧照，同时也为那时年轻的没有皱纹的自己惊叹：是的，我们曾那样热情地生活，深度参与了“黑美人”艺术节，担任了编剧、导演、演员、剧务……这就像是一次一次的实践、一遍一遍的锤炼，让我们在课堂之外为了一个共同的目标倾力奋进，实践了戏剧，学会了协作，增进了友情，感受自己的行动在学生中卷起的风潮，相信了奋斗和创造的力量，感慨大家齐心协作所能发出的明亮光辉和创造出的辉煌成就！

四

在我的生命中，缘聚缘散几多年，但与“黑美人”的缘分似乎一直在延续。在经历了毕业、入伍、服役、转业等个人命运的变迁之后，我重回西安工作，偶遇过我大三时剧组的主角杨震宇，偶遇过白无常的扮演者王洵，也与黑无常的扮演者、1992级新闻班的大个子刘寅曾几次相遇,每次请他吃饭是必然的安排,似乎大学时代他的倾力相助让我欠了他的债一般。发给他看《时光里的"黑美人"》新闻中的剧照时,他非常吃惊,很为自己自豪了一把:"我居然是第一届'黑美人'戏剧节的演员耶!"虽然我知道我们只是被从第六届借用到第一届,但我不忍心告诉他,怕破坏他为"黑美人"、为自己自豪的心情。是啊,是第几届又有什么关系?只要被"黑美人"艺术节记得,我一样无比自豪。在"黑美人"的召唤下,甚至还有同学热情地相约再写剧本为其增辉。

王洵经过大一时参演的锻炼,到大二开始写剧本,成为"黑美人"艺术节活跃的编剧和演员,至今还在实现编剧的理想。他告诉我,作家班的胡红一去年从广西回西安,与他晤面,胡红一现在已是广西知名作家,被誉为广西文坛"三剑客"之一,兼编剧电影、写作歌词,曾多次获奖,仍有过去在"黑美人"艺术节上活跃的影子;而我的另一位同学编写的电影剧本,今年已经在北京投拍;那些曾活跃于"黑美人"艺术节的同学,很多成为资深的媒体人,大多工作于文化战线。我们有一个共同的特点:起航,从西大,从西大文苑,从"黑美人"艺术节开始!

那时的"黑美人"艺术节,写而优则导,导而优则演,演而优则写,这就是我们那时的实践道路。而这磁石般的历程,我们当时只道是平常的学习,是参与了系上的一项活动而已。而今回想,却发现对人生的道路有着独特的影响——此情可待成追忆,只是当时已惘然。这就是"黑美人"的延长线,延长到我们的生命中。

在岁月的恢宏奏唱中,我们往往看不到往事所具有的隐伏的磁力线,就像我们日常生活中感受不到地球的磁力线,但它却无一刻不通过并作用于我们身上一样。这些磁力线规定着我们生命的航程,影响着我们的行为——这些我们都看不到,但却实实在在地存在着。

去年我订阅的杂志是《剧本》,我从图书馆借到的书是关于如何编剧本之类的,而我存藏于心的梦想是:编一部好的剧本,可以"触电",可以拍成影视剧。这种想法从何而来的呢?我回溯源头,只能想到"黑美人"艺术节的经历与种种过往,想到自己所编的剧目带来的荣光和期待。

而今,"黑美人"艺术节已经三十岁了,从与我们一同成长、备受呵护的童年时代,到了盛大而美丽多姿的而立之年,在母校西大成长为一位有着自己生命历程和挺拔身姿的真正的"黑美人"。岁月中的西大和一届届西大学子是她日臻成熟的见证人。我想,真实的"黑美人"艺术节在西大是一项优秀的传统,是文学院师生实力、潜力的展示舞台，是一批批西大文苑师生生命力精华凝成的诗，谱写的歌，铸就的精美艺术品！

经过“黑美人”这个舞台的锻炼，一批批优秀的文学院学子成长起来。他们在广阔的社会舞台上依旧熠熠生辉，在“黑美人”优美的延长线上，在西大文苑富有生命力的延长线上努力不懈！

（王春梅，西北大学文学艺术传播学院1992级学生，现在西安市委党校工作）

感动“黑美人”

王　洵

时光飞逝。不知不觉间,大学毕业已有四年,“黑美人”所赋予我的那份真诚的感动却依然历历在目,历久弥新。

那是1995年举办第八届“黑美人”艺术节(此前为“黑美人”戏剧节)的阳春三月。我开始认为自己没有表演的天分,也无创作的冲动,所以只想当一名混迹于人群的看客,不予介入。但是我所在的文学创作班却难以这般清闲,没有本子,首先班长就有失职之嫌。所以他死缠硬磨寻上前来,请吃饭,请抽烟,又申明大义,软硬兼施。我终于架不住,心中渐渐涌起“贫下中农”经受的“苦难”生活,写出了《山祭》,并获得第八届艺术节奖。

尽管彩排时学校和院里的领导比较看好《山祭》,但对作为编剧、导演兼剧中“反面一号”人物的我而言,正式演出前心里却是非常忐忑不安。戏是排好了,演员的表演也已经基本到位,但我在潜意识里很清醒地意识到一点:《山祭》要成功,第三幕里儿子大海幡然醒悟,跪倒在老父亲前的忏悔这一处高潮必须有真感情、真投入。说白了,此处是全戏的戏眼,是点睛之笔,成则全戏皆活,败则非牛非马了。由于当时饰演妹妹的女演员临时扭伤了脚,此处的高潮戏几乎没有进行过一次完整的排练。正式演出究竟是成是败,真是只有天知道。

演出如期开始了。

《山祭》第一幕获得了出乎我们意料的掌声。这无疑增加了大家的勇气和信心。很快,第二幕也顺利地赢得了师生们的认可。

关键的第三幕拉开了帷幕:

父:哎,英子,给你哥的钱换成整的没有?

英:换好了。

父:大学生了,出门办事总不能拿一大把毛票子。哎,英子,给你哥的袜子带好了吧?

英:(佯作不耐烦地)带了,带了!挑了三双最好的放在包底了。爹,这回可以放心了吧?真是偏心眼儿。

听到英子和父亲真挚的对话、亲切的交流，饰演儿子大海的我仿佛又回到了久违的故乡，看见了父母那期待的眼神，一股暖流不知不觉间已经淌过心头——我激动起来了。

当得知可爱的英子为兄长辍学回家，年迈的父母竟卖血、捡酒瓶子为儿子筹措学费时，全场寂静无声。我可以清楚地听到自己激动的心跳声，甚至仿佛看到了父亲望子成龙但又倍感疲惫的心，还有那虽然幼稚但却善良懂事的英子浸满泪水的眼睛。

这究竟是在演戏，还是这本身就是生活，我不知道。英子是不是我那在街上卖凉皮的小妹，我也不知道。

英子依然在低低地抽泣，明白了事实真相的“我”（大海）震惊了，呆呆地站在舞台上。整个剧场鸦雀无声，一切的一切似乎都在等待着一个爆发。

扑通，良心受到强烈谴责的“我”突然疯狂地冲到父亲面前，双膝重重地跪地，眼泪早已夺眶而出。“爹！我没良心，我不是人！你打我，你打我呀！”“我”哭着，喊叫着，拼命地打自己耳光。这耳光既是打大海对亲人期望的辜负，更是在打生活中的我在大一期间度过了荒唐而无聊的灰色岁月。

台下掌声雷动。

父亲终于忍受不了这巨大的打击，猝然昏倒在地。“我”和英子扑到父亲身边，拼命地喊叫着父亲快些醒过来，父亲却永远地去了。在悲壮的《父老乡亲》的背景乐中，我和孙璐（现在陕西有线电视台做节目主持人）根本无法控制自己的感情，如雨的泪水早已将舞台妆冲得五花六道。此时，我也看见饰演父亲的申震（现在西安电视台新闻部工作）虽然双目紧闭，但几滴晶莹的泪珠在脸上悄然滑落。

我们悲伤地哭泣，直到王军老师（现任西北大学外国语学院党委书记）拍拍我们的肩膀轻轻地说：“起来吧，已经落幕了。”是的，演出已经结束。走到台侧，发现第三幕最后部分没有出场的大海的女朋友家琪（演员为刘方，现在陕西电视台工作）躲在幕后掩面低泣。王军老师和我们以为她是对自己的演出不满意，都忙上前安慰，谁知竟劝不下来，最后才知道她还停留在荒凉的山祭中。

此时，大家才明白我们的戏应该是演成功了，当时台下如雷的掌声和前排年龄较大的教师们频频掏出手绢已经说明了一切。但成功的感觉又是什么呢？

当然不只是观众献给孙璐的鲜花，也不只是剧场里那如潮的欢呼声和掌声。

其实，最最成功的是我们感动了自己，我们的心灵感受到了另外一个特定的时空下,又一次良心、理智与情感的剧烈碰撞。最终的结果是我们相互间心灵上的真诚交流。我们击中了自己灵魂中虚伪和浮躁的一面,将正直与善良重新洗涤干净,袒露在灿烂的阳光之中。这,才是最重要的,是最为重要的成功!

六年过去了,提起《山祭》我不知道剧组中的其他搭档有如何的感受,也不知道当时看过那场戏的老师和同学又是怎样的心情,但我很清楚自己此时的心态,用剧中父亲的一句台词来说,就是时刻提醒自己堂堂正正地做一个有出息、对社会有用的人。人生如戏,尼采说:人生即使是一场悲剧,我也要将它演得有声有色。

假如你认真地投入生活,真诚地付出,达到了戏我不分的境界,那么,终归有一天你会被自己感动,也会感动台下的所有观众。对此,我至今深以为然。

【原载于2007年“黑美人”二十周年纪念刊】

（王洵,西北大学文学艺术传播学院1993级学生,现任西安市经济技术开发区策划宣传局局长）

一个触及灵魂的下午

樊　鹏

18年后，当我再次回忆起在老西大礼堂偷看话剧《青铜骑士》排练的那个下午时，我的心里依然满是阴影。

1999年4月，我大一，第一次参加"黑美人"艺术节，参演了一个名叫《太阳刚好》的话剧。初生牛犊不怕虎，所以我们对于即将收获赞誉这件事一度有着坐井观天式的自信——直到那个偷看了别人排练的下午。

我们《太阳刚好》的故事梗概是这样的：

名叫青青的女孩因为喜欢校园诗人张石的诗歌而与其恋爱了，他们在精神上有高度共鸣，性格上却格格不入。在经历了争吵和好又争吵又和好的循环之后，他们最终以一个拥抱体面地结束了这段感情。虽说是典型的校园青春剧，但我们的戏里面并没有劈腿、出轨、怀孕、打胎的狗血戏份。毕竟，我们是要脸的。

而《青铜骑士》的故事梗概是这样的：

某国总统奥雷良诺为了终止本国与邻国的世代仇杀，选择与其族领谈判，以土地换和平。但副总统一心想消灭敌人，后来勾结军方和财阀等激进分子发动政变，杀害了总统奥雷良诺。另外，《青铜骑士》还有一条副线：总统的弟弟为了革命理想跑到另一个国家打游击，最后被其政府军残忍地杀害了。

没错，奥雷良诺的名字来源于《百年孤独》，原型是以色列前总理拉宾，而他弟弟的原型则是切·格瓦拉。

那时候我还没看过《百年孤独》，也不认识切·格瓦拉，但拉宾我是知道的。他遇刺那年我正在上高一，对于政治的认识还超不过思想政治课的水平，但看到这则新闻时我哭了——就像更早的时候看到擎天柱死去时一样——关于英雄的悲剧故事，总能让某些男孩满怀崇敬和悲悯。

所以，《青铜骑士》对我的自信的摧毁是碾压式的。

除了故事异常丰满感人，学长们演得也很好。男主角王冰已经拿过两次最佳男主角奖，女一号谢斌是当时全校最好的主持人，所有从自己的学生里挑不出合适人选的院系都会请谢斌去主持他们的迎新晚会。段炼、张央、严峰这些配角都是至少演过一部话剧的人,只有孙大路和蒿京没有任何演出经验,但人家颜值高,表演得也不错——和他们相比,我们剧组一下子就黯淡了。

最"丧心病狂"的是《青铜骑士》居然有原声音乐!有原声音乐!有原声音乐!

要知道,当时很多剧组还没有给话剧配乐的意识,好一点的不过是找点情绪近似的纯音乐衬托一下气氛而已,而《青铜骑士》居然自己录制了原声磁带。后来我才知道,负责作曲的大神陈勇,高中时就曾经主动辍学,带着自己歌曲的DEMO跑去北京找唱片公司,最后盘缠用尽,睡天桥底下也撑不住了,才不得不回到学校继续读书。老师们都说他完蛋了——所以当他拿到西北大学录取通知书的时候,不少老师都不愿意搭理他。

写出这样一部话剧的家伙是1996级广告学专业的陈龙,他当时读大三,在此之前已经得过"黑美人"艺术节的最佳编剧和导演奖。后来我们整天厮混在一起的,我才知道这货还在念小学的时候就开始看《史记》了。再后来,他送给他外甥女的生日礼物总是书,书,书……所以我可以肯定的是,他儿子将来也会收到这样的生日礼物。

当时的"黑美人"一般有五到七个话剧,一晚上是演不完的。但只有比较好的剧会排在第一天晚上演出并参加评奖,差一点的只能放在第二天晚上作为纯观赏的剧目,没有评奖资格。

《青铜骑士》当然是第一天晚上的压轴大戏,并且毫无悬念地囊括了最佳剧本、最佳导演等大奖。我们的《太阳刚好》虽然颗粒无收,但被排在了第二天作为压轴,算是个安慰奖。

我后来认识陈龙等一干人,也是因为《青铜骑士》。

在那次演出差不多半年以后,西北大学应邀去西安交通大学搞一次文化交流活动,《青铜骑士》被选中参与演出。但扮演国防部长的孙大路是艺术系的,当时正在外地采风画画,回不来。而我由于在《太阳刚好》里的表现给大家留下了一点好印象,加上长得多少有点像孙大路——坦白说,大路颜值是真高,而我只是和他一样瘦且脸型相似,所以站在舞台上远看就很难看出区别了——总之,最后由我代替孙大路出演了国防部长。

由于其他人对角色都熟门熟路,所以需要背所有台词的我就成了大家的重点帮扶对象。记得有一次排练的时候我把"脑满肠肥"说成了"脑满肥肠",和我对戏的段炼和张央笑得直接趴在了地上……

好在时间很充裕，而且当时的党总支副书记王静波老师还专门腾出了院里的会议室给我们用，只要不上课，我们随时都能排练。我也是发自内心地喜欢这个故事，排练得也挺认真——但这给我们宿舍的人造成了一定的困扰，因为我那段时间早上一醒来就背台词，晚上睡觉前还在背。室友们纷纷求我高抬贵手饶了他们，但我义正词严地拒绝了他们的无礼要求……最后大家只能期待演出不要延期，以便早出苦海。

后来我们在交大演出完谢幕时，掌声响了很久，还返了场。这就值了。

看到这里，有人可能会恍然大悟说，原来我把《青铜骑士》吹上天是因为我也有份儿啊！

还真不是！如果《青铜骑士》写得没有那么好，陈龙也不会因为它被西安电影制片厂看中，毕业后直接去当了职业编剧——西影厂啊，当时那可是拍过《红高粱》和《霸王别姬》，有芦苇先生供职的顶级电影厂啊，眼光能差得了?!

因为圆满完成了任务，文学艺术传播学院奖励了我们50元钱。我们带着这笔巨款底气满满地走进了当时很高档的傣家楼，点了好几个平时不敢点的菜。最贵的是一道猪肘子，我只记得它拥有一种令人流泪的肉香，但我完全不记得那道菜的样子，因为根本来不及欣赏其样貌，那肘子就淹没在一堆手中——在这道菜上来前，段炼恰巧去了趟洗手间，真的只是一泡尿的工夫，回来时就只剩下骨头了。直到现在，说起这件事儿的时候他还不肯原谅我们……

一开始他们是七个人，自号“竹林七闲”。我加入以后改成了“八闲过海”，见闲思齐么。

群“闲”聚会基本上在宿舍、大学南路的烤肉摊子，以及陈龙家。我就是在陈龙家里借到了浙江文艺版的《百年孤独》，还在他家看了当时刚刚上映的《东宫西宫》——一群大老爷们儿一起看《东宫西宫》，仔细一想还真是一言难尽……

2000年，我参演了话剧《金光大道》，讲的是一个镇长为了搞出政绩而众叛亲离的故事。由于剧本很好，终于被排到了第一天演出，我也如愿以偿地获得了“黑美人”最佳男主角奖。

但这一年，即将毕业的陈龙写了《日光之下》，典出《旧约·传道书》里的“已有的事，后必再有。已行的事，后必再行。日光之下，并无鲜事”，讲的是一个轮回的故事——学长已经不满足于用线性叙述的方式来讲故事，而是大胆地使用倒叙、插叙，并用灯光把舞台分割成两个不同的时空，来达到平行蒙太奇的叙事效果，更把故事的内核提升到了哲学的境界——所以我心里只有一个想法，就是特别佩服!

讲到这里,我想我应该鼓起勇气说出另一个事:其实我最大的愿望还是能够创作出一个剧本,而不是成为一个演员——毕竟我的专业是新闻学而非表演学,如果写不出像样的文字,还是挺丢人的。

所以早在第一次听说"黑美人"艺术节时,我就写过一个话剧。当时我还不知道仅凭一个灵光乍现的瞬间不足以支撑一个完整的故事,反而被自己那一瞬间的想法感动得一塌糊涂,于是让室友把我反锁在宿舍里,憋了整整一天,写了一个关于梦的无病呻吟的故事。

说实话,我现在已经完全想不起来自己当时写了些什么……

估计当时静波老师审完我的剧本之后第一感觉也是无药可救,但为了不伤害这个大一学生的上进心,她还是耐着性子给我讲了创作方面要注意的许多问题,比如一个好故事应该具备的基本的起承转合,明确的矛盾冲突及其背后的张力。最后还不忘鼓励我说,这个故事底子不错,如果再多搜集些素材让它丰满起来,其实还是不错的。

但我终究还是没能使我的故事丰满起来,改来改去都不满意。为了成为"黑美人"的光荣参与者,我不得已当了演员,而我的写作事业也就这么被演戏给耽误了。

直到2002年,我才写出了四幕话剧《瞳孔爱情》,审查也通过了,可那一年恰逢母校百年华诞,"黑美人"艺术节从5月推迟到了10月,成为校庆重点活动之一。而那年也是我们1998级的告别之年,所以当我以编剧的身份出现在"黑美人"的节目单上时,我已经离开西大校园了。这也成了我的一个小遗憾……

当然,关于"黑美人"的快乐远远多过遗憾,它们和那些追过的姑娘、犯过的傻,挂过的科目、逃过的课,一起被封存在一个名叫青春的盒子里,不论什么时候打开它,那些许久不曾想起的人和事都会扑面而来,且鲜活生动,让我不由自主地微笑。

同时,它们又给我力量,让我努力将每一个关于某段人生的记忆盒子添得满满当当,以免将来老得走不动路而无所事事的时候,突然发现自己的人生乏善可陈——

在我看来,这就是回忆的全部意义。

(樊鹏,西北大学文学艺术传播学院1998级学生,现自主创业)

我爱“黑美人”！

谢　斌

“黑美人”大概是我四年的大学记忆中最多彩和深刻的回忆了。可能在文学院的历史上是找不到连续四年主持“黑美人”，并且每年还得参加演出的第二个人了。作为此项纪录的保持者，我时常会有小小的骄傲，这也成了我毕业后可炫耀的资本之一。

小时候，因为皮肤偏黑，同学们给我起了一个外号叫“黑牡丹”。进入西北大学后，知道学校竟还有一个叫“黑美人”的艺术节，当时觉得这莫非是上天的有意安排？哈哈。主持“黑美人”，我的搭档从当年的师哥换成了我的同学，再换成小师弟、小师妹，我也从一个对“黑美人”知之甚少的新人变成了要培养新人的“老人”，参与“黑美人”成了我每年最期待的事情。

在我所参演的剧目中，印象最深的有两部：《青铜骑士》和《在路上》。《青铜骑士》是关于一个国家总统的故事，我在剧中演的是总统夫人。当时，我们“夫妻俩”被认为是“天造地设”，默契的表演也得到了不少人的肯定。还记得当时有场戏是总统被人杀害了，我在他的“尸体”旁诉说完对他的思念和爱恋之后也举枪自杀了。念独白的时候我情不自禁泪流满面。在我倒在总统身边的时候，全场鸦雀无声，大概三十秒之后，全场爆发出热烈的掌声。直到现在回忆起当年的情景，我依然为之感动。事后，我们常常开玩笑，“总统”说我哭的时候，化妆的粉渣都掉到他脸上了！只是“总统”现在更多的时间是在日本，我们多是在网上见到，那部戏成了我们永恒的话题……而《在路上》是一个现实主义作品，在戏里我头一回尝试演了一个“反派”——极其拜金、见利忘义的女孩。也正是因为饰演这个角色打破了我以往比较端庄、正统的形象，我获得了当年的“最佳女主角”……

“黑美人”是每一个追梦的青涩少年实现梦想的舞台，它让我们觉得不再孤单，让我们的世界不再单调，让我们积蓄的激情得以释放……那时我所交到的朋友也成了我终生的朋友，就像“黑美人”是我们永远的话题一样。

我爱“黑美人”！

【原载于2007年“黑美人”二十周年纪念刊】

（谢斌，西北大学文学艺术传播学院1997级学生，现为陕西电视台主持人）

摇曳心灵的记忆

——我与“黑美人”艺术节

刘　磊

“黑美人”不仅是一方表演舞台，也是每一个与她有过亲密接触的西大学子的人生戏剧中难以忘怀的精彩一幕，我与她的故事得从1999年说起……

第一幕　缘起

在新生入学教育大会上，“黑美人”艺术节作为学生活动的典范，以神秘的姿态第一次出现在我和我的同仁们眼里。随后的学生会工作给了我浏览往届的剧照和影像资料的机会。加之师兄师姐们乐此不疲的介绍，这位来自莎翁笔下的流着纯正西大血液的“美人”离我越来越近。直到开始为第十三届艺术节跑前跑后，张罗道具，我才真正体会到为“美人”肝肠寸断，以及集体挥汗如雨的快感和秋后丰收的喜悦。

第二幕　排练

排练阶段是戏剧作品诞生的孵化期，往往一部话剧的公演也需要几个月的排练和反复打磨才行。2001年3月，我接到姚琴的电话，邀我加入《大漠林河》的剧组（韩永清编剧，杨凯导演）。随后紧张快乐的排练成为剧组成员们“夜生活”的全部内容。排练的条件是很艰苦的，仅场地就使我们成为一支“野战军”，每天需要在科技楼从一层到十二层寻找空闲的大厅，还经常遭到驱逐，有时候一晚上要转战好几个阵地。后来韩永清在庆功宴上喝个烂醉，还不忘那时的场景。当然，大家的感情也经过喜怒哀乐的磨合而变得融洽，以此成为毕业后彼此交往至今的感情基础。

第三幕　公演

亲历的三届“黑美人”无一不是在众人的期盼中开场，最后轰动校园落幕的。《大漠林河》获得包括最佳导演奖、最受观众喜爱奖等五个奖项，同届的节目还有著名的《风口》和《金锁记》。

在1999级即将谢幕的第十五届“黑美人”艺术节上，我和下铺兄弟梁成山共同创作并执导的《太阳火》被安排在公演首日进行。这部吐哺之作从创作到出演前后经历了近十个月的时间，以“80后”的印象再现了“文革”那段特殊历史时期的景象和知识青年如火般炙热的情感。该剧算是给我的话剧生涯画上了一个较完满的符号。我希望这只是暂时的停顿，而非永远的停歇。同时我相信，一行的梁成山、韩伟、尚华、廖静、王晖、王果宁、吉飞鹏、蕾蕾对她也是记忆深刻的。

第四幕　收获

和很多从“黑美人”艺术节舞台上走过的人一样，我也未能摆脱不演好人的宿命，这群人还包括1998级新闻专业的樊鹏(《青铜骑士》的主演，《金光大道》的男主角)，1999级汉语言文学专业的张杰等。但我们又都至少从中收获了三样东西：首先，舞台上的形象并没有影响现实中世人对我们的态度；其次，体验到了坏人将自己推向狭隘的尴尬窘境和空虚寂寞的内心世界(庆幸于大家都算是好演员，能够做到入戏)，得以确保在真实生活中不至于沦为败类的同党；再次，收获了永远的友情和不可磨灭的回忆。

第五幕　后记

毕业后虽然再也没有了与“黑美人”正面相遇的机会，但对我来说，她就像大学生活的地标，连着太多的面孔和记忆片断。这些人和事与“黑美人”一样看似已离我远去，却又时常魂牵梦绕。

在“黑美人”即将度过二十岁生日的时候，我和与“黑美人”结下情缘的同学们共同送上真挚的祝福，也感谢大学期间在学习、工作、生活中给过我指点和帮助的王静波、师耀武、那龙宇三位老师。

【原载于2007年“黑美人”二十周年纪念刊】

(刘磊，西北大学文学艺术传播学院1999级学生，现为西安工业大学人文学院教师)

寻找“黑美人”

陈翠英

初夏的五月,阳光灿然。

走在校园洒满阳光的道路上,抬头望着铺满“棉花糖”的天空,眯起眼睛享受牙齿甜软到酥掉的感觉。穿着色彩斑斓的T恤,蹦蹦跳跳如一只新鲜的水果。间或立在一架紫藤下,看密集的紫色生命,熟透了的花香浩浩荡荡地奔跑在身边每一个角落,心情被熏染上薄薄的快乐。

我们微笑着向前,一路收集着零落的小幸福。五月,阳光明媚的季节,明媚得惹人多梦。

合上眼,绿肥红瘦,斯人依旧,独殿春风,吹蕊弹香。

五月的校园不会单调,因为莎翁笔下的异种风情,因为一个十七岁的故事。

她,细腻精致,神采飞扬。她,雍容华贵,娇而不俗。一颦一笑彰显出无限的魅力,举手投足间抛洒下无限的风情。

寻找“黑美人”,寻找自己玫瑰色的十七岁。

我们在路上走走停停,看日子呼啦啦地逝去,总是急于回首曾经的那些花季雨季。

那么,为自己的激情搭建一座舞台,翻开自己的青春纪念册,学会为自己的洒脱喝彩。

“黑美人”期待与你共舞。

五月,送给你一个快乐。千万不要错过哦!

【原载于2004年“黑美人”纪念刊】

(陈翠英,西北大学文学院2003级学生)

校园戏剧中的明珠

吴小佳

在美丽的红五月,大幕再一次被拉开,"黑美人"迈着轻盈的脚步姗姗而来。在观众热烈的喝彩声和连天的掌声中,带着那份依旧的激情与执着,我们为自己的大学生活点亮了一盏灯。

进入西大,耳畔响起次数最多的词便是"'黑美人'艺术节",一大批的学长学姐向我们讲述了"黑美人"艺术节曾经的历史与光荣:"黑美人"艺术节由西北大学中文系作家班始创于 1987 年;"黑美人"的名称来源于莎士比亚戏剧中的下层黑人妇女形象,是积极、勤劳、善良、勇敢的象征;代表话剧中,《三八热线》表现了三位妇女的不同烦恼,《光辉岁月》反映了一个宿舍中六个学生不同的生活观、爱情观、人生观,《夜郎西》讲述了大学生支援边远地区的教育事业的感人事迹,《山祭》以精彩的对白、精湛的表演引起了现场观众强烈的共鸣。

17 年来,"黑美人"艺术节稳健地走着自己的路,虽然换了一届又一届的参与者,但她仍保持着活力与激情执着向前!

"黑美人"艺术节永恒的意义在于——让我们最大限度地接近理想。

在编剧中,对于创作,对于文字的掌握,在表演中,对于演出,对于创作的感悟是不能不提的,还有从中学到的协作意识——话剧不是一个人就能演的,就好像足球赛不是一个人就能踢的。所有这一切,对我们的实际生活影响巨大。

或许我们还带有一点陌生的舞台感和生涩的语态,但我们不应该害怕幼稚与业余,能够表达出来本身就是胜利与成功。

浓妆重彩的我们走上舞台,我们自豪,因为我们突破了桎梏;我们骄傲,因为我们延续了"黑美人"艺术节的光荣。我们将继续开拓未来的道路,一直走下去。

"弘扬民族精神,繁荣校园文化"——这就是我们的梦想,"黑美人"的梦想。

【原载于 2004 年"黑美人"纪念刊】

(吴小佳,西北大学文学院 2003 级学生,现在陕西省档案馆工作)

今昔往怀一曲有情人

——《断肠何限》

李大陆

一

历史上刀剑声太粗犷，夕阳下分明是半弯凌波的临风百种妖娆，却偏有人在古道上羡寒鸦，他们枯荷包冷饭，又是风雪夜归人。史家正言笔下有残阳如血浸染胡笳，而在市井巷陌流着芳气氤氲，桂阴携天乐，花丛拈露沾。荒村江声月色下的野店闲话里，窦娥一恨锦屏空，仙音微奏在天上人间。

元朝有个人叫王实甫，身世几乎难寻。《录鬼簿》中说他名德信，将其列入“前辈已死名公之才”之列。气韵在他的笔下纤尘不染，拂袖笔墨散瑶空，风露洒银蟾，意境是空灵香雾里的缠绵情意，明河斜映小步，把红云垫给庭间佳侣。王实甫写出《西厢记》，元末明初贾仲明说“《西厢记》天下夺魁”。以单部戏曲而论，《西厢记》堪称元代最佳，它的故事结构上曲折通幽，音韵美如落花惬意、流水淙淙，回味淳似酒中老友的倒影，意境魂梦月百折，既有歌中醉倒问情仇的书剑气，又有胭脂浸玉箫的凄艳风华。春悄悄，夜迢迢，斗草阶前的书生听出细风后的人生痴情。流水随春，罗裙香露靓妆怨妇又惹得满面粉红，呕呕哑哑地在弦上说相思——“相寻梦里路，飞雨落西厢”。

《西厢记》的故事由来已久，上可溯及唐代的《莺莺传》，据说是出自元稹弃薛涛求功名而与韦丛结合的故事。在宋代，“待月西厢”成为文学创作中常用的典故和题材。故事发生的普救寺曾有金代诗碣一块，名曰“普救寺莺莺故居”。“花飞小院愁红雨，春老西厢锁绿苔。”梨花深院中，西厢确在，吊古愁浓而题诗的人已远去，如今寺亭寂寞，斜阳处早无送别车马，而王实甫笔下的风流却历历在目。

它的故事众人皆知，崔莺莺与张君瑞在佛殿上一见钟情，书剑飘零的白衣秀才呼着“我死去”痴了，瘫倒在莺莺的细语下，莺莺的“回顾觑生，临去秋波那一转”竟使张生“眼花缭乱口难言，魂灵儿飞在半天”。悠扬的琴声入松涛求知己那是快意，可情爱的自由受礼教枷锁的束缚，两情相悦不抵媒妁之言。这就是那个时代的悲哀。世故是重重厄网，一生相随是白鸥波底的五湖天秋，生涯如小舟寻近桃花浪溃红鲜。张君瑞机灵中又有几分痴傻，他一笺求杜确打退孙飞虎，而崔莺莺一心随情郎，却满面用礼教来遮羞，她假装气恼红娘为张生传信，又心急火燎地暗示红娘自己要与张生约会，把似火烧的痴怨化作散散的似水浇的寒冰。“闹简”“赖简”“酬简”几经曲折，左颠右倒又峰回路转，二人在火热的泪水中同居。可相府“三辈无白丁”，一曲长亭送别中张君瑞赴京取功名，后来当然是状元及第，经历了环翠缠珠的阁台红巷他乡软玉梦，思量了老乡闺中痴人递情物，终于衣锦还乡，在杜元帅的帮助下迫使崔母践约，天上月老在呵呵笑语中终归收了红线。红巾下的那一瞥，就是千古情结。

“愿天下有情人终成眷属”，王实甫在剧的结尾处这样写道。寻常看客过萍踪，它不仅是呷茶私谈的好看作乐，那是一代青年男女的心声。

不知燕来老师的这出《断肠何限》呼来的又是何等的断肠气节。

二

这届的《断肠何限》正是对《西厢记》的经典重现，它既有古曲的时空萦绕，又不乏现代意味十足的情致包装。以结构而论，《西厢记》设置之巧，回环往复之紧凑，与人物性格的弥合之完美，不能不令人折服。当然最重要的还是矛盾冲突绝对堪称经典。时而一波三折，时而顺风万里。崔母的毁约赖婚，莺莺的赖简，张生的生病，以及郑恒的出现，无不在剧目的坦途中巅峰突起，一次次把观众的视线转至跌宕处，一次次把观众的思维拉向满弓待发之际。如果说《西厢记》的结构呈现为“柳暗花明又一村”的曲折状，那么《断肠何限》在结构上便逊色多了，这实际上是受“黑美人”舞台、时间限制所做的必然牺牲，所必须割舍的经典传承。《断肠何限》只保留了《西厢记》的单线推进方式，只保留了孙飞虎兵围普救寺的推动作用，至于老夫人赖婚云云已全部删去，结构的变动实际上是人物性格的变异引起的。《西厢记》中的两大女角是崔莺莺与红娘，二者是与林黛玉、杜丽娘相媲美的艺术造型。崔莺莺是个具有多重性格的女子，美丽，多才，虽深爱张生，却把痴心埋在深怨之下。她既对美好恋情醉心不已，又处处受封建礼教的约束，甚至不惜用礼教训斥张生；又对红娘有所保留，疑心她是母亲安放在自己身边的眼线。而红娘在《西厢记》中更是“光彩夺目”，其光之亮，其色彩之明，无疑是古代文学的盛园奇景。她一方面激励病中的张生，一方面宽容地安慰多疑的莺莺，又对崔母以坚决的斗争；她红如火的曼妙身姿嵌入月色，与读者的悲欢同沉浮。遗憾的是,《断肠何限》将二者的性格都单一化了。失去了那些最惹人回味的相思情节,这对主仆无疑已瘦如黄花。《断肠何限》又出于现代演出的需要,把杜确也做了个大调整,使其由正面人物变为反面人物,只是还起了正面作用。顺便透露一下,杜确一出场有一段精彩纷呈、惟妙惟肖的独白,那才叫作戏剧滋味。看过那出戏的人都钦佩燕来老师的编导功力,灵活的穿插变换,极有张力的夸张表演,丰满的舞台设置,无一不显出他的才气。

《断肠何限》在语言、念白、配音上更体现了古装剧在"黑美人"中的绝妙神韵,发古之幽情,暗暗灯光下重现暗暗市巷下的风华,浊之迷蒙中闪现泪过粉痕的独特情境。《西厢记》的语言美则美矣,不过很多人听不太明白。经过现代词汇的适时整束,便有了《断肠何限》的音韵之美,凄楚中有明快,严肃中有搞笑。而在演出中,《枉凝眉》《广陵散》《梅花三弄》《江河水》《十面埋伏》《相见时难别亦难》《葬花吟》的音乐依次响起,恍惚了今朝往怀,淡淡在一往情深!

只是虽一往情深,一错过姻缘,"问世间情为何物,只教人生死相许。天南地北双飞客,老翅几回寒暑",《断肠何限》中莺莺等张生望眼欲穿一十五年。欢乐趣,离别苦,想起当年琴诗,长亭一别,离恨天,相思地,那是何等的秋之离愁,可是燕来彻底背离了《西厢记》两情人终成眷属,衣锦还乡又是长亭叮咛,只是梦中人,雁南去,换了一番悲凉……

三

其实,无论我们的想象如何蔑视时间,无论我们的艺术感受力如何吸附于空间,我们是注定不能再次浸染元朝舞台下的莺语泣怀和仕人淑女间的情分快感,只不过任由心中的憧憬扰乱中古衣袂在现代的涟漪。中国的古代戏剧,那是驳杂的诸艺荟萃,那是气力独到的综合演技,很多剧目在编剧技法上吸纳古今,典雅精深的文辞能借助于戏剧性的舟筏通达当时无数世俗观众的接受水平,引起全社会的欣赏和迷醉。莎士比亚用他的戏剧再造了英语言,而那些书剑秀才却把吟烂了的水月寒花晓梦轻蝶再组合成一股气象。元剧昆曲化腔都追求音乐格局的婉转变化,再配以精雕细琢、精挑细选的乐器,一招一式、一腔一调都是柔丽妩媚、一唱三叹;而写意舞姿和抒情舞姿的丰富,念白的生动幽默,更成了一门需要多年学习才能把握的复杂技艺。虽然不大容易找到元明清戏剧中名演员的访谈纪实,但张岱在《陶庵梦忆》中有关于虎丘歌会的记录:"声出如丝,裂石穿云,串度抑扬,一字一刻,听者寻入针芥,心血为枯,不敢击节,惟有点头。"清代李渔也有诗曰:"一赞一回好,一字一声血,几令善歌人,唱杀虎丘月。"那时的演剧唱戏事业堪比古希腊大圆剧场上的万众欢呼。而现在欣赏戏剧,无论你把古代名剧如何翻新,或存古意用新词进行包装,或以今人理念整合过往道理,编得再新,演得再真,在昏暗的灯光下,扁舟横斜的日子真的离阳伞咖啡座太远了。

可这并不值得扼腕。时代在前进,令人快乐的东西就让它躲在发黄的纸页中吧!

元曲是美丽的,既有玉杯掷地、霞裹鱼肠的震撼,又有雨映桃花的惊悸壮美,那粒粒香消、片片玉殒,真是中华文学的大手笔;那种词曲特有的笔墨香韵只能属于那个逝去的岁月,今人不会仗剑去国、肩挑五湖吟文辞于后世,更不会唤犬猫去红尘,筑庐仙山幻游太虚,这个时代有黑色的阅读、新思维的声声呐喊,有全新的人文理想审视一切。

这样我们欣赏那出精彩现代、诙谐又情切的《断肠何限》,就只好把荡气回肠的长亭送别当个衬托了,任由它激扬情感、愁转峰壑,任它精绝一代,笑瑶宫之声,呵一气胸怀惆怅,留下笑声阵阵图一醉。这样也算作一种性情吧!

【原载于2004年"黑美人"纪念刊】

(李大陆,西北大学文学院2003级学生)

“管”中窥“狮”

艾　未

很多年以后，每当看见咆哮的狮子，我都会回想起大一参加《河东狮吼》剧组排演的那些遥远的下午和晚上。那个时候的剧组是一个有十位成员的集体……

《河东狮吼》在历史上真有其事，我们的剧不是之前绝对无古人、之后不一定有来者的虚构。所以，在看到剧本见到其他演员之前，我完全是抱着一颗谦虚好学汲取历史知识的心来着。没想到，刚一开始排演，我就像被狮子咬了一口一样吓了一跳。一个名义上是说书人的人叽叽歪歪地废话，导演飞起一脚将其踢出场外……哇，这么火爆的开场！有性格！

这么排过几次以后，我已经完全融入了剧组，理解了这个剧的风格。哪怕从最苛刻的角度来判断，都不能用“改编”来形容我们对原著的变动。我们完全没有修改，我们是完全颠覆。正确地把握住这一点，排演于是顺利地进行着……

从演员表上我得知自己饰演管家这个角色，直呼其名的话就是“旺财”。这是一个很舒服的角色，可以方便地欣赏女主人训斥男主人。如果有人说女主人是一个泼妇，那我会毫不犹豫地反对，就像如果有人说男主人没有文化一样。任何人都可以成为泼妇，只要你学会嫉妒。但女主人不是这样，她训斥男主人绝对不是简单的责骂——她还动手。

我感觉排戏也是在创作戏，大家在几乎成了争吵的讨论下不断为其加入新的东西。外人完全可以通过我们的声音来判断排演的情况。如果每个人都在说话，那就是新的搞笑情节快产生了；如果每个人都在沉默，那就是剧组在休息；如果男女主角在大声说话，那就是他们在探讨某处情节；如果只有女主角在大声说话，那就是演到男主角挨骂的地方了。现在的《河东狮吼》的不少内容，都是通过这种再创作式的排演增加的。很多年以后，每当看见咆哮的狮子，我都会回想起大一参加《河东狮吼》剧组排演的那些遥远的下午和晚上。其实《河东狮吼》只不过是一个回忆。我曾听人说过，当你不能够再拥有，你唯一可以做的，就是让自己不要忘记。

不管从哪个标准来衡量，这个由一群学生组成的剧组都会充满幼稚和缺点。我要说我们的导演比冯小刚还搞笑还厉害；我们的男主角比理查德·基尔还深沉；我们的女主角比奥黛丽·赫本还高贵；我们的配角比罗伯特·德尼罗还“拉风”；就连我们的官差甲、路人乙之类的群众演员都是让·雷诺那个水平的……别说你了，我都不信。但作为剧组的一员，作为一个参加过《河东狮吼》排演的演员，我们就是自豪，就是自信，就是固执地认为我们的导演比得上吕克·贝松，我们的男主角和罗宾·威廉姆斯不相上下，我们的女主角和詹尼佛·加纳有一拼，我们的配角几乎赶得上雷诺·勃拉姆，就连我们的官差甲、路人乙之类的群众演员都是艾迪·墨菲那个水平的……很多年以后，每当看见咆哮的狮子时，我都会回想起大一参加《河东狮吼》剧组排演的那些遥远的下午和晚上。那次排戏的感觉对我来说是第一次，也是最后一次，命中注定要被我们铭记一百年的《河东狮吼》，肯定不会有第二次机会出现在世上。

【原载于2004年“黑美人”纪念刊】

（艾未，西北大学文学院2003级学生，现在西安航天五〇四所工作）

(那时)你也许会明白

小　胖

在某段时间里,一心一意想要成为窦娥,她几乎已经做好了一切必要的准备,而且做得很好,一切向往着被铿锵修饰的"那时"、"浮云为我阴,悲风为我旋"、"雪飞六月,亢旱三年",以至夹杂着打盹者的人群心不在焉地为她虚构经过的时候,她眼前的空气一下子变成了富有怀旧气息的黄颜色。远处模糊的人群没有让她因为自己是被围观者而觉得羞恼,反而让她产生了熟悉的印象。

那时娘死去已经快一年了。儿时的自己正走向不时有人加入的围观的人群。不知穿过了几条里弄,为了防止被来来往往的路人撞倒,她不得不一面依据模糊的记忆来判断下一个路口该怎么走,一面紧贴着土黄色的粗糙墙壁,扶着墙壁的小手、破旧的衣服,还有凌乱的头发因此沾上了不少尘土。自家附近的一群男孩跑过的时候,其中一个叫小胖的家伙还对她做了一个很难看的鬼脸。他们大声地笑她走得这么慢还想去看热闹。于是在小胖他们一溜烟儿地跑掉后,她也不顾一切地跑了起来。昏黄的街道里,一个小女孩跑过去。当她来到闹市口的时候,人们挤得那么紧,竟让她觉得自己跑了这么久有些白费了。感到委屈的她还是赌气似的挤进了不安的人群。她跪在地上,在大人的腿间爬来爬去。当她欣喜地发现前面没有人了的时候,她抬起了身子,可还没来得及站起来,不远处亮光一闪,一个人的头就被砍了下来。"一点声音也没有。"窦娥想着当时的自己一眨不眨的大眼睛自言自语道。

一时间,窦娥没有看见眼前仿佛船一样静泊在地上的诗人的影子。诗人来自一个剧本,但在那个剧本中,诗人的出现要相对晚一些。窦娥还在低着头,想着儿时眼见的那个滚落的人头。近乎午时三刻的阳光让影子与诗人原本挺拔的身材相形见绌。诗人站在那里,由于高出窦娥很多,所以低下头看着窦娥时,她颀长的身体略显前倾。诗人站在那里,在指出这个时代的堕落后,又给她摆出了故事别样的结局,也就是他的目的,甚至诵读起自己固执而又多情多彩的诗句来让浪漫生发在法场上。从诗人有层次的话语内容和没有层次的语气不难看出,把这次劫法场在心中不知翻来覆去多少次的诗人很紧张,甚至都没有事先确定一下窦娥有没有听他说话。

正如诗人的心中只有劫法场的浪漫一样,窦娥的心中只有千古一冤,也就是自己的死。她又想起了一些事情,这些事情如果不出什么意外的话会很快发生,对此她有些欣慰。她是在期盼着未来:围观的人群中有一片喧哗愈扩愈大,就像几滴墨落到宣纸上最初的扩散一样,又有几片喧哗在蔓延。很多人对发生在与自己相对较远的地方的不安感到不解。一个被旁人问及此事的人在抬头的一刹那改变了回答说"不知道"的初衷。他有些激动地指着天空,人们没有耐心等他兴奋地说完夹杂着大量主观看法的事实,就已经知道了那个即将被斩首的女子的话似乎已经开始应验了。

誓愿初了之时也显然快到了。并不是所有的人都知道法场上带着枷子的女子这好半天究竟说了些什么。山阳县的闹市口开阔平坦,加上周围柳树上不息的蝉噪,使得在几圈人后既看不见又听不见的围观失去了意义。

然而断裂的传递着的短语"素练""雪""三年亢旱"还是使吵闹的人聚集着。"那期间才把你个屈死的冤魂这窦娥显"这句话令人忍俊不禁的抑扬顿挫还是隐隐约约地传了开来。然后前排的人齐声惊呼,像接到了通知一样,所有人的目光都跃到了刚刚挂在旗杆上的丈二白练。

也就是在那一瞬间,一腔的血仿佛用力泼出一样醒目地追逐着人们的目光,然后又在一片惊呼声中落在了白练上。阳光早已不见了。坐在不远处的树丫上的人在风过叶动的时候还打了个冷战。白练截住了血,在风中发出很大响声地舞动了几下,就亦飘亦滑地落在了地上。窦娥叹了一口气,她意识到闪亮过后的那一刻,有些失落地,刽子手的刀刃切入脖颈,骤然断裂的白嫩皮肉还没来得及让鲜血流出,刀刃嵌入颈骨时发出的脆裂声音几乎没有人听到。这声断骨亡音让窦娥心中一悸。如果说鲜血染红丈二白练,六月里飞雪漫天,楚州三年大旱都只是说明了自己的冤屈,那么刀断颈骨才表明自己的死去,正在进行着的死去,所有的一切才能够成立。可是距离让活人和死人之间准确的交流有些尴尬。

没有人,除了自己,没有人意识到自己真正地死去。即便有人在那微乎其微的时间里感觉到了什么,后颈蓦地一凉,或者胃部痉挛,可时间不曾止步,那人自己都不知道自己知道的事情早已经被时间带走了。窦娥的死深深地丢落在她的死亡之中。人们可以明确无误地判断,他们明了的是窦娥快死还没死或者窦娥已经死了。他们可以记起的也只是窦娥将死或已死的情景,她必须面对这样的简单的事实,就是那一刻,自己一个人的死去将远离冤屈。

虽然天已经阴下来，阳光已经看不见了，刽子手职业性地挥下刀的时候，还是有一道亮光在人们的眼前晃了一下。大刀切入窦娥已经没有头发遮盖的白皙的颈部，刀刃与颈骨铿锵的撞击声传入窦娥的大脑时，她没有喊叫，而是突然发觉这一刻曾经真真切切地发生过，并且这短暂而清楚的记忆在与之相同的情形发生时才能产生。仿佛这一刻的自己是个交界处，过往的尾和将至的头叠在一起。更迭的过程让“曾经发生”迅速闯入然后若无其事。

在那之前，我无所事事地坐在床边，同往常午后闲暇的时间一样，屋子里的人都在各自的床上躺着，翻着书或者已经睡着了。摆放在屋子中间的桌子上有一台暗绿色的收音机正在播放一首叫作《无法自拔的瞬间》的歌。我坐在床边，低头翻着一个名字叫《窦娥冤·等待戈多》的剧本。然后有人推门而入，余光中我看见他走进来后下意识地看了看两边床铺上的人，然后走了过来，吱了一声，并且将录音机的声音调小了。他转过身走开，橘红色的背影即将淡出我的视野之际，我发觉这些曾经发生过，虽然它们的发生有很大可能并不是在我的眼前。

缠着鲜红色头巾、赤着上身的刽子手看了一眼不远处挂着白练的旗杆，阴云暗动之下显得很惨淡。然后他清了清嗓子，跟窦娥用商量的口气说他们需要稍微移动一下。看窦娥的脸上流露出不解之情，刽子手连忙解释说，如果事后果真像你说的那样一腔血都溅到那儿（刽子手用手指了指旗杆），那样我站在你和旗杆之间就会被撞到。所以换成你正对着旗杆，我站在你的左边，这样大家都比较方便。再者你也不能总这么站着，你总不能让我跳起来或者找个台子站在上面给你一刀。既然席子都给你找来了，而且还挺干净的，我看你也让一步，跪下吧。尸体倒下的时候，动作和声音也都会小一点，没那么夸张，你看行不行？我有些记不清楚窦娥当时的反应了，也许窦娥让人感到很不自然地把脸转过去一点点，这种不自然是由于她缓慢地转过脸时身体的其他部位仍旧一动不动造成的，好像只有转过五分之一张脸还能勉强做到。她斜眼看着刽子手说，大叔，你其实不知道，我这样伸着脖子一动不动地站着，是让脖子到时变得麻木一些，疼痛也少一些，好让面部表情不至于那么匪夷所思。或者蛮不讲理地和刽子手吵：我都是个快死的人了，怎么还折腾我啊！你们不会把旗杆挖出来换个地方啊！但我宁愿相信窦娥什么也没说，换了个方向，并且跑到白席上。这时的观众对刽子手很不满意，都认为这比死刑犯人废话还多、破事儿还多的刽子手下刀也不会干净利落，于是发出了很大一片嘘声，弄得刽子手很不好意思，又得冲四周的观众勉强地笑了笑，如同做了个鬼脸，证明自己也是不得已的。刽子手很难看地笑了笑后，三声追魂炮响了起来。

后来我读完了那个剧本：编剧制造了一个小差错让斩首悬而未决，让刽子手左右为难，让窦娥生不如死，那个诗人就是在这个时候出现的。我甚至喜欢上了诗人出现的这一场——两个演员扮演这两个角色恰好是在扮演自己。窦娥的任务只有一个，就是执意去死；而诗人就是什么都不管地声情并茂说了半天，是不是废话是不是徒劳，他都得这样做。他们存在的意义就是认认真真地扮演自己。

至于结局，不断发生或者从未发生，只不过是相互倒映罢了。恍惚间，窦娥已经分不清楚接踵而来的斩首是真的还是和以前一样只是发生在自己的臆想之中。这午时三刻瞬间发生的事情如此复杂，竟如盒子中的盒子一样层出不穷。自己一而再再而三地被斩首，无论精神还是肉身都逐渐模糊。儿时去看斩首，作为童养媳的自己，恶棍张驴儿弄巧成拙被误毒，这些都与她无关了。飘飘悠悠的感觉麻醉了她的身心，然后窦娥睡了过去，在睡梦中，窦娥梦见自己正在被斩首，梦见大刀切入皮肉，刀刃嵌入颈骨时的铿锵撞击。

【原载于2004年“黑美人”纪念刊】

（小胖，真名张新礼，西北大学文学院2003级学生）

一场游戏一场梦

袁　方

我今年大三了，再过几天，我导演的话剧将第三次走上“黑美人”的舞台。

回首三年大学时光，我不敢说完全领悟了大学，但至少用自己的方式解读了大学，思考了大学。许多人大学上到一半时就产生了烦躁厌恶的情绪，更多的人从开始上大学到最后毕业一直都处在一种迷茫无措的状态下。其实人生就是一场游戏一场梦而已，散布其中的种种情节和场景更是如此。对游戏和梦境，我们每个人都是喜爱的，过一个美好的大学生活的诀窍就是把大学当作游戏和梦，玩好它，过好它。

“黑美人”是我大学生活中的一朵奇葩，清新地树立在我的回忆和展望中，无风自飘香。

大一时，从来没听说过“黑美人”的我在同学的撺掇下产生了搞一出话剧的想法。而这个时候第十八届“黑美人”的准备工作已经基本就绪，大二到大四的学长们已经排练出八九部成形的话剧，并且整台晚会也进行了一次彩排。我和我的搭档王晨用整整一天时间写出一个剧本，然后马上召集班里的同学来试演，此时距十八届“黑美人”正式演出只有十三天了。

除了我身边的同班同学之外，没人相信我，没人认识我，我们的剧本根本获得不了当时辅导老师的认同，我甚至听到了“你们肯定排不出来，不要瞎费劲”的忠告……经验是零，资本是零，没有老师的认同和肯定，没有学长的帮助和提携，二十几个傻傻的大一孩子在所有人目光的盲区中开始了傻傻的努力。

我们的话剧是根据世界著名小说《小王子》改编的四幕寓言剧，我们努力在剧中加上各种我们能够想到做到的艺术元素，充分发挥班里同学的特长才能——白阳有着深厚的表演功力，秦琴有着迷人优美的舞姿，张铭峰有着独特的舞台韵味……我自己还特地为这部话剧创作了一首歌曲。

排练是辛苦的，短短十三天就是有经验的人也不一定能排出什么东西来，何况是我们这些愣头青。晚上找不到适合排练的地方，我们就集体去宿舍楼底下借着屋里的灯光对台词；排练时间太紧张，我们就自费买来盒饭一起吃饭，谁都不敢离开太远。但即便自认为付出了如此多的努力,我们依然找不到方向和信心。我每天都对大家说:“我们再加把劲儿努力入戏,不要去想如果被淘汰了怎么办,相信我们可以做到的。就算真被淘汰了,也有经验了,明年一定能上的。”

直到今天,回想起第二次彩排,也就是我们的剧仅仅排练六天后第一次走到大家面前时的情景,我还是会很激动。满场游离且稍带怀疑的目光随着我们的演出逐渐锁定,逐渐惊讶。我们演完回到后台才得知王静波老师要对我们进行指导点评,所有人马上陷入慌乱,我这个导演突然变得胆小。最后大家互相推脱了半天,还是得我去接受“审判”。

当我再次回到后台,带去的好消息使大家无比雀跃。我们的剧第一次得到的肯定和赞扬竟然是从党总支王老师那里获得的,这是意外的惊喜。事实证明,正是王老师的肯定和她当时对我提出的正确意见使我们最后获得了成功。正式演出的前几天我们几乎是在昏天黑地地进行排练,从早上八点排到晚上十一点,回到宿舍继续拉着演员练到凌晨。

正式演出的舞台上很热,五彩的灯光强烈地照射着我们的演员,化好妆的脸瞬间就被汗水抹花,我为了上台特地找来的汗衫湿到可以拧出水来。在从未感受过的独特的“热浪”中,我们的剧获得了全场最热烈的掌声。

演出是成功的,唯一的小意外是一个演员的麦克风出了问题,她的四句台词全部没有被扩音。演出结束后她在后台不住地痛哭,谁劝都没用。面对只有四句台词却一直跟大家在一起辛苦排练了这么久的她,我想安慰却说不出口。

最后我们的《小王子》获得了第十八届“黑美人”的最佳剧目奖!领奖时我和王晨情不自禁地拥抱,两个瘦男人骨头对骨头的拥抱算不上唯美,我举起奖杯时欢喜和自豪的表情算不上优美,我们这群大一新生在大一生活快要结束时一起凭着冲劲和激情做的这件事情却算得上完美。

颁完奖后,我坐在食堂顶楼无人的一角,弹着吉他和身边的朋友们一起唱我的歌,我说:“明年这个时候我们大二,我还要排剧,我要排《切·格瓦拉》!”

令我惊叹的是,在我说完这句话后,仿佛只过了一个月的时间,日历就翻到了2006年。

《切·格瓦拉》是一部经典的先锋话剧,2000年首演时我在北京曾连看数场,看完后思想受到了巨大的震荡。如果没有“黑美人”,也许我永远只能把这种震荡留在思想中;而有了“黑美人”,我就可以实现我真正的梦想,把《切·格瓦拉》带到我的身边,让没看过的人看到它,让更多人的思想受到震荡和冲击,让更多人的灵魂受到拷问和洗涤。

这部剧的经典是毋庸置疑的，但我们一群非常普通的学生能否把它排演好、能否使演出达到原创的效果是令人怀疑的。我对剧本进行了一定的改编，并重新设计了舞台形式，根据实际技术条件加入了更具吸引力的视频投影，并且在演员的遴选上设置了较高标准。

第二次走进"黑美人"的我少了大一时的迷茫摇摆和不确定，却多了一份深深的责任感和压力。这时的我才真正体会到那么多老师和学长们对"黑美人"倾注的爱和心血，才发现自己骨子里对戏剧的热爱，也才发现自己已经离不开这一方小小的舞台。

这次的排练更为艰苦，时间长达一个月。这时的我挟去年夺取最佳剧目奖之势，俨然成了个小小的"名导"……而我却提醒自己和我的演员们"成功只属于过去。须知天外有天，须知幸运不会青睐没有实力的人"。

对《切・格瓦拉》我投入了更大更多的精力，而且在整个排练过程中我自己也一遍又一遍地被剧情被切・格瓦拉反复打动反复震撼，我的演员们也从开始的懵懂到最后真正爱上了这个人、这部剧。这次我们的剧在许多人的关注下轻轻松松过关斩将，只等着最后的正式演出。

过程太过顺利最易导致结果的意外失败，可我们这群人一直是在用心排这部话剧。能排出一部优秀的原创剧很难，我们用《小王子》做到了；能把一部经典的剧目演好甚至超越过去更难，我要用《切・格瓦拉》做到。

正式演出能否成功我不敢妄言，但观众异常热烈的掌声和呼应使我兴奋不已；演出结束后手机里塞满了认识的和不认识的同学们的鼓励和赞扬；还有激动地找到我，要求我卖给他一张我们话剧海报的陌生同学……当然，还有最后那个沉甸甸的最佳剧目奖！

获奖之后我却又陷入了思考：这部剧的深度和内涵是否需要用一个奖项来证明：切・格瓦拉的壮丽还有没有更好的表现形式？朋友说我也许太入戏了，太把这个当回事了，我却觉得做什么事都应该如此认真投入，面对这样一个神奇的人物和这样一部出众的话剧时更应如此。

2007年的"黑美人"令人注目，二十岁的生日就要到来。我虽然期待，但本是不想再排剧的，因为自己太爱这个舞台，所以有时反而不确定该怎样面对它。但陕西省首届大学生戏剧节的举办使我重新燃起了激情，老师的信任和鼓励给了我，也给了《切・格瓦拉》一个更大更好的机会。"黑美人"走过了二十年，在陕西大学生戏剧界应该占据泰斗级的地位，那么在全省的大学生戏剧节上我们理应也必须占据一席之地，获得更广泛、更高的肯定。《切·格瓦拉》是“黑美人”中涌现出来的经典改编剧，这次我的同舍好友，也是《小王子》剧组的演员林颖还将重排“黑美人”中的另一部优秀改编剧《窦娥冤·等待戈多》。我们将一起带着我们的梦想，带着二十年“黑美人”的梦想，再次走上熟悉的舞台，努力去完成无数老师和学长的心愿。

明年我们这一级学生将要本科毕业，我们在想也许应该用一部话剧来升华我们的大学生活。

三年的“黑美人”生活，使我们这一群有着共同兴趣爱好的人走到了一起，并且使我们在戏里戏外都成了主宰舞台的重要角色。可与此同时，我也深知这只是一场游戏一场梦，我们最后不太可能会走上真正的戏剧道路，不太可能再有机会导演或演出一个角色；但我们走出这场游戏后会进入下一场游戏，游戏内容也许会千差万别，但因为我们经历了“黑美人”，所以我们掌握了最宝贵的不变的游戏规则，这会让我们玩转我们的人生。

感谢三年来所有帮助过我、给予我指导的老师，没有你们就没有我的话剧。

感谢三年来所有跟过我的演员和剧务，没有你们就没有我这个所谓的导演。郝旋、阴鹏、付蕾、高梦琼、毛一超、李梦雨、王晋华、张铭峰、赵炜，我们来自不同年级、不同地方，在我第三年“黑美人”的历程中你们九个人将陪我度过，希望我们获得快乐和成功。小王子、玫瑰花群、酒鬼、国王、狐狸、黑胖、张处、恩洁、旺财，我们来自一个班级，是你们和我一起走过最初的一年，架构起最初的梦想。还有一些给过我很大帮助的好朋友，比如田木；还有一些在试演中被我刷掉的朋友，我希望我们友谊长存。

“黑美人”令西大文苑多少学子魂牵梦绕！“黑美人”究竟是谁？她很黑吗？她很美吗？她在哪里？我们什么时候能见到她的真面目？

这些问题的答案都在我们的游戏和梦境里藏匿着。也许拨开一片花丛，或者闪过一阵微风，你就能看到她。

我们的“黑美人”会永远地活下去。

【原载于2007年“黑美人”二十周年纪念刊】

（袁方，西北大学文学院2004级学生，现为美国ESPN高级记者）

我的小黑

付　蕾

是这样的,在来时的路上眼不择路,被秃掉的柳条抽到了脸,疼一下,却想起了死去的朱量。那时候跟他之间的缘起,也是因为小黑的一部剧。

小黑结实地让很多人有了关联,让一部分人找到了大学的充实和快乐,让一小撮人找到了人生的目标。我一直自认为真正的友谊应该开始于共同的兴趣,因此目下由大学里遗留下来的朋友几乎都是小黑人。今天主要想讲讲小黑。

刚来北京定在大道工作不久之后的某一天,阿毛听说自己的原创剧本《背叛》又一次重返舞台,勾起了心底很深很深的眷念和感慨。许是出自身穿警服的现状,和当年一股脑轻松状考入中国传媒大学编导的英姿对比,再加上对早年间创设小黑的回忆的感触,他写了一篇十分暖心的文字,题目叫《我的开心与幸福》。文中提到我的一句话,也让我深深觉得开心和幸福。他说:“有的真的干上了戏剧,比如傅雷(虽然写错了我的名字)。”——一种这样大的褒奖。

小黑成立的时候,我并不知道一个话剧社究竟是什么,其实即便是现在,我也不是很清楚。若不是因为种种原因没赶上各种比赛,我大概干的仍然是高中之前腻了又腻的老本行,四年以后最多是又一个三年高中的轮回,一个四年初中的轮回的轮回,一个六年小学的投胎。没劲,且也就没有现在的小黑,没有现在的我了。

我清楚地记得大一上半学期参加“文苑华章”,只提笔报名了一个环节——经典重现,演出了平生第一部登上舞台的剧,叫《止战之殇》。同比我大的学姐合作,被很多母性包围,可以大大方方地耍宝,感觉很踏实。到了第二学期,“黑美人”开大会,同一群惴惴不安又不知深浅的大一同学一起坐在阶梯教室的第三排,听燕来老师在黑板上讲“黑美人”的历史。袁方在左前方,隔着一个过道低声问我:你想参加哪个剧?

“切!”

我跟他开了一个小小的玩笑。他没听清,我说:“《切·格瓦拉》。”

他脸上露出惊喜又混蛋的神色,仿佛不肯相信我的答案。几分钟后我才知道，原来这个剧是他的。

感谢袁方，我从此开始了“黑美人”之路——两年。到了第三年，某个晚上在宿舍阳台上接到袁方和阿毛来自康杜村某饭馆的电话，要拉我一起入伙成立话剧社。起先犹豫着考研的问题，跟他们推辞了几番。他二人连忽悠带用情，最后我当然应了。

随后就是写洋洋洒洒的申请，找团委，求审批。没成。理由是“已经有了一个话剧社团”，“不需要再多加一个”。“可是我在那个已经有了的话剧社团的报名表上签的名字，可能早就被灰尘覆盖了呢！”争取的话到了嘴边又咽了下去，我知道并不一定非要成根正苗红的剧团不可。袁方也说我们自己来。

没钱，袁方和阿毛一人掏了一千块。那时候我还没自己赚钱，觉得两千块好多，够剧社花上两三年了。直到第一部剧《暗恋桃花源》费用掏完，我才明白两千块没那么多。也拉过赞助，口讷的人跑到村里，专找新开的台球店下手，最终谈妥了，50块，少得可怜，我们却挺高兴。道具要一个女生去郭杜建材市场的角落里捡一些人家不要的碎泡沫、木板、纸壳，还有一切可用的都捡来。金仙女那时候还有些胖，一边同现在的夫君演对手戏，一边弯下腰来蹲在地上画布景。后来一张画残了的布，被她和李佳团巴团巴揉成了老陶的大褂，油彩做衣还很好看。那时候大到石块、秋千，小到菜刀、饼，都要演员自己动手做，因为没有多余的亲友相助了。还记得胖老陶留一个雄厚的脊背给众人，没几分钟转过身来，放下手里的剪刀之后，捧出来一堆Q到家的泡沫沙发。那也是海华出演的第一个剧，本来错过面试的她最终得到了云之凡这个角色。

演出前看好了校内一家小小蛋糕房里的秋千，便去同老板商议。哪知他一点都不通情理，给租金都不借。第二天又叫了号称文学院头号美女的陈氏和金氏，仍然不借。我向来有尊重他人的骄傲，于是干脆找来了长凳，换了秋千。我想，我要走的恰是贫困戏剧之路。

《暗恋桃花源》没什么宣传，海报上不用真人，演出完不用再把幕拉开要演职人员朝着台下讲话；没有像样的布景，只有道具。就这么一通草稿一样的预备，迎来了报告厅座位五分之三的观众。两个多小时，手牵手谢幕，鞠躬，起身，站成一排鼓掌，时不时见着熟人挥个手，等着大幕关闭。大幕如眼帘，一点点地吞掉站在边上的叶原、玉珍等，又一点一点吞掉海华、春雷。最后在我的眼前观众越来越窄，留白变成缝隙，再变成更小的缝隙，直到最后一刻没有了半点光，幕布遮挡了通往外界的一切出口。就在大幕合上的一刹那，舞台终于将第四堵墙还给了演员。在这样狭小的空间里,在真正属于自己的地方,我们都觉得好踏实,所有人异口同声地爆发出胜利的叫嚷。李春雷拿出做派,似乎噙着泪水,跑过来跟我握手说:小黑,不容易啊!

于是我的眼泪就出来了,很多人的眼泪都出来了。

后来的很多次戏,我都再也没能享受过大幕合上时的成就感。对我而言,后来演员谢幕之后没有合幕,换成了讲话,是一件遗憾的事情。兴许我的心同这幕布之间的缝隙一样小,不觉得以自己的身份示人要比以剧中的身份告别更重要。我始终知道这未尝不是一条良好的宣传途径,但我也觉得,没有比看着幕布在眼前合上,然后剧组一起从后台出去吃一顿烤肉更舒服的了。

后来小黑开始演很多剧,钱不够。正好赶上学校有创新计划,听闻通过审批之后能有国家拨款,我一下子来了精神,只花了半个小时写出一份申请,填了表格。这份题为《小剧场话剧在高校的发展潜力及模式探究》的创新计划,在高老师的修改指导下一年后获得了国家优秀创新计划奖。

从这里小黑争取到 10000 块钱。

受邀参加电视台的节目录制,拿到了 4000 块。一人分 100,剩下的给小黑。

就是靠着这样不定期的卖艺补给,岌岌可危地撑到了第三年。这期间我制作的所有剧目,演员依旧要最大限度地自己解决服装,依旧没有像样的布景,海报上依旧没有真人,每次依旧都要去西大街租地麦、还衣服。

第三年,《日出》开始售票,服装开始讲究,有了专业级别的舞美师(虽然还是金仙女)制作布景,背景终于不再是空白了。演员们去欧宝丽人定妆,真人上了海报,而且是巨幅的。

《日出》是小黑做过的最靠近专业水准的一个剧。小黑凭借《日出》从前来看剧的同学手里“抢夺”了雪糕钱,两块,五块,终于用这些门票钱告别了吃了上顿没下顿的苦日子。

《家里的玩偶》由高老师带着参加了南京的比赛,赢了其他高校,获得了去挪威演出的资格,尽管后来由于某些原因没能坐上国际航班。

一年以后,我研究生三年级。王小亭和陈志带着《一妇五夫》走上了真正的小剧场。曲江的工作人员说,这是专门为小剧场设计的,能容纳 100 多人,叫“小黑厅”。

多么奇妙的巧合!

于是又有了像样的谢幕。漂亮的米兰朵和英俊的伯爵没有机会把自己贴到海报上，台下都是不认识的脸，人人都爱米兰朵，可是没人会喊“王小亭”。《家书》之所以最成功，是因为我们决然地购买了剧里的衣服和床。从此小黑开始需要一个道具箱或者一个储藏室。陈志买了地麦，再不用花上两个小时的时间去租了。

多么好！

日子不再困难了以后，不用再因为获得了区区50块钱的资助而高兴，不用演员自己兼做道具了。可是回忆当初，没有人像袁方一样能白手起家，拉几个同伙弄个话剧社出来。没有人像阿毛一样，即便不懂得爱情，也能坐住板凳，写出《背叛》。没有人像雷涛一样，在舞台边的音控室里老老实实地做三四年的幕后。没有人像金琪一样，蹲下身子认真做布景，带着契诃夫流淌的美去学戏剧。没有人像海华一样，擅自拉着男主角跑到教学楼的拐角处练台词。没有人像王小亭一样，豁出自己的钱往外砸，耐下心解决很多问题。没有人像陈志一样，为了保住小黑的自由和独立，一边焦头烂额地顾着自己的戏，一边周旋在七号楼二层中间。没有人像汪嘉姝一样，购置衣服，修改剧本，挑三拣四的，想要小黑有属于自己的艺术底气。没有人像薛博壬一样，从加班的办公室里打来激动的电话，还要将来一起做话剧。没有人像明明一样，在工作的教师岗位上，业余参加儿童剧的演出。没有人像郭萌一样，从不作秀，依然像女王。没有人像孔繁琪一样，毕业时在学生会的调查问卷里悄悄写下四个字：我爱小黑。

以上提到的人，毕竟只是我认识的一部分，还有很多小黑人没有同我合作过，比如叶华，比如董文轩。我想，再说起来也只会说这四个字——

我爱小黑。

（付蕾，西北大学文学院2005级学生，现在北京大道文化节目制作有限公司工作）

十年一梦

毛圣明

五年前的一天，我接到我本科时的辅导员王理鹏老师的电话，他向我要我的《背叛》，说学校知道我的剧本拿了田汉戏剧奖，正值110年校庆，学校要将“黑美人”25年来的经典剧本代表结集成册，书卷留藏。王老师是我很尊重的人，接到他的电话我很兴奋。但我在兴奋的快感刹那间逝去后，便开始诚惶诚恐——那时我对这个剧本并不满意，却没时间再精雕细琢。我想，就这样让自己不成熟的剧本上去，没准会误导以后的师弟师侄，让我背上千古骂名。后来没几天，又接到时任小黑戏剧工作室负责人的王俊婷小姐的电话，她说要重排我的戏，在西大110周年“黑美人”活动上重演。那时候我被工作抛弃，被女人抛弃，她的垂怜令我士气大涨。但我担心《背叛》的难度太大，极难表现，没法保证演出效果，不适合用于小演员锻炼演技，更不适合帮助他们积累信心，所以我只能委婉地劝她慎重。后来她排了这个戏，作为母校110周年献礼的生日蛋糕。

《背叛》是我10年前写的戏，我那时候才上大一，身体成长得很茁壮，创作的欲望也很茁壮。我们一帮愣头青把这个戏排演出来，侥幸拿了当年“黑美人”最佳戏剧奖。我把这个奖当成了奥斯卡奖，幸福了好几个月。为了让幸福继续，我和袁方各斥资1000元人民币创办了小黑戏剧工作室。那年，“黑美人”正好举办了20年。

现在看来，对《背叛》的戏剧价值我并不自信，但对它在纸面背后的价值我却很骄傲。最早的小黑戏剧工作室的所有有关的人，都莫名其妙地在各自的时空跟《背叛》发生象限的碰撞，而且或注定或巧合，这些人都成了西大戏剧史上的风云人物。比如当时就在西北大学广受欢迎的袁方，当时一直致力于帮我组建演职团队；后来在西北大学广受欢迎的雷涛，当时是我的副导演；后来成了西北大学影后的傅雷（应为付蕾——编者注），是我“垂帘听政”的副导演；后来我一直认为是西大最厉害的电影导演的田木，为我的戏剪辑片头；后来我一直认为是西大最美女人的穆洁颖，也在我的戏里演一个险些穿透视装的角色；后来我一直认为是西大最具学者范儿的祝睿，出演和险些穿透视装的角色的人亲密接触的男性公民;后来我一直认为是西大最纯粹的抒情文学作者金琪,也差点演了险些穿透视装的角色……

这个堪称陕西高校戏剧传奇的社团,就是我们这批人组建的。能成为传奇者中的一员,我深感荣幸。而现在小黑在现任带领人的带领下,依然能够保持着这份传奇,我更深感荣幸。

10年过去了,想起10年前王静波老师看完《背叛》的剧本之后,拍着我的头对我说:"你将来一定能够成为一个写剧的高手。"说完这句话不到两个月她就退休了,而很不幸,我到现在也没成为高手。

雷涛在学校的时候,曾经不止一次跟我说过:不是你的《背叛》,我根本当不了导演。——虽然他现在也没当导演。

10年过去了,跟这个戏相关的很多人都去了不同的地方。有的去了美国(比如袁方),有的去了法国(比如金琪),有的去了天国(比如朱量),有的当了编辑(比如雷涛),有的真的干上了戏剧(比如付蕾),有的成了资深记者(比如田木、李超)……

而我像刘翔跨栏一样跨了多个专业,进入了国家某部委,离著名的国家大剧院地理位置很近,但职业范畴很远。

毕业后我还没回过学校,我并不害怕在这帮"90后""95后"学弟学妹面前被视为刚出土的秦俑,我相信他们如果见到我,关心得最多的一个问题可能就是,曾经被众多人看好的编剧如你,为什么没能坚持梦想呢?

我没当成编剧,但生活却是最精彩的剧本。那些创造,那些创作,那些激情,那些友情,比任何编剧的作品都要精彩。梦想永远不朽,终究会和生命一样长。

(毛圣明,西北大学文学院2006级学生,与袁方、付蕾共同创立小黑戏剧社,现在公安部工作)

纪念西北大学文学院“黑美人”艺术节三十周年

范晓涵

再次谈起“黑美人”，几乎是十年前的事情了。时间是风霜，是刀剑，是生活与苟且，然而也会在某一个瞬间成为凝固的诗、流淌的歌，成为光，成为燃烧分子的芳香。

我参加了2009年的“黑美人”艺术节，为自己喜爱的历史人物写了一出剧，这是我大学时光中最难忘的一段。那些因为相同爱好而聚在一起的同学，每一张年轻而热切的脸，时隔多年依然历历在目。我们曾不眠不休地修改剧本、调整音轨、录制旁白，曾经在每一天的傍晚训练、对戏、背台词。在长年累月的排练中，有人退出，也有人加入，遇到过砍剧本、删戏、音乐作废等需要从头再来的辛苦，然而在帷幕拉开的那个瞬间——原谅我只看到了那个瞬间，当时我代表学校参加北京的比赛，从学校出发去车站前，帷幕拉开的那一刻是我留下的最后印象——而那个瞬间值得所有的辛苦，值得所有反复的修改与斟酌，值得在最年轻气盛、才华横溢的青年时代做出的努力。

感谢“黑美人”带给我们的一切，那是一部剧、一首歌、一次天南海北的重逢、一次古来今往的相遇。如今是她的三十周岁，祝我们的“黑美人”经霜犹艳，历久弥香，未来结出更美好的果实。

（范晓涵，西北大学文学院2007级学生，现在上海世纪出版集团工作）

春夜同看“黑美人”

王彦龙

在一茬接一茬的学生手中，一个校园活动能坚持举办十多年已经相当不易。而由西大文学院师生主创的“黑美人”艺术节，竟然已经走过了三十个春秋，而且愈“闹”愈大，如今已发展成为西北大学乃至陕西高校中一个极具影响力的品牌活动了。

近年来，她曾多次走出陕西，赴北京、南京等地参加国际大学生易卜生戏剧节等盛会的演出，反响强烈，为西北大学、为文学院赚足了掌声，怎能不令人振奋？

因缘际会，我有幸在文学院度过了七年美好而又充实的时光，也见证了这几年“黑美人”的成长与蜕变。至今依然印象深刻的剧目有《扶起你的大爷》《七天》《武贰》《上海夫人》《天堂隔壁是疯人院》等等。每年观看“黑美人”艺术节的演出，也是我大学时光中最美好的片段之一。印象中，每一年每一场演出都是人满为患，需要提前好几个小时赶过去排队。

虽然如今已经离开西大两年，但“黑美人”舞台上一幕幕精彩纷呈的剧目，一个个表演得惟妙惟肖的演员，一句句恰到好处的台词，在当时确实都足以令人欣喜。而我与“黑美人”之间的故事，虽然微不足道，却也应该是独一无二的吧。

初识“黑美人”，是在2008年9月入学以后学生会的纳新大会上。已经对大学生活“轻车熟路”的学长学姐们借助多媒体播放的剧照和视频，绘声绘色地向我们介绍由学生会组织的各类活动，“黑美人”艺术节无疑是其中最引人注目的一个——因为她的优雅大气，因为她的婀娜多姿，因为她的多才多艺，也因为她的开放包容。

惭愧的是，因为骨子里的卑微和胆怯，也因为高中以前几乎没有任何拿得出手的才华，我自然不会成为这个活动的中坚力量，所以基本上总是以忠实观众的身份坐在台下，欣赏他人的表演。真正以演员的身份登上这个舞台，应该只有一次，是在大一下学期即2009年5月的那一届“黑美人”艺术节上出演过一个很不起眼的角色。记得剧名叫《步步皆殇》，由长我一级的学姐范晓涵（她后来读研究生与我同级且同专业)编剧,剧本写得典雅精致、才气纵横,不知道比现在流行的很多古装电视剧的台词高明多少。故事主要围绕三国时期魏国曹氏兄弟之间的种种恩怨展开,由董文轩饰演的曹植赋《七步诗》的那一幕,自然是全剧最震撼人心、催人泪下的场景。

再后来,就是大三时,我也编过一个在现在看来实在是非常平庸的剧本。剧名《青花瓷》,背景是 1949 年解放战争胜利以后,恩爱的男女主人公因为政治局势,被迫分隔两岸长达半个世纪之久。分别时,女主人公以家传青花瓷瓶作为信物赠予对方,希望作为以后重逢的凭证。五十多年间,他们一直彼此惦念。男主人公在两岸通航以后,终于带着青花瓷和一家人回到大陆,希望兑现当初的诺言。而女主人公得知对方已经在台湾成家立业以后,毅然决定假装自己已经去世,以便让对方继续过自己的生活。留给男主人公的是无尽的悔恨和遗憾,当然女主人公内心的痛苦更为深重,而且无人知晓。

不得不提及的是,当时作为编剧,在自主选择导演时,我经过多方考虑,最后选择了当时的女朋友(初恋女友)——一来我相信以她的才华和审美,完全可以胜任这个工作,二来也确实出于我的一点私心,想让她从中得到更多的锻炼。最后演出的结果差强人意,虽然没有像一些喜剧一样广受热捧,但也算为自己赢得了一点信心。

本来已经很久不再追忆往事,然而之前应学弟之请,答应他写一点关于“黑美人”的回忆,岂可言而无信?但没有想到的是,多年以后,再次翻检记忆的深箧时,一幕幕场景竟然依旧清晰如昨。只是斯人已远,唯有哀伤以及叹息。无情不似多情苦,戏里戏外,结局有异有同,是不是也确属冥冥中的注定?

十年前,也就是我们的“黑美人”二十岁生日之际,师父刘卫平老师曾为她写过一首贺诗:“众手栽花二十春,满台春色动三秦。又逢南苑春光好,春夜同看‘黑美人’。”四句之中,不避重复地使用了四个“春”字,自然是有意为之。春风摇曳,青春正好,满满的都是回忆。所以我干脆以他贺诗的最后一句作为题目。

美人兮美人,不知为暮雨兮为朝云。我与“黑美人”的缘分,说深不深,说浅亦不算浅。在她三十岁生日之时,第一次梳理这段悲喜交集的记忆,不是告别,只是纪念,祝愿她永驻青春,永久绽放!

(王彦龙,西北大学文学院 2008 级本科生、2012 级硕士生,现在陕西省科学技术出版社有限责任公司工作)

别热爱戏剧

王俊婷

我一直认为,只有成功的人才会被邀请写文章,没想到 loser 也会被邀请。我想了很久,却不知从何写起。自从被戏剧蛊惑,我就走上了一条越来越丧的道路,到现在,坐在中戏的宿舍里写下这些文字的时候,我也将迎来人生的一个新阶段,变成一个彻头彻尾的“三无青年”。

去年在北京中华世纪坛剧场演出我的毕业作品时,文学院的李彬老师和学弟学妹们都来捧场了,在北京几年都没时间见面的学长学姐们也来捧场了,还有我最爱的学姐——编剧郑欣和我的导师坐在了最中间。我当时有些恍惚,以为回到了几年前,回到了西大,回到了简陋的排练厅和那个甚至不能称为舞台的地方,好像看到了高字民老师、孙阳老师、王理鹏老师,像几年前一样,也坐在报告厅的中间。

既然是回忆与“黑美人”有关的日子,那我也得回忆回忆,并且假模假式地抒发一下感慨。回忆往往是从“我记得”开始,但我关于“黑美人”的记忆是从接到电话开始。“黑美人”有个传统:大二的学长学姐当导演,我们这群懵懂但不天真的大一小孩担任导演、编剧以外的其他职务。但我特别幸运,在“黑美人”之前就接到了小杜学长的电话,邀请我演他的戏的女主,据说是因为我和女主气质比较相符。后来我才知道,女主是一个受气的小媳妇。(我大二的时候因为气质相符,又接到一个类似窦娥的角色。)源于对郑欣姐的崇拜,迫于他们剧组的气场,我来到了《山楂树之恋》这个剧组,第一次对话剧有了一个清醒的认识:原来这么难。并且下定决心:再也不玩了。对了,我当时被委以形体导演的职位,给歌队排戏。想想现在对布莱希特和梅耶荷德的迷恋,大概就是从那个时候开始的吧。

第二次与“黑美人”结缘是因为本来想豁出去了演窦娥,没想到,我还是没有豁出去。就在纠结挣扎的时候,当时的学生会主席周倜给我打了一个电话,让我去救场。别的剧组都在选拔演员,而我要救场的这个剧组当时只有编剧和他当时的女朋友站在那里。没人愿意演一个讲精神病院里的病人的戏,虽然大家不知道《我不是李白》是可以载入史册的商业话剧代表作。于是，我拉了几个好朋友，编剧也亲自上场，最不被看好的“废柴联盟”就这样成立了。从最不被人看好的救场，到演完之后所有人都说《我不是李白》是那一届的黑马剧目，整整经历了漫长而充满煎熬的一个月。我现在还记得，演出结束后，大家一起坐在操场上喝酒，李侃学长跟我说“俊婷，我觉得你适合做戏剧，你有天赋”时的样子。从那一刻起，我就走上了这条“万劫不复”的道路。

直到现在，我仍然觉得《我不是李白》是我排过的让我最满意的戏。我当时什么都不懂，做什么都是凭着想象力和直觉，凭着自己满腔的热情。直到后来我才意识到，我在什么都不懂的情况下打破了第四堵墙，用了很多表现派的表演方法，甚至用了一些梅耶荷德式的古怪的人物造型，用学术的话叫“有机造型术”。我还在里面加了大量的讽刺和批判元素，简直和德国戏剧家是一家子的。然后，我毅然决然决定考研，开始看大量的书。后来我发现，我什么都不会了。我不知道我后来到底在排什么，没有勇气，没有表达，没有情感，没有想象力，只有刻板的完成。

所以，新一届的“黑美人”又要开始了，我这个只有一个成功作品的人能说什么呢？我只希望“黑美人”的舞台上能够永远有有勇气、有表达、有情感和有想象力的作品，就这么简单。我不知道还有没有热血青年跟我们一样，去考什么中戏，如果有，千万别考，真的。

也别热爱戏剧，真的。被柏拉图驱逐出理想国，被各个时代都严加控制，不是没理由的，因为它太具有蛊惑性了。因为它让你变得很穷，让你怀疑人生价值，让你看不惯庸俗的东西，还觉得自己很厉害。因为它会让你想办法跟大部分剧作家和导演一样，干挣钱的活来养活它，还傻呵呵的乐此不疲。

别热爱戏剧，真的。全世界的傻子都在剧场，他们很穷，默默无闻，还都只能穿黑色的衣服，但他们仍爱戏剧爱得发狂。

别热爱戏剧，真的，特别丧。演员靳东说，如果演话剧的收入能达到演影视剧的五分之一，他都不会去演影视剧。记得上次聚会，黄盈导演的羽绒服上竟然拿大力胶贴着一块补丁，谁能想象，这个全亚洲最有才华的青年导演之一经常骑着自行车到十几公里外去看戏。

两千多年来，戏剧创作者的地位从来没有改变过，不是宫廷里的伶人，就是流浪的艺人。但戏剧依旧存在，而且在各个地方以各种形式存在着，就像“黑美人”，就像我们的生活。

热爱生活的人从不说自己热爱生活，因为，他们是真的热爱生活。所以，别热爱戏剧。

但我会告诉你，剧场真的是人类的发明里最棒的地方。

（王俊婷，西北大学文学院2009级学生，现为自由导演）

我与“黑美人”的二三事

吴文鑫

2009年到2013年,我在西北大学文学院读本科。“黑美人”艺术节是文学院的品牌活动,我也有幸与她结下了不解之缘。如今虽已毕业多年,但每当回想起与“黑美人”有关的人和事,总是会心头一热。

“真人”还是“贱人”

第一次参加“黑美人”艺术节是在2010年,我在《小团圆》里饰演一个车夫。其中有段戏是请一位江湖道士作法驱鬼,我有句台词是喊他“真人,真人!”我叫完他后,观众却哄堂大笑,搞得我莫名其妙:这一段是悲情戏,我也没抖什么包袱啊!后来我每喊一次“真人”,下面就大笑一次,让我十分崩溃。下了台我才知道,原来大家听我喊的都是“贱人,贱人!”这事我一直闹不明白:怎么可能?咱这普通话也挺标准的,不会说错啊!直到前几天我才搞明白事情的真相。我去超市买枕头,问一个售货员:“您好,这儿哪有枕头?”售货员回答说:“剪头得去理发店,我们这哪有剪头的!”我恍然大悟:原来我有时说快了真的会把zhen念作jian!

不得已的“假唱”

在2011年第23届“黑美人”艺术节上,我担任《山寨爸爸》的副导演。这部剧由高字民老师亲自操刀编剧,马小茏担纲导演和主演,又邀请了很多重量级的演员加盟,如陈志、王小亭、李明、董文轩等。其中我和贾星还客串了一小段戏,帮“山寨爸爸”李明照看乞讨摊,闲得无聊来段卖唱。由于担心动作太大影响音效,我们最后决定音乐用原唱,我和贾星对口型。对这个不得已的“假唱”还真觉得有点小遗憾:假如给我和贾星话筒,我们一定能嗨翻天。但是这也让我们懂得了一个道理:细节很重要,但更要从大局考虑。排戏如此,人生亦是如此。

入戏太深险受伤

到第24届“黑美人”艺术节时，我已是学生会主席，要负责协调整个演出的台前幕后。所幸当时几位副主席——严少珍、李家琛等人能力很强，分担了很多任务，让我能有精力再过一把舞台瘾。我和马小茏、郑欣等把之前在学校心理节上演出的心理剧《天堂的风铃》又加演了一场。

在《天堂的风铃》里，我和杨婷饰演同师门的男女同学。杨婷演的女同学因为心理敏感，一直和我争风吃醋。但是剧情往往和大家想象的一样狗血：我喜欢上了这位女同学！有一段戏是我向她表白，送她风铃。而她早就对我怀恨在心，当然不会接受我的表白，甩手就把风铃扔到我身上。杨婷同学十分入戏，把对我的恨表演得入木三分，简直是用尽全力把风铃向我扔来，正好砸在了我的心窝窝上。观众们一阵唏嘘：这得多疼啊！台下响起了热烈的掌声，也不知是鼓励我还是赞叹砸得好。

让我记忆深刻的人和事远不止这些，由于成文仓促，不能一一列举，絮叨起来可以说很长时间。人生如戏，戏如人生。正是在戏剧里，我们这些当年的小毛孩子，才能够经历别样的风景和人生，感悟那些深邃的哲理，学会去爱和被爱。“黑美人”见证了我们的青春时光，承载了无数的故事和喜怒哀乐。

我在校时，院里的赵强书记、张战武书记、李彬书记，王理鹏、高宇民、丁莹莹、张东老师等长辈对我们照顾很多，指点很多，让我们深受教益。还有许许多多的小伙伴，我们在组织和排练的过程中一起经历了成长的泪苦花鲜，结下了深厚的友谊。

如今我们已毕业多年，对“黑美人”也就只有怀念了。今年，“黑美人”艺术节已经三十而立，唯愿她在未来的日子里不忘初心，继续发光发热，点亮更多年轻人的激情和梦想。

（吴文鑫，西北大学中文系2009级学生，现为中共中央统战部公务员、中国人民大学农村与区域发展专业硕士）

一封老朋友的来信

林俊才

亲爱的“黑美人”：

展信佳。

此刻，我在1500公里之外的浙江给你写信。听学妹说你要过30岁生日了，小黑也已年满10岁了。我有点不敢信。在我的记忆里，你明明是18岁。直到他们告诉我：林俊才啊，你这个年纪也算步入中年了，晓得吗？我心生不服，照了照镜子，结果发现卧蚕上爬了几条小细纹，赶紧上网买了管眼霜压压惊。我没办法到现场为你和小黑庆生，只好在这里絮絮叨叨和你回忆往昔。据说人到中年都爱回忆青春，我现在是信了。

你知道的，我是一个很“爱演”的人，从小就能面对镜子里并不好看的自己演个大半天。所以当这样的我遇到你和小黑，遇到一群和我一样“爱演”的人，我不得不连说三个“相见恨晚”。不，恨则恨矣，还好不晚。

你是否还记得我们的第一次相遇？那是我演的第一部话剧——《背叛》。噢，对了，上台演出的时候，因为剧组穷得叮当响，租不起假胡子，齐欣费了半支眉笔给我画了一脸络腮胡，画得我妈妈看剧照都认不出我。所以啊，你可能不知道我就是那个悲剧的大反派——大单于了。他是一个连名字都没有的反派，人们只喊他大单于。一个人，位高权重，家国兴盛的重任在肩，表面看来风光无限，但是连一个喊他名字的人都没有，那是何等的孤独。如果当时简单排练一下就上台演出，我想我一定可以完美诠释，因为刚到西安的我也没有什么朋友。结果我们一群“爱演”的人在一块折腾了一个多月，每天嘻嘻哈哈开心地玩耍，就都成朋友了。

记得这部剧里最“爱演”的那个张雨蒙吗？没错，就是那个只要剧情需要，立马眼泪就不要钱似的往外流的那个张雨蒙。我刚认识她的时候，作为一名分不清前后鼻音的浙江人，我喊她“张雨门”。虽然她假装很淡定，但是微张的鼻孔还是出卖了她内心的波动。后来，她就总给我纠正台词：“是风！不是分！”在她的监督下，我终于蜕变为一个稀有的前后鼻音分明的浙江人。现在回首看去，我发现在我不是跑龙套的剧里，她都是女主角。《背叛》里，我是悲情的反派大单于，她是温柔少女小玉；《恋爱的犀牛》里，我是浮夸的恋爱训练师，她是痴情白领明明；《驴得水》里，我是道德标兵校长，她是奔放教师张一曼。张雨蒙同学"笼罩"了我大学四年大部分的夜生活。风里雨里，文学院小报告厅里等你。然后我们就成了非常要好的朋友。

伟哥在《背叛》里是跑龙套的，第一幕在皇帝陛下身边站了一站，就到观众席上嗑瓜子去了。但你一定对他有印象。因为他从此一发不可收，演了《驴得水》里的铁匠，把美女导演演成了女朋友，然后在演艺道路上越走越远，成了一名真正的演员。你说，我明明比他帅，怎么我就火不了呢？还有件事我觉得有必要和你提一下，以后伟哥上《艺术人生》是用得上的：在演《驴得水》的时候，伟哥发着高烧，头发都快烧卷了，但他还是强撑着把铁匠演得活灵活现。愿伟哥继续追梦，愿所有与你相遇的人都梦想成真。

还有那个给我画络腮胡的齐欣，你记得吧？我跟你说，遇到她之前我对东北姑娘的豪放一直停留在抽象阶段，遇到她之后就突然具体起来了。很遗憾，我们两个没有太多的对手戏。仅有的两次搭戏都比较尴尬：我是洗脚店的金牌"鸭子"，她是来消费的小富婆；我是利用了铁匠的校长，她是差点一巴掌"呼死"我的铁匠老婆。作为一个阳气充沛的男子，在她面前，我都扮演了弱势的角色。巾帼不让须眉，说的大概就是这吧。

"黑美人"啊，和你相伴四年，有太多美丽的回忆，有太多交心的朋友，也有太多的遗憾。假如一一说起，你又要嫌我唠叨了。如果以后还能再见你，我想让齐欣演个淑女给你看看；而我呢，想演个话多戏足迷妹多的男主角过过瘾。

四年的时光啊，是那么的不经花。在我毕业离开西安的那天，伟哥把我送到了小村外，张雨蒙把我送到了火车站。她请我吃了一顿德克士。当我进检票口的时候，她的眼泪不要钱似的往外流。我知道，这次不是演的。

最后，还是祝你生日快乐吧！代问小黑好。

你的老朋友林俊才

2017 年 4 月 10 日

（林俊才，西北大学文学院 2011 级学生，现在临海市文化馆工作）

我与小黑

刘可馨

记得刚进小黑的时候，当时的社长嘉姝学姐说，我们不是一个“大四看大三教大二骗大一”的社团，我们没有烦琐的等级划分，没有官僚化的管理，只有一群因为对戏剧的热爱聚在一起玩儿的朋友。那时我才大一，稀里糊涂加入了很多社团，参与了各种各样的活动，还不太懂她所说的。但是一晃到了大四，小黑成了我唯一在的社团，我也终于明白这是一件多么难能可贵的事情。

转眼毕业快两年了，不管什么时候回想起大学生活，小黑始终都是我绕不开的一部分。大二下学期，机缘巧合下我第一次当导演排了《灵魂拒葬》。我既没管理经验，也没指导经验，好在遇到了对戏剧痴情的伙伴周聪和一群太过优秀的演员。从那之后，小黑真正成了我生活的一部分。纳新准备很累，但每次看到有大三大四的学生，甚至研究生和博士来面试，心里总会有小小的得意和自豪；顶着烈日摆外展很晒，但每当“影后”雨蒙被粉丝认出来，她也总会不好意思地笑笑；拉外联常常碰壁，很不容易，但每当介绍小黑时，周建益依旧满含真诚和情怀；租借巨大的遮阳伞不太方便，但每次找俊才，他都会全力帮我们办好；准备毕业大戏的时候很多人都不常在学校，但琦琦还是把大家攒在一起，排出了令人难忘的《驴得水》……

在这里我认识了文学院那些用心帮助我们的老师；遇到了非常优秀的前辈，他们有的人毕业之后继续为梦想奔忙，从事与戏剧表演相关的事业；更结识了许多毕业前在 KTV 里边唱着“让我们红尘做伴，活得潇潇洒洒”边哭着抱作一团的好朋友。

北上读研的日子里，我也常去看哈工大筑梦话剧社的演出。他们的表演很精彩，但我脑子里却总想着如果是小黑排这个戏又会怎样。小黑就是这样一个地方——有共同爱好和梦想的人聚集在一起，得到了一段难忘的大学经历，当你回过头再看的时候，这个我们曾经洒过热血、抛过狗血的地方依旧令人留恋，这是从前那份最单纯的热爱。

小黑十年了。我庆幸自己曾参与其中的三年，愿未来有更多人与小黑相伴。小黑生日快乐！

（刘可馨，西北大学经济管理学院2011级学生，现在哈尔滨工业大学攻读硕士学位）

寂静与喧嚣中剧情呈现

汪　汛

关于小黑和“黑美人”，我实在是有许多话想说，她们总是在我的心头回荡，让我难以割舍。心中的情怀长久地在我的心头，使我无法释怀。而我每每想提笔，总是迫于一些生活中的事务而导致最终无法成文——时而因为学业的计划，时而因为工作的调整，总是无法静下心来对我的金色年华进行回想。

最开始进入小黑，应该也算是机缘巧合。在宣传小黑的那些时节，发现了小黑的一些辉煌历史，小黑成员的许多情怀实在是校园中一道亮丽的风景。而当时学长学姐热情的讲解和阐释，又让我自小在心中演绎最优美的人生的理想重拾。因此，就在2012年的第一学年第二学期，我加入了这个大集体。

通过比较严格的面试进入小黑，演了一些角色，重拾了高中和以前的一些演出印象，毕竟自小以来我都还算是成绩比较好且活跃在学生活动和舞台上的好学生。所以，小黑就像一枚火种，点燃了我心头的热爱和期待，让我能有机会去做一些自己由衷喜欢的事。这是让人比较感动的。而我最大的心愿也不过就是让自己成为出彩的人，因此做出了选择。

进入小黑后，发现有了问题。最开始我期待着能饰演主角，然后激发正能量，以最快的速度成为大学乃至西安高校舞台上最耀眼的明星。然后，经过一些事情之后，我发现自己想多了。

面试出彩而以演员的身份进入剧社，并且当时的一轮戏中出现了一个我很喜欢的剧本类型和主题——名为《背叛》的历史剧，讲述的是汉武帝时期李陵叛变投降一事。经过不断琢磨和试戏，我确实很喜欢。而在满心欢喜中等来的第一个戏安排给我的第一个职务却是舞美。我最开始听到安排时有点意外：不能演戏?！这在我的心中激起了无尽的波澜。心理不平衡啊。两个选择：一是默默地当舞美，为了舞台的美贡献力量；二是试试能不能通过其他方式来实现自己上舞台的梦想。

我选择了后者。只因为，我希望在匆匆的时光中，在最为中心的地方，扮演出光芒万丈的自己。

对于这样一个社团，我的感情是复杂的。鉴于父母都是中文系的优秀毕业生，这也算沿着他们的道路在走吧。答应父母会加入一个文学、戏剧性质的社团，对他们也对自己有个交代。然而，我却没意识到，这可能让我永生难忘了。

说实话，我不能不算是个有些功利的人，一定想让自己的人生精彩，为此，我会拼尽全力。总是想去饰演真正属于自己的华美，然而，在此过程中认识的一帮朋友、共同经历的青春时光，却真正成了我大学生涯中无法割舍的一部分。自从互相走进彼此的生活，我的时光就被惊艳了。

关于《背叛》，从最初的被剧本感动得近乎热泪盈眶，到最后成功的上演，让我从那段汉史中真正体会到大汉的那群英才的激情与梦想、失落与无奈。每当读那段历史，总是情感积蓄于胸，久久不能自拔。这是我当时走下来的动力之一。《背叛》让我更加明白了那段历史，那段"李陵之变"给整个李家、整个国家带来的震动。而他们之间的感情和感动，也是让我久久难以忘怀的。西安历来号称汉唐圣地，而汉唐是让后人无限倾慕、感慨敬佩的两个时代。雄才大略的汉武帝，立志以正气撰史的司马迁，阴狠毒辣的李广利，那些在历史长河中留名的各种人物，总是在我们的记忆里。而在舞台上，他们通过别人的扮演诠释，变得那么的鲜活动人，让人感动。我被深深地感动，沉迷其中，不能自已，因此有了小黑剧社当时这部剧在"黑美人"上的成功。

我不算是个心思细腻的人，但却是一个易于感动、激动的人。我妄图在人生的每一个环节、每一段时间里为了一些东西纵情呐喊，用我的热情去感染身边所有的朋友。大二下学期的剧目是《灵魂拒葬》，我最初被周聪、刘可馨带进剧社。不过，在排戏中我才真正明白，当初选择再次加入进来是对自己青春的真正负责。其中很多人已是我的好朋友，一些人才初次见面。不过，大家都是感情丰富，在剧组里大力发泄的人。在剧组中确实经历了不少事，了解到很多人的所思所想。不过，各人之间差别之大却又让人惊奇。我们在生活中肯定很难有太多交集，聚到一起可能只是由于对戏剧的热爱。然后，我们就共同拥有了那段时光中的美好。《灵魂拒葬》写的是一战后新一轮世界大战的阴霾持续笼罩在世界各国的上空。这是一个反战题材，由一帮青涩的学生去演绎，他们用自己的生活和尚且不足的人生经历去诠释这样宏大的主题，实在是难。然而，这也是一帮真正热爱生活、热爱生命的大学生，他们用自己的人生和青春去加以思考和探索，对这样的剧本有了全新的解读，让人每每想来都荡气回肠。

当时的我，排演这样一部剧总会觉得很难受，不是因为别的，而是由于话题的正式和主题的严肃;而且还总是为其中的片断所感染,不能从其中抽出我那深入的思考,时常被其中的环节感动得热泪盈眶——因为这样的话题,因为我们的诠释,也因为我们的青春!

现在的我,无限感念于那时的青春时光,感念于长久的友情,感念于热爱之情。那段时光是再也回不去了,但我此生会因为曾经的经历和遇见的真正的友情而感动难忘,此生不息。小黑和“黑美人”诠释了“思想自由,兼容并蓄”的精神内涵。

几年来改变了不少,不过,想着能重遇这群朋友,总是不能再保持自己的其他状态,在一块吐吐槽,说说人生,谈谈我们的不满以及立志以己之力去改变的一些东西。当我们共进时,似乎就觉得在这条路上前进了不少。

这是我们这群人共同的归宿,当我回忆时,应该都能找到我们来时的路。在这条路上,有我们的改变与成长,光荣与梦想,青春与激情,思想与才情。

致我们终将逝去的青春,我们正在进行的青春,青春时光中的朋友们,青春蓬勃的剧社,以及青春的一切。

(汪汎,西北大学法学院2011级学生,现在贵阳银行工作)

“黑美人”,梦开始的地方

徐亦琦

我相信每一个从西大走出去的人,都曾经参与过或者看过、听说过“黑美人”和小黑。这些西大人中有这么一群人,他们因为“黑美人”和小黑而改变或者更加确认了自己的人生方向。而我,就是其中之一。

不得不承认,我在刚刚入校的时候,对话剧的概念是模糊的。我只是因为从小单纯地喜欢读东西,喜欢有感情地朗读,喜欢扮演着角色朗诵,所以选择了播音主持专业。进入学校,寻找各种机会演戏,所以我在“黑美人”招演员的时候报名参加了。

《八个女人》是我人生中排的第一部戏。虽然这部戏最终因为各种原因而搁浅了,但它使我第一次经历排练一部戏的过程。随后我排了《上海夫人》。排练的过程很辛苦,我也渐渐发现自己的弱项,去克服和进步,然而我最终也无缘在台上演绎这部作品。这两部戏,我都没有上台演出,因而那个被我演了两年的《武贰》成为我大学四年主演的唯一一部戏。

《武贰》让我倾注了太多的精力、时间和感情。我一直告诉别人,那段时间,我每天睡醒睁开眼,最开心的事就是今天又可以排练了。我享受看到这部戏一步步成型,热爱在排练的时候斟酌每一句台词、每一个调度,即使有的时候花费一个下午的时间只排了一个动作,有的时候因为无数次排得不好而崩溃,只得选择提前结束排练……我热衷于排练这件事,因为我无论如何都要演好,我要站在舞台上。

2015 毕业那年,我决定做毕业大戏,我告诉自己要有始有终,要给跟我一样热爱舞台的人一个圆满的结束。这次不同的是,我做导演。对于我来说,这是一件特别困难的事。幸运的是,朋友们都很用心很支持,挤出时间一起排练。没有他们,《驴得水》不可能在报告厅的舞台上演,我也不可能最后一次站在那个舞台上大声说出“我爱西大,我爱戏剧”。这部戏给予我太多感动和惊喜,也让我找到了那个陪我一起漂泊的人。在学校排练演出的日子里,最温暖的一件事就是你会结识很多志趣相投的人,成为一辈子的朋友,他们和你一样追求舞台梦。

有时候,你们是互相给予勇气的人,一起去走自己选择的这条路。

毕业两年了,我开始做舞台剧演员,开始北漂,近期演出了第一部正式的舞台剧。在这之前的一年多,我在赖声川的剧场做过场务,做过宣传,在音乐剧公司做过助理舞台监督……

今年年初,我终于决定做演员。之前所有的胆怯都烟消云散,一切豁然开朗。在从事过剧场的那么多工种之后,我必须承认,我爱舞台,爱剧场,我更爱做演员。我想,是在学校的那四年经历给了我勇气。我从未像现在一样知道自己想要什么,那就是,做一个勇士,去追遥不可及的星。

"为舞台而生",永远保持对舞台和剧场的热情和敬畏,我们是制造幻象的人,我们是追梦者也是造梦者。"黑美人"和小黑就是我们最初的造梦舞台,是我们梦开始的地方,也是我们追梦的力量源泉。

(徐亦琦,西北大学新闻传播学院2011级学生,现在上海电影学院攻读硕士学位)

毕业两年——致小黑

张夏伟

接到学妹邀请的时候,我正在重庆的剧组,拍摄刚刚进行到总周期的三分之一。回忆起大学四年关于小黑的点点滴滴,总感觉有说不完的话,想抽时间好好写写,却无奈越来越忙。于是只能在转场的车上,用手机匆匆敲出这点文字。

转眼毕业两年了,老实说我一直都没有在自己的功课上下过功夫。身为文学院的人,我做得更多的事情是打游戏和打篮球。但是小黑,是我愿意放下游戏,放下篮球,每晚去参加排练的地方。那里有一群人,一群有同样爱好和梦想的人,在最朴素的条件下,编织着最多彩的梦。大学之前从来没有接触过戏剧的我,第一次站上舞台的时候饰演一个懦弱奸邪的将军。现在我还能清楚地记得,场灯亮起的时候,我拿着纸板做的玉板,发抖到停不下来。那时候那部叫《背叛》的戏,从排练到上场,我们改了无数次剧本,修补了无数次缺陷,经历了来自各方面的质疑,最终演出的时候,我记得每个人脸上都是紧张和兴奋。那部戏里的很多人后来都成了我很好的朋友,也是我们这一届小黑的中坚力量。后来我们一起做小戏小品节,一起排大戏,为“黑美人”准备剧目。一部部搬上舞台的戏,无论是经典还是原创,一幕幕场景如今在我脑海里依然清晰可见,因为每一部都是我们的心血。再后来指导学弟学妹们排练,从舞台上坐到舞台下,看着他们紧张又兴奋的表情,想起当年的自己。四年的时间,我觉得我和别人过得很不一样。

我是一个很难对什么事情提起兴趣的人,但是我从来没有想过我会对一件事情着迷这么久,更没有想过,在小黑经历的一切会改变我的人生。

毕业后进入国企被外派到非洲工作了半年,我义无反顾回国辞职“北漂”,就是因为忘不了小黑,忘不了戏剧带给我的一切。后来才明白,在加入小黑的那一刻,其实我已经决定了这辈子的事业。顺便一提,毕业的时候排小黑毕业大戏《驴得水》,我找到了自己要共度余生的人,现在已经在一起两年了。小黑带给我的,真的太多太多了。

还有很多话没有说,写起来可能是一部中篇小说了,我也就不啰唆了。我知道很多小黑人毕业以后都进入了戏剧影视行业，不管他们在学校的时候来自哪个学院。所以我要在这里对小黑的学弟学妹们说：小黑是一个大家庭，也是梦开始的地方，如果你真的有梦想，就大胆去做；如果你真正热爱，就用心去把她做好。

最后，祝小黑十周年快乐，越来越好。

（张夏伟，西北大学文学院 2011 级学生，现为影视行业演员、副导演）

当腼腆的我遇上小黑

周　聪

2011年,我怀着一颗对未来憧憬的心踏入大学校园,想象着即将在这里出现的情景:成为学校的热点人物,站在大学礼堂的舞台上,牵手心仪的女生在校园里散步。蓦然回首才发觉这些所谓的美好画面只不过是我曾经的幻想罢了。四年的西大生活,唯一让我依依不舍的,就是我在小黑待过的那些日子。我是2011级戏剧影视文学专业里面两个自己报考这个专业的学生之一。源于对影像艺术和表演艺术的热爱,我义无反顾地瞒着家人做了这个选择。因为性格比较腼腆,所以无论是在班级还是在学校里我都属于那种超级低调的人。一次偶然的机会,同班同学让我去客串一个角色,然后我就硬着头皮上了。后来我才发现,那次是第三届陕西省校园戏剧节。虽然是一个"酱油"角色,但是却激起了我对表演的激情。然后在同学的引荐下,我顺利地进了小黑,认识了志哥(陈志)、小亭姐(王小亭)、嘉姝姐。也正是因为他们的帮助和信任,我开始了大学里的第一部话剧《背叛》的导演兼演员的工作。虽然最后整体的演出效果不尽如人意,但是我们这个剧组却成为一个牢固的团队,甚至成了我们这一届小黑的中坚力量。然后随着学姐学长们的毕业,小黑面临着断层的现象,直到现在我依然记得嘉姝姐单独约我跟可馨(刘可馨)两个人在奶茶店里讨论小黑以后的发展这件事。对于嘉姝姐的信任我真的特别想说:你找对人了。接下来的两年,我为振兴小黑做了很多努力。接管小黑以后,我的校园生活也随即发生了改变。我把几乎所有的课余时间都用来翻看各类剧本,去剧场看话剧,看走位,看舞美,看服装、化妆和道具,也从网上搜集视频学习表演技巧,并把学到的这些零散知识融入小黑的年度大戏和小品上,而我对话剧艺术的痴迷也达到了前所未有的程度。两年的时间,我导演了一部话剧——《灵魂拒葬》,主演了一部话剧——《恋爱的犀牛》。直到现在我还记得当时的场景,尤其是关于《灵魂拒葬》的场景。这部作品集中了历史剧《背叛》中绝大部分的演员,由于剧本结构的问题,我们也能够分开进行排练。各位演员在之前的训练和舞台上积累了经验,所以表演起来游刃有余。而最令我记忆深刻的就是服装、化妆、道具的准备,这是一个十几个人的大组，战争的场面又很宏大，所以需要在灯光、舞美、音效上花费很大的功夫。我现在依然记得自己去废品收购站里买麻袋，捡物料。还有，剧组几个男生骑着三轮车去学校往麻袋里装土，以及把丢弃在排练室里的篮球架改装成战斗高台的这些画面，现在回想起来，真是极其宝贵的回忆。因为这个剧本写的是大家不感兴趣的反战题材的故事，售票不是很顺利，甚至听到一些同学说"估计又是一部奇葩剧"。即使如此，还是售出了 90% 的票。第一天演出结束后，剧作得到了所有观众的认可，所以第二天演出的时候票很快被抢光，还有些同学因没有买到票而遗憾。我们整个剧组都感到特别欣慰。两年之后，我抱着一颗憧憬的心踏上了考中戏研究生之旅，也见到了许久未见、已经是中戏研究生的西大学长志哥(陈志)，让我感觉到未来的路一片光明。虽然最后落榜，但如今的我依然有自己特殊的舞台为一群特别的人演戏，也在电影公司做着自己喜欢的事。去剧场看戏的时候，回想起自己在小黑的生活真是充满了甜蜜的回忆。了解到现在的小黑发展势头正盛，看到学弟学妹们的努力，我真的有一种莫名的幸福感。

小黑是一个温馨的家，也是我梦想的基石，是我在大学里唯一值得回味和留恋的地方。不管走到哪里，我身上都会贴着这样一个标签——小黑人。转瞬之间，小黑都已经十岁了，很希望能够在这样一个特别的时间回到这个温暖的大家庭。在这里也特别感谢学弟学妹们为小黑付出的一切。我相信，小黑在你们的管理发展下会变得越来越棒。那些还在观望去哪个社团的学弟学妹们，来这里，来小黑，你绝对不会后悔！再次祝小黑十周年生日快乐！永远爱你！

(周聪，西北大学文学院 2011 级学生，现为成都天音奇林影视传媒股份有限公司编剧、剪辑师)

那是记忆中的“美人”

张　瞳

离开西北大学，先漂泊北京，后赴英国留学，一晃与“黑美人”分别三年了。三年来，我一直对自己参加过的戏剧活动闭口不提。不是忘本，也不是吝啬于回馈，而是因为每一次的回望都像是在审视着不够完美的过去——自己尚且稚嫩，有什么资格去谈论过往？

直到两周前的一通电话里，一位朋友听到我的真实想法之后告诉我，从一己的狭隘视角去完全否认过去的经历，实在不够明智，因为正是那部不够成熟的《武贰》给她带来了一个全新的世界，让她有机会接近舞台剧这门艺术。也是在那通谈话之后，我才鼓起勇气写下这篇文章。

说起舞台剧这门艺术，很多圈外人都有一种误解。而事实上，无论舞台剧曾经被文字游戏者穿上什么样“高雅”的衣服来哗众取宠，故作姿态，吓得人们敬而远之；又无论它怎么样背上了“只有情怀”的骂名，被看似积极融入社会的大众当作批判文艺青年的武器。对我而言，舞台剧一直是真实的，至少我从西北大学的校园舞台上，从“黑美人”艺术节中学到的是丰厚的知识和充盈的情感。

“黑美人”最有趣的环节，应该是剧本环节。我在英国金匠（Goldsmith）学院剧本写作课的老师 Mark Aitken 曾经说过：“每个人都是富有创造力又充满灵感的。剧本写作，就是帮助你们寻找灵感的来源，教会你们‘收集’的技巧！遗憾的是，大部分创作者在年轻的时候都不够自信。所以，初期训练最重要的目标，就是树立自信。”他鼓励我们尝试从一首诗、一幅画、一首歌、一种思维，甚至是一个场景中汲取灵感，发散性地写，目的是要先培养起写作的兴趣，让自己达到心流，再渐渐用逻辑思维去调整人物的语言和动机。十节课下来，我最大的改变就是不再觉得写作是一件会掏空自己的苦差事。

如果问在西北大学三年的导演经历给我带来了什么，答案可能并不是听到回声那么纯粹的喜悦。我也从来没有权衡过这段经历中的得与失，只是身在异国他乡，听到《歌剧魅影》中克丽斯汀唱出熟悉的旋律“Think of me, think of me fondly. When we've said goodbye, remember me, once in a while. Please, promise

me you'll try”的时候，想起了初次瞻仰它的岁月；看到克丽斯汀为救爱人而选择恶魔的一瞬间，想起了话剧《武贰》中那个勇敢又痴情的金莲。那样奇妙的感觉像是所有的过去与此刻、远方与脚下、虚幻与现实都在我生命中发生了化学反应。它将我所有关于快乐的记忆都无限放大，驱走生命中的黑暗。走出剧场时，我暗暗庆幸自己坚持走上了这条路。因为能有机会成为艺术的搬运工，实在是微小而有意义。

在西北大学排戏，与其说是我和志同道合、趣味相投的小伙伴们一起合作完成了一出舞台剧，倒不如说是舞台剧启蒙了我们的青春。正是在那段艺术资源匮乏、诱惑稀少的时光里，我们才有机会把《武贰》字字句句斟酌，一遍又一遍地修改。三年的重复排演中，每个人都像是把人生过了许多遍。

最后不得不说，“黑美人”这方简陋的舞台，承载着众多角色的悲欢离合，同时也装满我们这些普通人不为人知的青春。

（张瞳，西北大学文学院2011级学生，现留学英国）

如果回忆是一枚安静的动词

杨婉若

我提一壶老酒，就着歌声，向你讲述那溢满情愫的故事，碗中斟满干燥的空气，期盼着一场雨后想念的另一场雨，眼前的希望和遥远的梦想……时光流转，回首又见，在浅唱低吟中，将冬秋春夏揉进一场“黑美人”。一壶老酒，一群老友，一首三十年的歌，和“黑美人”，干杯，共醉。

时光倏忽而过，岁月易把人抛。在西大求学的日子匆匆而过，让人猝不及防。回想六年前，自己背着行囊踏进西大的情景还历历在目。而如今，和众多学子一样，西大成了我内心一处最柔软、最温暖的所在。

曾经住在 5 号宿舍楼，晚上楼道里的灯光透过窗户打在床头，成了我四年来的陪伴。还有开满校园的白玉兰花、每年春天响彻校园的训操声、举办了三十年的“黑美人”艺术节……这些回忆，一幕幕，一声声，在我踏上新的征途的时候，成了激励我继续追梦的动力。

六年前与“黑美人”相遇，仿佛也是在这个季节。初次接触戏剧满满的新鲜感，那时就像一个初生的婴儿，刚打开戏剧世界的大门，贪恋里面的一切新奇。我排练的第一部戏剧是《天堂的风铃》，饰演一位中年办公室主任。短短两个月的排练加深了整个剧组成员的感情，也成为我戏剧梦想的开始。2012 年“文苑华章”，我撰写并导演了汉语言文学专业的大戏《明天，你好》，成了一个“专制刻薄”的幕后工作者，一遍遍地“压榨”演员。2013 年最无心插柳的便是《伤逝——涓生的手记》带给我的惊喜，从拿到剧本到两场演出成功，背后付出了太多，一度“走火入魔”，将现实与戏剧混淆在一起。说来有不成熟的排演方式，贪恋生命给予的温良淳厚，不惜牺牲志意去成全孤勇。从未学习过专业知识，只是对每一场话剧都倾尽全力，要求做到自己意志能及的最好。其实并不想这样——太过用心，为了一件事尽心尽力以至于夜不能寐、食不知味的感觉我不喜欢，但是我喜欢全心投入的感觉，喜欢大家一起努力的满足感。

曾经幻想，穿越星月银河、湖海山川，渴了就喝一壶冰川水，累了就弯在月亮上，高兴了就放声歌唱，爱了就摘一颗星星珍藏。在与“黑美人”相遇的那些时光，我在戏剧的世界里肆意飞扬，见证了秋收冬藏，收获了青春梦想。

"黑美人"三十周年，我留在了从不相信眼泪的北京，拿到了北京户口，进入一所号称全国闻名的学校工作，住着学校分配的价值500万的公寓，成为很多人羡慕嫉妒恨的对象。每天晚上加完班走在回公寓的路上，看着昏黄路灯下拉得很长的身影，内心却荒芜和茫然。与戏剧的缘分越来越浅，与最喜爱、热爱的失之交臂。当初那个怜花惜草、渴慕云蜃的姑娘，那个在台上明眸善睐的姑娘去了哪里？为了所谓的世俗生存之法一次次贩卖梦想，白天与人说如何拥有信仰，夜里却找不到一颗照亮路途的星。

去年冬天回西大，在曾经的排练厅门口驻足良久，那些关于戏剧的日子一幕幕闪过，如今物非人亦非。回北京的火车上，远处透出天光微芒，来自地平线某处，是热源；寒冬的风在列车四周翻扯。

时间可以将一切碾成碎片，而我就赤脚站在这堆碎片上，在两端遥望，怀念的芥末涂抹了天空。所有值得怀念的东西都将势均力敌，想那些沉默寡言与坚定不移的时光随时都可以离我远去，最重要的也不是再相会，而是自己还记得感激。

也许因为这份执着，我会重新开始对戏剧的追寻，心中藏着泥暖草生的希望，义无反顾。远离未必能治愈一切伤口，只是，当世界展现出更多不同的面时，你便会愈加相信更多可能。我想在夜里构想出一个偏僻之隅，只容我一个人去完成远方的信仰，犹疑的心如苍狼的热泪，在无人的角落自顾自上演。我想构建一个舞台，所有灯光亮起来，所有掌声响起来，谢幕的时候，看到的是与过去握手言和时的满脸笑容。

总有些事情值得纪念
虽然青春是本太仓促的书
躲在梦与季节深处
演绎着世间的悲欢离合
粉黛略薄　水袖袅娜
弦歌　佳木　俊彦　鸿儒
携天空微云一朵

这是献给"黑美人"三十年的歌。

（杨婉若，西北大学文学院2011级学生，现在北京十一学校工作）

我与“黑美人”的故事

施　鸽

啊，我多么幸运！

我和“黑美人”的故事要从2012年说起。彼时我是个刚进校的愣头青，对什么都很好奇，看什么都觉得新鲜。合唱、训操一个都没落下不说，“黑美人”这般声名远扬的舞台更是不能错过。还是胆小，除了担任主持人之外，只敢演个配角。记得那剧目叫《深井与回声》，我在里面只是小得不能再小的一个角色——迟子建。

在高字民老师的戏剧课上搂住他的后腰上演一出“别离开我”的戏码，和在小报告厅的舞台上念完第一句台词而台下哄堂大笑相比，究竟哪个更丢脸？正是在那门课上，高老师将我引上了戏剧的道路，剧作的魅力至今让我心折。而正是在那个狭小破旧却明晃晃的舞台上，我第一次摸索出一个粗制滥造的角色，把十分不成熟的她推到人前。从那之后，倒是断绝了演戏的念头。现在想想，却也十分令人遗憾。有趣的是，那个不服气又胆大包天的自己，竟换了一种方式，以编剧的身份再次参与到“黑美人”的活动当中。

那时候的我还不知道，兜兜转转，生活不容置疑地为我安排了这样一段情节：本科四年，演了一部戏，写了两部戏，临到毕业还导了一部戏；虽不都与“黑美人”直接相关，但也斩不断与她千丝万缕的联系。“黑美人”是我的起点，在各种意义上改变了我的人生。

我记得无数个提着水壶在教学楼的走廊里背词、想象、表演和欢笑的日子。我记得租赁服装的风尘仆仆，后台的手忙脚乱，临上台的腿肚转筋，灯光里的强自镇定。我记得构思剧本时的夜不能寐，书写台词时的精神分裂，毁灭人物时的肝肠寸断，遇到瓶颈时的号啕大哭。我记得写完一句令我感到烫眼又灼心的台词而在屋里一边自语一边走的吓煞旁人，还有敲完“全剧终”而向后仰躺在床上醺醺然感到连通宇宙的身轻如燕，坐在台下看同学们演绎我的故事时的坐立难安。我记得那些年轻的、热情的、微笑的、哭泣的、激动的面孔和他们的话语，也记得走廊里肮脏的墙面、布满灰尘的瓷砖和夜风中低语的一棵棵大树。

转眼间，我毕业了。转眼间，我又开始上学。记得几日前高老师为了“黑美人”来南京出差，我们小聚，聊了许许多多令人心生向往的事情。也记得也奇老师曾推给我一篇叫作《就在剧场里，成为普罗米修斯》的文章，还告诉我“戏剧就在你身边，你别走远”。逐渐写惯论文的手指还能盗火吗？还有力量吗？还能感动自己和别人吗？可戏剧就这样扎根在我的精神里，扯一下都是血淋淋的。

从来没参与过“黑美人”的管理与运行，现在想想，觉得好是因为远离麻烦从而一心一意闷头创作；觉得不好是因为到现在还对她既熟悉又陌生，知道她不完美，却不知道怎样让她更美。而她就站在那里，微笑着目送我，眼睛里一点略带促狭的笑意，似乎在说我没良心。她就是这样一个温柔的舞台，包容着自私的、任性的、充满瑕疵的、歪七扭八的、活力四射的、闪闪发光的我们。

是她牵着我的手告诉我，在这个世界上，还有戏剧这样令人心生向往的艺术，而我就像个迷惘的小孩，刚把一扇门推开一条小缝，就窥见了一个璀璨的新世界；也是她放任我一夜一夜煎熬和难眠，写出了这样那样明明万般不好而她总说“去试试吧”的幼稚文字；还是她站在我的身后，一下一下地将我向外推，直到推不到我了，直到离我已经太远，还是默默地遥遥目送着我；又是她将我送到了良师、益友、爱人的身边，让我一遍一遍在心里对自己说“啊，我多么幸运”。

是她塑造了现在的我，打磨了现在的我，成就了现在的我。

我写过羿，他曾是个顶天立地的大英雄，但他折了彤弓，跑了妻子，吃了自己的马，变成了一个一无所有的人。我用他的口说：“我时常把自己比作个战士，他们还说我像个艺术家。”我写过一个穷酸刻薄冒傻气的诗人，他在工地上搬砖，却肖想着皎洁如月的女画家。我用他的口说：“我是个诗人，是为了歌颂美而存在的。我憎恶这个苍白愚昧的世界，只有你才是我心中鲜红的英雄梦想。”属于我青春岁月的梦想、快乐、得意、渴望、忧虑、失神、伤怀、不甘、叛逆，都在这里找到了一方小小的天地。

啊，我多么幸运！

在这里我想对学弟学妹们说一句黑格尔的话：“诗人自己就只有一个任务，就是服从推动着他的真理和天才，只要它是真实的，就会保证他获得最后的胜利，因为真理总是会胜利的。”

还有梦想和爱情，它们永远是这世界上最美好的东西。

（施鸽，西北大学文学院 2012 级学生，现在南京大学攻读硕士学位）

莫失莫忘　收获成长

殷大惟

"来，所有人再走一遍，演员注意情感。场务，我要求你们比上一次再快五秒钟。"

最后一次排演总是有序而又紧张，我们都希望在这个舞台上把一部戏尽可能完美地呈现给观众。这段辛苦而又充实的日子，竭尽所能地学习和排演，最终谢幕的那一刻，其中的情感，我相信所有经历过"黑美人"艺术节的同学都能感同身受。

本科的四年中，每到春夏之交，天气初热之时，便会在校园的各个角落看到为"黑美人"艺术节做准备的同学们，他们或朗诵，或思考，或交流，或争论。最终的结果是，大家会在六月初将自己的作品完美地呈现出来，收获掌声，收获成长。

现在回想起每年的"黑美人"，四年来的一切都历历在目。从最初的节目主持人到主演，再到导演，我都经历过。人非圣贤，并非生而知之，多重角色的变换需要大量的学习和钻研。我也非常庆幸在这个过程中有师长对我的帮助，使我有了很大的成长与进步，在各个角色中都能以最好的面貌示人。

记得大一时听说要举办话剧艺术节，作为一名影视专业的学生，我表现出浓厚的兴趣，积极参与到活动中。作为节目的主持人和话剧《深井与回声》的演员，我以双重身份参加了"黑美人"艺术节。我清晰地记得在那个夏天每晚要兼顾两头的训练，晚饭过后就要进行主持人的发音、仪态练习，这与话剧的排练时间常会冲突；通常深夜改稿，还要进行台词的背诵，这使我压力倍增。是师兄师姐的开导与指点，帮助我克服了没有演过戏而且首次作为主演的生疏问题，也使我纠正了主持中的仪态问题，让我终于在演出前理顺了所有的内容，最终在忙乱而又充实的那个夏天结束了我的第一次"黑美人"之旅。

到了第二年的夏天，有了一定表演经验和专业知识积累的我，决定对自己进行一个挑战——导演一部话剧。于是我在导演选拔中利用专业知识的优势脱颖而出，并且选了剧本《井》。这是一部正剧，对演员的表演要求比较严，所以主演迟迟未能敲定，直到开始排练两周后，才确定了主演为师兄王伟。他作为影视系的研究生，表演经历很丰富，但是对于这样的角色也是头一次出演，挑战也是不小。

这个剧本是汉语言文学专业的师姐原创的剧本，也是她的第一次话剧创作，所以我们在修改剧本的过程中也颇费了一番功夫，从用单纯的人物语言来展现故事，到回忆再现，现实和梦境的交叉，我们都力求创新。在此期间也咨询了许多经验丰富的专业课导师，最终将这部第一次编剧、第一次导演、第一次主演的话剧完美地呈现给了大家。

第三年，我有了更多的经验，于是决定再次参加"黑美人"艺术节。这次参加的剧组是由我们专业的高字民老师创作，由孟杰导演的《青春作伴》。而且这次的剧组成员几乎都是来自影视专业的同学，非影视专业的同学也表现出专业级的水准。剧组里的每个人都很优秀，所以我们一直在交流，不断地更改，有时会因为一个角色的情感不到位，排练到很晚甚至闭寝；有时，我们会因为对角色的不同理解进行争论；也有时候，我们因为要修改剧中的故事情节而加班到凌晨。作为我自己，要出演的角色是比自己实际年龄大很多的书记，更要不断地揣摩和交流。也正是专业老师的不断指导，包括剧本的创作人高老师对我的指点和亲自示范，让我在演技上有了更大的进步。

所有剧组成员的这些努力，让我们收获颇丰。演出那天，所有演员和工作人员在现场的表现都是排练以来最好的，我们放得开、拿得稳，并且把角色刻画得入木三分，得到了我们都没有想到的好结果。

话剧的整体呈现与编剧、导演、演员、剧务是分不开的，我们团队的每一个人都非常努力，修改剧本，研究人物性格，确定演员……台前幕后都有我们辛勤的汗水。当然在本次演出中，有经验丰富的研究生，也有第一次演出的新人，大家都在相互学习和促进，最终收获了成长。

"黑美人"艺术节上，观众看到的是一部部精彩话剧的演出和谢幕，然而在每一部话剧谢幕后，剧组成员之间的情谊并没有谢幕，我们收获了友谊，收获了每个夜晚不断努力的记忆，收获了可贵的经验，以及我们青春路上的成长。

这使我每到春夏之交的时候都会想起不断练声、对台词的那些夜晚，想起大家排练后返回寝室途中的交流;也会让我想起演出成功后每个人由衷的喜悦和脸上灿烂的笑容。这份有关青春的记忆永远不会忘却,关于成长的片段会被永远铭记。

(殷大惟,西北大学文学院2012级学生,现在西北大学攻读硕士学位)

我只是一个演员

刘之栋

记得在我大二的时候,经常有相熟的朋友问我,大学生戏剧节什么时候开演,小黑戏剧社还缺不缺演员,你怎么不演戏了,云云。不知道该说些什么的我,只好赧然一笑——不要因为我生得黑便把我视作小黑的一分子,我只是一个演员;虽说到最后我还是加入了小黑,也算是名副其实了吧。

老实讲,入学以前我从来都不知道还有戏剧社这么一个神奇的社团,甚至于我对于戏剧的印象还停留在课本中“北风那个吹啊”的那个时代。第一次听说小黑的时候,看到学长学姐向往的神情,我不禁对这个神秘的社团产生了一丝好奇。那时候小黑的组织结构还很简单,只分成了演员部和导演部;成员也不固定,纳新基本依靠剧组的内部吸收;演员部在不演出的情况下基本是一潭死水。在了解了这些情况之后,我有些犹豫了。但生活这位导演往往不按常理出牌,阴差阳错之下我还是和小黑在命运的十字路口相遇了。

出演《窗台上的尸体》这出戏,大概是我人生中第一次登台献艺。苍白的海报,血红的掌印,异国的风情,怎么说都该是一番不错的体验,甚至我的名字还醒目地印在了特别出演的那栏。但我却着实高兴不起来。有人就要问了,为什么啊?不是特别出演吗?没错,问题就在这个“特别”上,因为我演的正是窗台上的尸体,尸体!没错,你没有看错,就是尸体。说到底我是上了隔壁宿舍的“贼船”。

我有一哥们儿姓周,我姑且称呼他为周导吧。周导是这出戏的导演,所以他很清楚这出戏的关键在于这个尸体的人选,因为根本不会有人乐意出演这么一个角色,这对演员的心理素质要求是很高的。于是乎,他便骗我说什么“一直以来我都很欣赏你的演技。我这里有一个角色一定很适合你,他是一个银行家,有着美满的家庭和可喜的事业,但他的台词很少。要把这个人物演好,可不是一般人做得到的……”总之说得天花乱坠,说得我盛情难却,又是同住在一个屋檐下的兄弟,于是我脑袋一热把这活儿揽在了身上。

到了排练的时候,兴致勃勃的我终于拿到了剧本。看着大家不怀好意的笑容，我渐渐意识到事情的真相可能不是我想象的那么简单。银行家不假，美满的家庭也勉强算是，可重点是他死了，死了自然就成了尸体，尸体是没有人权的。于是，我便在众目睽睽之下以各种姿势被大家按在地上“摩擦”——因为凶手要掩盖犯罪的真相，所以少不了毁灭证据。于是我经常被隔着窗户扔来抛去，被摔得七荤八素的。不过人要有担当，既然选择了演尸体，就必须有职业精神。我告诉自己：你是尸体，说不能动就是不能动，天塌下来了也得拿脑袋顶着。虽然在全剧中我的表现并不起眼，但在演出结束的时候，我听见了台下如潮的掌声。我觉得从某种意义上来讲我已经成功了，这尸体演得值。

虽然作为尸体的演出已经结束，但我的演员生涯才刚刚开始。在后来的“文苑华章”和“黑美人”活动中，我再次登上了舞台。我因为多少懂得一点武术，所以在剧目《回生》中出演了衙役。演这个人物对我来说还是有一定挑战性的，像这样两面三刀、人前人后两张皮的角色，与我本人是格格不入的。但是我通过研究台词，揣摩人物心理，并在宿舍里反复进行演练，搅得鸡飞狗跳的，终于在演出的时候对这个角色进行了成功演绎。

到了大三，我转入了创意写作专业，与此同时，小黑戏剧社也创建了编剧部。万事开头难，在田斯嘉同学的推荐下，我同王瑞雄受邀入社，成了编剧部的第一届部长。在招纳了新的部员之后，我们发放了大量剧本以供阅读，还组织了剧本研讨会，对《萝卜上有泥》一剧进行分角色朗读，分章节解读，分人物分析，分设想改写，获得了巨大的成功。不仅如此，我们还参与了小戏小品节的组织和筹办，以及道具室的成立，和小黑一起度过了一段快乐的时光。

现在的小黑已经成为一个成熟的社团，一个有爱的家庭，一个能够展示自我的舞台。我经常在想，如果将来还有机会的话，我想回到舞台，因为我不只是一个编剧，还是一个演员。也希望现在还活跃在小黑戏剧工作室的小可爱们珍惜这段时光，因为回忆如同青春一样难能可贵。

（刘之栋，西北大学文学院2013级学生，现在西北大学攻读硕士学位）

我与"黑美人"的故事

梁星宇

"黑美人"艺术节已经走过了三十个年头，在我们没出生时，它就带着很多西大学子的戏剧梦茁壮成长了。毕业将近，我最遗憾的就是赶不上"黑美人"三十周年的庆典，遗憾不能坐在长安报告厅里再享受一次校园戏剧的盛宴。

来到文学院之前，我从没有机会接触校园戏剧，看话剧和演话剧这种事好像只存在于电视里。大一入校时在长安报告厅观看了话剧《武贰》和《伤逝》，台上学长学姐们出色的表现以及灯光音乐的密切配合都让我蠢蠢欲动，太想进一步接触话剧了，或者说终于有机会接触话剧了。在第二学期的二十七届"黑美人"艺术节上，我饰演了话剧《胎记》中养母的角色。那时我们白天上课，晚自习之后在七号楼各层迅速集结，紧锣密鼓地进行排练。忘不了七号楼三层的场地上，大家席地而坐，探讨角色与剧情，反复揣摩人物的动作和行为。几位有"黑美人"经验的学长学姐带着零表演基础的我们，一步步走向"黑美人"的舞台。两个多月的排练时间过得很快，导演模拟了无数次灯亮灯灭，正式演出的时候，我还是不可避免地紧张了。报告厅里可以坐下四百人，面灯亮起的时候，他们同时注视着舞台，随着你的喜怒哀乐感受话剧的魅力，每一个人都可能是故事里的人。这也许就是"黑美人"的吸引力——她并没有高不可及的门槛，只要带着一份热爱，就能向她奔跑，向她靠近。

大二的"黑美人"艺术节，我担任了改编剧《一个无政府主义者的意外死亡》（以下简称《无政府》）的导演。经过一年的学习，我明白了打磨一个好剧本有多么的重要。很多个晚上，剧组成员围坐在一起修改剧本，揣摩人物。这虽然是一部"洋经典"，虽然是孟京辉导演过的一部成熟作品，可要怎样修改才能贴近中国国情，贴近西大同学们的生活呢？我们想尽办法让它使大家产生共鸣，我也付出了远多于出演《胎记》的努力。有的时候一晚上一幕都排不出来，演员们没有状态没有感觉，我也感到十分沮丧。这个剧有四位男主角，每一幕都要出现，演员们的台词压力很大。说实话，从某种程度上说我只是这个剧的组织排练者，或者说是一个监工，并不能给他们很多实质性的帮助。我感谢我的这些好朋友，是他们精湛的演技让我觉得我组织得不至于太差，是我们之间的默契配合让一个个包袱成功产生又成功抖出。我还记得有一幕要求模拟残障人士的语言和行为，虽然在道德上显得不合适，像是利用特殊群体的缺陷博得关注，但在剧情中间并不显得突兀，也没有恶意，我们还是打算采取这样的形式。排练过程中状况连连，我和演员们常常笑得无法继续，他们中有的人总是能临时制造出更多笑点，我们不得不一次又一次调整情节，保证不能喧宾夺主。如果演员笑场，就成了最大的演出事故，因此他们只能在排练期间一次又一次配合，提前笑够，但又不能练得过于麻木。这是一个很难把握的度。最终演出时，台下"笑果不错"。感谢我的朋友们，感谢台下的观众，感谢"黑美人"的舞台。从十几页的白纸黑字到舞台上的起承转合，话剧总是不停地带给我们惊喜。我还要特别提一下，在这次《无政府》的排练中，我的副导演、剧务，以及负责灯光和音乐的是我大学时代非常好的朋友，也是在绘画、音乐等方面十分有才能的人。有了他们的帮助，《无政府》的舞美设计、海报设计、音乐插入和灯光效果才能够完美呈现。一个人是排不出一出戏的，得有一群人，一群热爱戏剧的人在一起，相互配合，一起摸索，才会有落幕时的掌声。这是"黑美人"所具有的魔力，是她把志趣相投的人们聚在了一起。

我有幸担任了第二十七、二十八届"黑美人"艺术节闭幕晚会的主持人，见证了颁奖时刻导演和演员们的喜怒哀乐。因为每年都参加"黑美人"，我一直希望能够亲口念出我们的剧组、剧本或者角色获得了怎样的荣誉。第一年的时候，我念完了整整一个颁奖名单，也没有我们的剧目，说完最后一句主持词后实在控制不住自己的情绪，抱着我当时的副导演哭了。她说别难过了，我们已经很棒了，晚上去唱歌吧！第二年颁奖，从我的搭档口中念出了最佳男主角的名字，是我们《无政府》的一名男演员。我们感激"黑美人"的认可，总算交了一份六十分的试卷。这两次主持经历是"黑美人"给予我的又一笔宝贵财富。

大三的时候，在小黑戏剧工作室的组织下，我接手了文学院原创话剧《萝卜上有泥》，担任第三版的导演，并且带队参与了西安国际戏剧节以及陕西省第五届校园戏剧节。作为从"黑美人"舞台上走出来的优秀剧目，《萝卜上有泥》在陕西师范大学和西安外国语大学的两场展演收获了很多好评，很多素不相识的同学被我们的演出打动。这两次与外校交流的机会也让我们得以取长补短，努力把校园话剧做得更好。感谢"黑美人"的凝聚力，让我认识了一群热爱创作、热爱表演的可爱的人，我们怀着十二分的热情，带着专业素养和人文情怀，尽一点力，希望更多的人看话剧，关注话剧，加入这个队伍。其实也在证明自己，对舞台的热爱不是三分钟热度，生活拿走的，让戏剧还给你。

“飘摇兮若和风之流转，懵懂兮若淡月之娇羞。眺而望之，曳云雾兮披罗衫；近而视之，出水芙蓉兮气若幽兰。”这是我初识“黑美人”时的晚会开幕词。文苑学子对“黑美人”的爱浓缩在这些美好的词语中，浓缩在仔细打磨、精心锤炼的剧目里。“黑美人”款款走来，带着三十年的经典；她也将翩然而去，书写校园戏剧新的华章。

（梁星宇，西北大学文学院 2013 级学生，现为西北大学第 19 届研究生支教团成员）

与“黑美人”二三事

鲁冰清

写下以下乱七八糟的话之前,我刚从成均馆的校园里溜达出来。异国他乡的第七天,一切都还算顺利,除了不能回去拍毕业照,大学四年我没什么遗憾。要说四年里风风雨雨的事太多,眼泪多,傻笑更多。铺垫不下去了,所以直接切入正题吧——我四年大学生活中不可或缺的“黑美人”。早在四月份就收到了学妹的短信,问我可不可以写一些关于“黑美人”的回忆。说实话,毕业论文写得我词穷,所以内心拒绝但还是努力微笑着说好。之后我发挥了正常的记忆水平,不出意外,这件事被抛到脑后。再次提起这事的是李彬老师和张昊老师。我躺在首尔的家里,看到亲切的关心简直感动到哭泣,所以决定完成自己的承诺,闲下来写写我和“黑美人”的藕断丝连。

与“黑美人”第一次接触是和阿狸学姐一起导《两只狗的生活意见》。在这里必须诚实地说一件事情:是我主动联系的阿狸,说想当个剧务混点学分,结果她一句“你来当副导演吧”一下子给我整蒙了,稀里糊涂地开始跟她一起面试演员。和大多数人一样,我从来没接触过话剧,就算是副导演那也有个“导”字吧,那时候我除了打印剧本和准时准点去看排练之外毫无用处。第一次彩排的结果除了糟糕就是一塌糊涂,结束后,阿狸跟我说剧本得改,我说好。之后就用最笨的办法,找到这个话剧的所有版本,一个一个找包袱、抠细节,加各种接地气的“西大梗”。确实为此熬过很多夜,但说出来不是为了表现有多辛苦,而是为了说我有多热爱。之后就是和梁星宇——“黑美人”晚会的专业主持人一起搞了个《一个无政府主义者的意外死亡》。剧很经典,但是剧本很难,特定的观剧人群又给了我们太多的挑战。好在剧组所有人都很自信,才有了后来朋友圈诸多加场的呼声。

从第一年的初次接触到后来主要负责“黑美人”艺术节,我接触了“黑美人”大大小小几乎所有的环节。大学里参加了无数的活动,还是觉得“黑美人”最特别——生活与艺术交错的体验很奇妙,没有纯艺术的高深莫测,也不像平日生活中那样的繁杂厌倦,似乎有一种魔力,领着你给自己的大学生活多添一些扎眼的亮色。有时候我在想，或许“黑美人”是我这一生中和戏剧离得最近的时候，也许没有多少专业知识的学习和积累，但是在所有准备、筹划“黑美人”的日日夜夜里，我感受到了戏剧的魅力和她带给我的震撼，哪怕我现在很清楚地知道以后我百分之百不会从事相关的工作，我依旧会享受并珍藏那段时光。

“黑美人”就要三十周年了，我庆幸大学四年里与它有交集；即便只是众人之一，我依旧心满意足甚至为之骄傲。我与“黑美人”的二三事不过是它三十年中的草草几笔，即便深知不可能，我还是希望未来可以带着自己更好的样子回到报告厅，回味我与它一起走过的所有时光。

（鲁冰清，西北大学文学院2013级学生，现在韩国延世大学攻读硕士学位）

爱着，痛着，快乐着！

孟　杰

第一次听到“黑美人”的名字是在高三暑假，在新生群里从化材院学长那里知道文学院有一项活动，叫作“黑美人”。从那时起，便为自己即将成为文学院的一分子而骄傲。一踏入西大，便迫不及待地想要参与其中。因缘巧合，军训结束后我就加入了小黑戏剧社。从那天起，我就踏上了一条不归路；从那天起，我真正与戏结缘；也是从那天起，我开始了癫狂、疯魔、痛并快乐的生活。

前一阵子有个剧场的项目总监问我，你们大学师生为什么非要做话剧？我回答，可能是因为傻吧。是的，如果不是因为傻，恐怕不会有人不计得失，不求报酬，牺牲自己所有的课余时间，又累又苦地去排一部戏。

一定不要轻易喜欢话剧，太痛苦。

大学四年，我一共导了四部戏。很幸运，从大一开始我就有机会作为导演参与话剧的制作；也很不幸，我从大一开始便踏上了这条路，再也回不去了。大一到大四，几乎全部的精力都用来排戏了，或者在为排戏做准备。每天晚上排练到宿舍关门前最后一刻，回到宿舍接着改剧本到深夜一两点，周六周日窝在道具室里做道具。几乎每个学期都是这样度过的。似乎从第一个戏开始，每次演完一个戏，我都会发下重誓，再也不导戏了。因为太痛苦了，这个过程太煎熬，最多的时候曾经一天排练十五小时，心理、体力、精神上的压力都特别大。但是，每次谢幕后不是松了一口气，而是难过、不舍、空虚。话剧舞台是一个让人一旦踏上就再也下不来的地方，排练厅是一个会让人想扎根在此的地方。

但是我又太幸运，太幸福，能够遇到戏剧——爱上戏剧的我们是痛并快乐的，在其中收获太多太多。小黑和“黑美人”让我有了接触戏剧的机会，让我有了亲近戏剧的机会，让我能够为了一样东西去读很多很多书，花掉所有的休息时间做准备工作。也是因为戏剧，我遇到了一群可爱的人，一群热爱戏剧、纯粹、热情又充满活力的人，让我能够结识许许多多这样的人，收获一段又一段弥足珍贵的友谊。

小黑和“黑美人”给予我们的不只是兴趣，还有方向和梦想。最近越来越发现，知道自己想要什么，了解自己喜欢什么，明确未来想做什么，是一件特别幸福的事情。而这种幸福是小黑和“黑美人”给我的。大学四年，导演—社长—制作人，我一步步前进，一步步成长，一点点明确自己未来的方向。

也许戏剧在很多人眼里是一无是处的，也许很多人会觉得花费那么多精力做戏不值得。但是戏剧所能带给我们的快乐、成长和享受是没办法用我们那一丁点的付出来衡量的。小黑和“黑美人”给了我梦想，让我能够勇敢又努力地前进，让我能够更好地体会一切情感，让我能够更好地活着……

（孟杰，西北大学文学院2013级学生，现在西北大学攻读硕士学位）

与“黑美人”有关的日子

蔡一璇

将文字变成生命，把抽象变成具体。

在西北大学的第一年认识了“黑美人”，哪怕只是作为工作人员在入场处检票也觉得特别。那一年我第一次认识了舞台上的戏剧和与“黑美人”有关的人和事。第二年亲身参与了第28届“黑美人”艺术节，和雅薇一起导演了一个剧，是肖雪学姐写的原创剧《回生》。那是一段我觉得非常特别的经历，一群人每天改剧本、排练，一遍一遍地修改台词，设计宣传海报，写主题曲录歌，去挑服装，了解戏剧的形式，认识了很多有意思的朋友，一起为了把话剧搬上舞台而努力。在西大的第三年，在学生会的第三年，更加深入地了解了“黑美人”29年的历史兴荣，和很多人一起一遍一遍地看彩排，从另一个角度学到了很多。

《回生》是我第一次真正意义上接触戏剧，学着改剧本，和演员交流，和演员一起一遍一遍读这个有些难以表达但意义深远的舞台故事，古装戏的难度也是有的。雅薇是学戏剧的，从她身上和演员身上，我看到了对戏剧的热爱，也开始查更多的资料一遍一遍去改、去理解。

这是当时《回生》的剧情梗概：庄周在由宋至楚的路上偶遇一副五百多年的骷髅，请来司命星君还了骷髅的肉身性命。斑驳的人心，燕尔新婚的妻子，猖獗的匪寇，错救的女子，复活的骷髅又将情归何处？大梦方醒的引颈，是为求得明白，还是获得救赎？千金难求的起死，又买了谁的甘愿？

回过头去看这个故事，又像是一个全新的故事。当剧本真的呈现在舞台上时，内心其实是超级忐忑的——这是我们的原创剧第一次在“黑美人”艺术节的舞台上和大家见面。主创人员谢幕的时候，大家都是笑着的，如释重负又有些欣喜。

也许未来还会和“黑美人”重逢，期待第三十个年头的她，也期待与她重逢时的欢喜。戏剧从未衰老，“黑美人”也会慢慢走出校园，走向更大的舞台。

（蔡一璇，西北大学文学院2013级学生，现为西北大学第19届研究生支教团成员）

我与“黑美人”的那些事儿

孙　悦

演话剧是一件让人幸福的事情,不只因为它可以让你站在聚光灯下,更重要的是你可以通过角色去经历不一样的人生,那种感觉真是棒极了。

大学四年我每天都有一个固定项目,那就是排练话剧。很多人说我不务正业,问我:“你不是学表演的,为什么日复一日总是在排话剧?”我只有一个回答:“演话剧真的上瘾!”上瘾的结果就是三年的时间里我演出了六部话剧,共计14场。《恋爱的犀牛》是孟京辉的经典话剧,也是我人生中的第一部戏,我在其中饰演莉莉一角。那时排练条件还是十分艰苦的,没有明亮的排练厅,没有好的音响,可以用“什么都没有”来形容那时的剧组,有的只是几颗热爱话剧的赤诚的心。当时的剧组是没有任何经费的,所幸《恋爱的犀牛》是一部先锋剧,几个人去木材市场买了几根木头和铁锯回来。冬天为了节省经费,就坐着拉木头的车回来,回来时风太大,耳朵一时半会儿都听不到声儿了。刚回来就被火急火燎地拉去制作道具——先是锯木头,然后磨木头,最后钉木头,硬是用几根木头完成了一部话剧的所有道具,我们还告诉自己先锋剧要的就是这种感觉。就是凭借着这样的毅力,经过连续两个月的排练和准备,给大家带来了2014年小黑年度大戏《恋爱的犀牛》,连演三场,每场都座无虚席。那一刻,我知道了话剧的力量、小黑的力量、“黑美人”的力量,我当时就爱上了她们。

再来说说《一妇五夫》吧。这部剧是赖声川导演的经典话剧,我在剧中饰演老板娘米兰朵一角。它是我个人非常喜欢的话剧,强烈的喜剧元素下隐藏着深刻的讽刺色彩。正如一千个人心中有一千个哈姆雷特,从不同的视角看这部剧,你会有不同的感触,每一种感触都会让你反思人生。它将喜剧提炼和升华,不再是闹剧一般。这部剧定角色时,我是女主,却只是大一学生,而和我一起演戏的都是老戏骨,比如我的学姐张雨蒙,以及小黑的其他很多非常优秀的学长学姐。他们的演技炉火纯青,任何角色都可以驾驭,却将机会给了我,我必须做好,才能对得起大家的信任。那时从他们身上我也明白了一个道理:演戏和做人一样,没有小角色,只有小演员。现在,我也想将这句话送给“黑美人”的学弟学妹们:重要的不是角色本身,而是你对待它的态度;你爱它,去了解它,它便也会善待你,你就可以驾驭它,任何角色都会很精彩。

接下来就该聊聊《爱情疯人院》了,我在其中饰演啾啾,这是使我对表演有了更进一步认识的话剧。这部剧的导演是孟杰,她是一个很有才华的女子。因为我之前一直演喜剧,并没有过多的情感戏,因此刚刚进入剧组时完全把握不了人物的情感,所有的东西都是流于形式的片面化表演。孟杰就全方位地调动我的情绪,让我真正成为角色本人,二者不断地融合,塑造出了一个属于我个人的啾啾。一度我甚至觉得我就是啾啾本人,所以我理解了演戏是伤元气的,当你真正融入角色,感受角色之感受,她悲伤,你要比她更悲伤,她开心,你要更开心。因为台上的人演出了十分,台下的人才能看到三分,舞台表演就是拿着放大镜去看生活。

最后就是《萝卜上有泥》了。这是我们的原创话剧,编剧是文学院的施鸽学姐,我在其中饰演小萝一角。在我所饰演的所有角色中,小萝是和我本身性格最为贴近的一个角色,所以我发自内心地喜欢小萝。但是在演戏的过程中,我似乎总是在演,并不能做到自然的状态。在不断学习的过程中,我也理解了演戏最重要的一点就是还原生活。斯坦尼斯拉夫斯基的体验派艺术理论中也强调这点,所有的动作都是在体验中进行的,都要有原因,都有其目的。在这个角色中,我理解得最深刻的一点就是,在舞台上你不是去展示你的声音,展示你的动作,而是将事件捋清楚,自然而然地在台上放大你的生活,将台词融入你的动作之中。每一个动作都是自然而然完成的,不要为了展示动作而做动作,也不要为了展示台词而念台词。这点是我认为在表演中至关重要的。

这就是我的"黑美人",我爱的话剧,我爱的舞台。我想,学弟学妹们现在应该或多或少地感受到了我感受到的那句话:演话剧是一件让人幸福的事情。真心希望你们挑选每个角色都是因为发自内心地喜欢。希望你们每次登台之前都做到百分之百地努力去呈现你的角色。希望你们饰演的每个角色,无论大小,都能让观众记住。为此,必须付出百倍的努力。相信"黑美人"的你们是可以做到的。加油!

(孙悦,西北大学新闻传播学院2013级学生)

美,是你

——写在“黑美人”三十年

邓光玥

没能再办一届“黑美人”艺术节,大概是我大学学生会主席生涯的遗憾之一。匆匆而过的时间里,在整理那些资料时窥见的“黑美人”从质朴、简单到逐渐丰满、精致,渐渐舞台大了,人来人往,不变的始终是那些生动的、投入的脸庞。

没能有勇气站上舞台,去演一部戏剧,大概是我文学院生活的遗憾之一。我总是羡慕那些同学精彩的演技。虽说学文学的人大多内敛含蓄,他们却总能在舞台上展示不一样的精彩,或热烈奔放或幽默风趣,无论演什么人物,他们总能全情投入。

虽说生活中总是有遗憾,但是慢慢筹备的这些时间,是为了更好地绽放,这样一想,我就更加期待三十周年。在文学院的日子里,看了两届“黑美人”,我总是不能忘记这些演员幕后的付出。我总是看到,我的同学、学弟学妹、学长学姐,从开始的拘束到后来的忘我,他们有那么一瞬间活在戏剧的世界里,体验着不一样的生活。尽管有时候戏剧里的故事离我们很遥远,但是他们一起讨论一起回忆,编制着另一个世界的、没有写在剧本上的故事。这样,他们塑造的人物渐渐丰满,他们的戏剧渐渐成形。

从前,我总觉得戏剧离我很遥远。它大概是海报里或是剧场里遥远的声音与画面,它大概是那些“甲说”“乙说”,它大概是距离我很遥远的东西。可是等到我真的近距离感受到它的时候,我想,它是我未能触及的另一个世界的生活。而现在,就有这样一群年轻、勇敢、无畏的学生在走向那个世界,迈着坚定或者有些犹豫的步伐,喊着或是呢喃着他们的台词,无论如何,总是斗志昂扬且双目有光的。

就在这样的路上,他们的身上渐渐多了一些服装,他们的身旁渐渐多了一些道具,他们的脑海里渐渐多了一些故事,他们就这样走上了“黑美人”的舞台。尽管有些时候表演稚嫩或者浅显,紧张或者疏漏,但是他们这样走来了,告诉我们他们想要表达的世界。对这样的他们,我是敬佩的。

在我们的学生时代，应该有一场勇敢的冒险去证明一种热爱，我看到有很多人选择了戏剧，选择了“黑美人”的舞台。作为小小的工作人员，我看到了后台的喧闹，看到了台上的投入。台边暗暗打量的紧张的导演和编剧，台上高度紧张的演员，台下奔忙的道具和灯光人员，每一个人在幕布拉开时的紧张、灯灭时的放松，这种状态大概会让人很幸福吧。所以他们的脸上都会是收不住的笑容，就算哭，也是笑着哭的。

灯亮灯灭，尽管这个舞台上的人来来去去，却总有这样的热爱充盈着这个舞台。台前的故事精彩，幕后的故事美丽。“黑美人”，美的是每一个人——是你，是他，是每一个在这里留下过真心的人。

（邓光玥，西北大学文学院2014级学生）

美人依旧:一次时间旅行

——记“黑美人”三十周年纪录片“北京之行”

王亦萌

时间意味着什么? 意味着经历、流逝,也意味着雕刻、记录。

三十年意味着什么? 恰好是一棵树由枝芽长成树干,是一头鲸由新生到反哺大海;也恰好是一个人由稚嫩成长为成熟自信的姿态。三十而立,“黑美人”艺术节已经伴随西大学子走过了三十年,培育了无数英才,将一个又一个戏剧梦想搬上舞台。回首三十年,不禁也会有“我是谁? 我从哪里来? 我到何处去?”的问题抛出。我有幸作为“黑美人”三十周年纪录片的摄像师跟随老师们的脚步,穿越时空,感受“黑美人”不减当年的风采。

7 月 10 日,车次 G656,西安北到北京西。

第一位联系上并且接受采访的是杨婉若学姐。本科毕业后,杨婉若学姐便被保研到了北京师范大学,此后便留在了北京从事教育工作。提到“黑美人”,学姐的关键词是“青春”。她记得自己出演的第一部戏剧《天堂的风铃》,她饰演一个很凶的中年办公室主任;也记得自己由演员转导演导的第一部戏《明天,你好》,从中体会了创作的艰辛与乐趣。提到如今,学姐有些遗憾。目前她已在北京定居,有着令很多人羡慕的工作,虽然和戏剧已没有关系,但是“黑美人”留给她的不仅仅是回忆,更是青春的成长。“念念不忘,必有回响。”她不忘,戏剧必有回响。

从没想过自己会见到“黑美人”艺术节的创始人。想象中的创始人应该是白发苍苍,一脸严肃,却没想到聂老师本人特别年轻亲切,一上来就说“你们应该叫我师爷!”打破了有些紧张的气氛。不仅如此,聂老师面对镜头时,非常自然地讲述“黑美人”的故事,拍摄过程也是我们聊天的过程——关于“黑美人”艺术节创立的过程,起名为“黑美人”的原因(不做赘述,想知道仔细看我们纪录片),他都为我们一一道来,脸上洋溢着兴奋与喜悦,感觉仿佛一切都在昨天——我们看到的是一个眼神中充满活力和对戏剧热情的少年,一个带领同学们走上舞台、享受舞台、将梦想编织为现实的追梦人。

对樊鹏学长的采访也是让我印象比较深刻的。在提到排戏中一个遗憾时，他沉默了，是一段算比较久的沉默。一开始我们都没意识到是怎么回事，以为只是卡壳了，但是他盯着天花板，一直就那么盯着，直到眼眶的红稍稍退去，他才继续平静地讲完了那个小小的遗憾。多深的怀念才能让这个已在北京生活十几年的酒窖老板尽力压抑自己的情感？也许怀念的正是"黑美人"的那段无可复制的岁月，也许怀念的正是当年那个无可复制的自己。

7 月 15 日，G653，北京西到西安北。

时间，意味着什么？意味着经历、流逝，也意味着雕刻、记录。五天采访十六个人，用心记录下每一个有关"黑美人"的瞬间。

三十年，意味着什么？我想，意味着孕育了一批又一批虽是不同专业，但同样怀揣戏剧梦想的演员、导演，恰如陈志学长、王小亭学姐、陈海华学姐等；也意味着能将青春刻画进戏剧，启迪自我，实现自我成长的成功榜样，恰如焦磊学姐、吴文鑫学长、毛圣明学长等。三十而立，回首不是终点，而是起点，我们与"黑美人"同在，"黑美人"亦与我们同行。

（王亦萌，西北大学文学院 2014 级学生）

从你我的世界路过

范玥昕

5 月 25 日，我想我应该一辈子都不会忘了这个日子，这个改变了我一生的日子。像是阿甘摆脱了支架突然奔跑起来一般，像是莱恩在十二岁那年结识了一帮一生挚友一般，我应该就是在这个日子遇到了她、他和它，改变了我对大学生活和对朋友的看法。

2016 年 5 月 25 日，我第一次作为真正的话剧导演，看着演员们在小舞台上登台演出。《秋风秋雨愁煞人》剧组人数最多，结构最复杂，但是大家因为共同的爱好而聚集在一起。这是最简单的理由，也是最有说服力的理由。还记得当初，坐在方寸的会议室内，看着一个个走进来的同学，我不知道我会确定谁和我一起承担这个剧本，我也不知道谁会选择承担这个剧本。

老实说，张笑铭径直走向我的时候，我眼前一亮。这个清秀可爱的小学妹带着十分的热情告诉我，她是请了训练的假专门来面试演员的。我让她念了两句台词，就让她快些回去继续训练。虽然短暂，但是我知道，我要的就是她。不知道是因为她的态度打动了我，还是因为她仿佛从画中走来的气质让我“一见倾心”。

说我是个有强迫症和完美主义倾向的人，一点没错。两次的面试中，我不知道该怎么去缔结这个缘分，于是拉着我的副导演叶梁艺缤，抄起剧本冲向了训练场。那天阴雨绵绵，穿着厚外套的我和叶梁仍然感到微寒。学弟学妹们在走廊里正在进行中间的休息，我便畏畏缩缩地钻了过去。屡屡的碰壁让我一度失去了信心，直到看到两个“小天使”——乔嘉宾和王宁泊，让我的失落转成了希望，立正站好，堆上全部的笑意，让自己表现得十分亲切，拽着两个“小天使”不撒手。

之后让我更加惊喜的是王馨怡和董宇刚。不知道为什么，我第一次看到他们的时候就觉得十分合适，但是也说不清楚是哪里合适。他们像是命中注定要演剧中的角色一样，一言一语，让我无法放下已然的设定，用自己仅有的演戏经验和理解，和他们一起成长。事实证明，他们如愿成了我舞台上的骄傲。

若说乔嘉宾和王宁泊是拯救我的小天使，那么成铠戈应该是救赎了我的“大天使”了。偶然间，我得知他竟然是个老戏骨。偶然间，他竟然刚好有时间来演戏。偶然间……不，没有偶然，我们的相遇是必然的。当我因为男主角的事情一筹莫展时，他剑走偏锋，成了整个戏的骨干，短短两周时间，从男三一跃成为男主角，成为整个灵魂的核心。

现在是 2017 年，已经过了一年，可是那天那时的每一分每一秒，都在我的内心不断地回放。

有人问我，你觉得当导演最重要的一点是什么？我说，我一直都坚持一句话，叫作“每个人都是生来会演戏的”。而作为导演，我就要根据每个人的特征，为他们选择最适合他们的角色。

王馨怡的处事淡然，说明了她就是我心目中的秋瑾；王宁泊的文青气质，让他一穿上中山装与长衫就能带着观众回到过去的年代；董宇刚的沉稳果敢，使他说出王金发的每一句台词都能让人信服；张笑铭妩媚俏皮，是我心中最佳也是独一无二的戏女；乔嘉宾饰演的憨厚的厨子，是普通得不能再普通的普通人，却也是最难演的普通人。甚至连女学生甲、乙、丙，女囚甲、乙，衙役 A、B，我都根据他们的个性进行了区分。成铠戈？我有这个自信，他能够驾驭我为他设计的任何角色。这样的角色，他们演着舒服，也能够使观众相信他们所诠释的角色就是真实活在这个世上的。

另外，还有一个人，一个让我一生都无法忘怀的人——张也奇老师。说她是我的人生导师也不为过。以前的我在导演每一部作品时，都像一个无头苍蝇，闷着头想如何能够打动观众，如何能够让每个演员在舞台上发光发热。张也奇老师告诉我什么叫作真正的戏剧，剧本的每句台词与角色内心之间的联系是十分紧密的。每每改完一稿剧本，张也奇老师都认真地看过后将反馈意见发给我，我再根据她的意见再度进行修改。好几个夜晚，我们都讨论剧本直至深夜。

正如张也奇老师所说，我们都有一份情怀，不仅是对秋瑾，也是对戏剧，更是对舞台崇高的敬意。演出前两天，张也奇老师于百忙之中再次抽空来看了我们的表演，并与我们席地而坐，探讨角色内心的情感态度，使我们内心深处都受到强烈的震撼。我们至少努力过，尽管结果我们无法预知。

“黑美人”的舞台是一个神奇的地方，它为每一个有着戏剧梦和或许会有戏剧梦的学生提供平台。在那里，我们可以没有专业的限制，只是出于喜爱戏剧、想要演戏的赤诚之心，在舞台上绽放自己的青春。我想，纵使是多年之后，我也会感激这个舞台,感激每一位老师,让我在那里能够找到自我,挥洒青春。

第二十九届“黑美人”艺术节最佳剧目奖、最佳女主角奖是老师和同学们对《秋风秋雨愁煞人》最大的肯定。倘若将来有人问我“黑美人”艺术节如何,我或许会说:去吧,过程中定要竭尽全力,那样才会最终收获鲜花和掌声。

下次我们的相聚可能很远,也可能就在明日。而我也坚信,这段经历,纵使是多年之后回想起来,也会依然清晰。

(范玥昕,西北大学文学院2014级学生)

人生若只如初见

于东琪

有时,深夜梦到未来的故事会笑,想要开口告诉身边的人,却醒了。望着天花板,我才意识到《长安乐》已经过去了。

与“黑美人”分开,与他们分开,已有一年光阴。不会时常想念,只会在偶尔想起的时候莞尔,心底有一丝酸楚,但更多的是温暖和感动。

那些曾经日思夜想的故事情节,那日舞台上精彩感人的表演,那时谢幕鞠躬后的泣不成声,都纷纷涌入脑海,一切仿佛就在昨日。

“黑美人”,她是一个美人,她怀有大美。在与她相处的日子里,有来自师长的悉心指导,有来自剧组家庭的互相帮扶,有来自身边同学的点滴关怀。一些平时很少能够接触到的事物突然降临,短暂,所以值得珍惜。

回忆起来,没有荣誉的追逐,没有排练的艰难,没有深夜的失眠,只有相处的甜蜜和对未来的遥想。

三十年一晃而过,“黑美人”不老,只有我们匆匆而来,又匆匆而去。虽然我们都只是她生命中的过客,但每个人都留下了浓墨重彩的一笔。“黑美人”不会遗忘我们,而我们,也会将她铭记。

我想,人生若只如初见,仍会牵着她的手走下去的吧。

(于东琪,西北大学文学院 2014 级学生)

京城寻“美人”

刘宇涵

时间如白驹过隙，我走进“黑美人”的剧场，坐下来欣赏同学们的表演仿佛发生在昨日。如今，我已经度过大学生活的一半岁月，“黑美人”也伴随着文学院一步一步走过了三十个年头。我们要寻着“黑美人”伴随文苑走过的足迹，去寻找那些曾经的故事。

在此次北京之行纪录片的拍摄剧组中，我担任的是剧务，并且是被临时抽调到这次活动之中的。坦诚而言，在真正进入这个团体之前，我对此次活动的目的并没有一个明确的概念。“也许只是一次简单的社会实践?”“或者只是为了执行一次院里安排的任务?”但当一位位学长学姐对着我手中的麦克风吐露自己在“黑美人”中所收获的感动之时，我才明白，我们此次出行绝对不是一次简简单单的为纪录片取材。

7 月初的北京，虽晴天万里，却也热得让人有些疲惫。摄制剧组每天为了追求更好的录制效果，背着各种各样的机器奔波于北京市各地。由于我并不是此次团队里的“专业技术人员”，所以我在采访的时候并没有太多需要操心的事情，只要举好手中的麦克风挑杆或者拿好遮光板即可。但也正是因为这样，给了我更多的机会，让我去聆听学姐学长，聆听一位位受访者对于“黑美人”最纯真的记忆和他们所坚守的自学生时代以来的最朴素的感情。

在这次的受访者中，有人刚刚走向社会，有人仍在象牙塔中攻读研究生，还有人已经走出校园多年，成了社会的中坚力量。他们年纪不同，但是每一位受访者对于“黑美人”曾经给他们带来的激情与美好都不曾忘怀。对于每位受访者来说，当年在“黑美人”中奋斗的点点滴滴都成了如今自己心中珍藏的回忆。有的学姐学长甚至坦言，“黑美人”是自己走向戏剧表演之路的引路人，为曾经只知道苦读圣贤书的自己打开了人生的新天地。而有的学姐学长对当年自己在“黑美人”中排戏的点点滴滴，在二十余年后的今天仍津津乐道。甚至有一位学姐因为曾经参加了“黑美人”艺术节，现如今加入了陈佩斯老师的工作室，从事着表演工作。

结束一天的采访之后，我们同学姐学长们聚餐。我们可以感受到，虽然他们不是同一届的同学，甚至他们年龄差甚大，但是当大家谈起自己当年在“黑美人”的排练经历时，所有人之间似乎早已没有了隔阂。也许当年晚自习后的一次次排练，回到宿舍之后对剧本一遍又一遍的背诵……这些青涩时代的回忆，这些关于“黑美人”的回忆，是他们所共有的，是将他们紧紧联系在一起的纽带。在他们走出校园的多年之后，也许身处异乡，因为有了这些回忆，他们依然可以坐在一起把酒言欢，笑谈当年。

于我而言，已经经历过上一届的“黑美人”艺术节。虽然没有参与表演项目，但是身为观众的我却为同学们的表演而惊叹。我想象不到一群从未接触过戏剧表演的初学者在学姐学长们的指导下能将戏剧的效果呈现得如此自然。我身边参与到“黑美人”戏剧表演排练的同学们，每天回到宿舍之后都会给我们分享自己排练的喜悦和辛酸，他们虽然每天牺牲自己的课余时间，但是所收获的却难以估量。

“黑美人”艺术节是如此神奇，她将一群素不相识的人聚集在一起，以戏剧作为纽带，让所有参与者在一生中都能把酒言欢。也正是在这一代又一代的传承中，“黑美人”即将步入第三十个年头。她饱含着曾经的参与者充满温馨的回忆，在正在经历者尽心竭力的雕琢下，在一代又一代人的努力下愈显年轻。而我是如此的幸运，可以成为“黑美人”艺术节一步步向前走去的见证者。值此“黑美人”三十周年之际，我祝愿“黑美人”艺术节青春永驻！

（刘宇涵，西北大学文学院2015级学生）

今年她三十了

——我与“黑美人”的故事之“北京之行”

刘　琳

如果不是考入西大，如果不是走进文苑，那我可能这辈子都不会认识一位叫作“黑美人”的姑娘。今年她三十岁了，可魅力丝毫不减，力量纹丝未变，反而在时代之光的照耀下更加熠熠生辉。

从大一到大二，我很荣幸一直活跃在“黑美人”身边。不论是大戏小戏，还是演戏导戏，这两年在她身边我学到了很多。她让我切实地体会到戏剧的美和力可以一张一弛，也能亦柔亦刚。一个舞台竟可以带给人这么多感情和力量，着实伟大。而就在今年的盛夏，我们文苑的所有师生将要为她举办一场盛大的三十岁生日晚会，还要为她专门拍摄一部纪录片。

我很荣幸能够参与拍摄，所以一直怀着感恩的心，带着兴奋的情绪。这部纪录片不仅要讲述“黑美人”的历史，还要通过已经毕业的学长学姐来见证“黑美人”强大的力量。我们一行九个人——三位老师和六个学生，从炎热的西安来到了炽热的北京。

一连三四天北京都是高温高热的天气，可这并没有阻挡我们找寻历史和回忆的脚步。不论是毕业后从事教育工作的杨婉若和蔡可人，还是在演艺道路上发展的陈志、王小亭和陈海华，抑或是与戏剧脱离了关系的马小茏和吴文鑫，所有的学长学姐一提到“黑美人”，都会激动得手舞足蹈。对于学长学姐来说，“黑美人”或为他们指出了人生方向，或为他们积淀了工作经验，不论怎么说，那四年和“黑美人”的相处都是他们心头最美的花。

由于时间紧张，我们不得不在几天之内集中进行采访工作。有时一天之内，我们一行人要在北京跑来跑去好几趟，只为与学长学姐共赴关于“黑美人”的聚会。虽然天气炽热、交通堵塞，虽然设备沉重、工作量大，但每每见到已经毕业的学长学姐，那种突上心头的新鲜感和亲切感就完全打败了懈怠和懒散。我们或安静地听他们诉说，或激动地同他们对话，有时为他们感慨无奈的世事变化，有时也为他们庆祝可喜的生活转变。在北京，而不是在我们的家乡西安，我们同样因为西北大学、因为文学院、因为“黑美人”而感受到团聚的气氛。

犹记得采访1998级新闻学专业的樊鹏学长时，场面最令人感动。大学对于樊鹏学长来说已经是二十年前的事情了，可提起“黑美人”却仿佛就在昨天。学长跟我们讲了他第一次参演“黑美人”的事情：1999年4月，他第一次听说“黑美人”艺术节招演员，就去了。在排练的过程中，他和女主本来设定了一场拥抱的戏，后来因为当时环境等种种因素，到最后也没能和女主拥抱。故事讲到这里，樊鹏学长抬起头看着天花板，几次忍住了眼眶中的泪水。当时我在用摄像机收音，樊鹏学长淳朴的声音和娓娓道来的故事让我感动得无以复加。

在西大，不是只有文学院的人才可以参加、接触到“黑美人”。实际上，“黑美人”是一个名人，几乎所有的西大人都认识她，她的名声也逐渐扩散到陕西各个高校里；“黑美人”也是一个凡人，所有的戏剧爱好者都可以零距离地感受到她的力量。所以，不论你是什么专业，你都可以跟随她的脚步，追赶她的步伐，感受她的力和美。

现担任陈佩斯老师助理并经常出演话剧的陈海华学姐，当初就毕业于西北大学哲学与社会学专业，在校四年参演了诸多话剧，后考入中央戏剧学院表演专业。我们在北京初见海华学姐的时候，她一袭长发，穿着大方，非常干练，给人一种特别的亲切感。我们的导演问她：“作为一个哲学与社会学专业的学生，经常与文学院的人待在一起，并参与‘黑美人’艺术节的很多活动，是什么感受呢？”海华学姐说：“大家在一起聊得很好，就是一种很自由的状态。我现在特别怀念当时大家一起排练，排练完吃个饭。毕业要分开的时候，大家感情特别好。你们知道在一起经历了那么多事之后，你们的友谊超出了你们的想象。因为要一起凑钱，一起历经困难完成一件事，那种牢固可能是你们没有办法想象到的。”我当时很能理解海华学姐所说的那种感情，因为在校两年多，我也参与了很多话剧的排演，剧组成员来自不同学院、不同专业，大家聚在一起干同一件大事，那种感情很奇特，也很坚实牢固。

这样的关于“黑美人”的故事很多，每一个身在其中的人都难以跳脱，每一个亲身经历的人都难以忘却。我们六个学生作为新一代发扬“黑美人”精神的接班人，能够有这样的机会和学长学姐对话，能够了解过去的人和事，能够以一种纪实的方式将其记录下来，真的感到万分荣幸。

1987年，“黑美人”诞生了，承载着无数戏剧人的美梦。

2017 年,“黑美人”三十岁了,走过三十载春秋,看过三十年冬夏,仍旧带着西大学子们在戏剧的世界里尽情畅游。

让我们共祝“黑美人”三十岁生日快乐!

(刘琳,西北大学文学院 2015 级学生)

在青春这场盛大的冒险中遇见你

李　悦

“黑美人”之于我，更像是一场充满未知的冒险。在我入学的这一年间，只听闻过“黑美人”的风采，并未亲眼领略。要说起我与“黑美人”最近的接触，那便是这次暑假的北京之行。我是真的很荣幸作为全组唯一的2016级并且是年龄最小的学生参与这次北京之行。此次北京之行，我体会并学会了很多我不曾接触过的东西。

我们跨越山水，来到未知的城市，见到的，是倍感亲切的人儿；我们冒着酷暑，奔赴于形色之间，听到的，是对“黑美人”深深的眷恋。在这短短的几天中，我们用影像的形式记录了学长学姐们的语句、神态，他们传达给我的，更多的是乐观向上的心态和一路走来的坚强。这种心态仿佛有着巨大的感染力，穿透了我们每个人的心脏，又从心脏出发，迸发进每个毛孔。

北京之行给我的最大感触，就是像一百个人心中有一百个哈姆雷特那样，不同的人对“黑美人”的感情也是不同的，我从不同的人讲出的不同的故事中慢慢刻画出自己心中“黑美人”的形象。每一次的拍摄，我都能看到每个被采访者说起“黑美人”时眼中的光，都能从他们的字里行间读出对“黑美人”的情感。

我记得杨婉若学姐谈及自己徘徊在现实和话剧中的纠结和不舍，记得王小亭学姐、陈志学长坚守着对表演的那份热情，记得樊鹏学长话语中对舞台的留恋……感谢每一个被采访者，感谢他们的真情流露，正是因为看到了他们，我才觉得自己现在想要坚持的事情是正确的，我正在一条正确的路上前行。

未曾谋面之前，“黑美人”像是块巨大的磁铁，对我有着偌大的吸引力。成为其中的一员，并对她有了进一步的了解后，内心充斥的更多的是责任感和荣誉感，时刻想着如何在“黑美人”中发挥出最大的优势，如何让“黑美人”一天天变得更好，在这个过程中，我也像块海绵，一点点地充盈自己。我想，这大概就是“黑美人”带给我的进步吧。

我始终认为“黑美人”是个让人共同进步的地方。有了这次“黑美人”三十周年的纪录片拍摄，学长学姐们才能聚在一起发挥各自的优势，同时，也是因为有了这些可爱的人儿,“黑美人”才一天天壮大,成长为现在令人骄傲的样子。于我也是一样。我期待着在“黑美人”中发光发亮,期待着“黑美人”也会因我的付出而变得更好。

我愈加相信我们每个人来到这个世界并不是没有意义的,现在的我们都是以一己的绵薄之力,执着而热烈地守护着这份珍贵的美好。“黑美人”,在青春这场盛大的冒险中遇见你,是我的幸运。

(李悦,西北大学文学院2016级学生)

第二辑

审美实践勤开拓，文化自觉贵创新

编者按

俗人的世界千姿百态,众生的灵魂悲喜丛生。当我们睁开眼,我们看见的不止于世间行走的肉体,更有每个沉浮不定的心灵。校园心理剧,描绘的,正是摇曳于我们每个普通人眼前的一幅幅心灵画卷;诉说的,也正是我们耀眼而飘摇不定的心灯。而西大的心理情景剧更是绽放于校园"黑美人"盛装裙裾下的一朵幽艳之花。《沉迷》《徘徊》《坠·爱》《心门》像导引我们寻觅命运机枢的罗盘,带领我们奔向幸福安宁的归程。在这里,有奋斗,有辛酸,有泪水,有感动,相信还有你的喝彩,和每个用青春、带着热情走过"黑美人"身畔的学子与师者的印痕。

心理情景剧

戏剧来源于生活

王 伟

当老师让创作和表演心理剧的时候，其实我内心是比较忐忑的，因为基本上到哪个组，编剧的任务很可能都会落到我头上，而我对心理剧比较陌生，所以难免会觉得创作比较棘手。但是进入创作中，就渐渐有了想法。

在一开始的讨论阶段，我和秦毅在创作上出现了分歧。我的观点比较倾向于综合性的社会环境因素诱发主角的进一步偏执与强制性，而秦毅的观点则趋向于单纯的学习压力使得主角从高中的优等生变到大学的差等生，他开始心理失衡、自卑，诱发了心理问题。从这两种方案来讲，秦毅的观点可能比较符合大多数心理忧虑的大学生，而我认为这种叙事和人物的设定很难用半个小时在舞台上表现出来，我脑海中也没有比较精彩的事件和冲突使这样的故事丰满起来。换句话讲，我认为这样的人物设置，矛盾冲突不尖锐，人物张力不足，缺乏表演空间和深度的思考，或者说我认为自己在短时间内无法克服以上问题。

对这样的心理剧，我喜欢让人物或者主角是由于比较深刻的问题，以及对深刻问题的思考，对峙，反抗，产生暴力，然后去揭开他内心的阴暗面，这样会让观众对于主角或者主角以外的信息有更深的思考，这样才更趋于话剧的属性。在讨论和向高字民老师咨询后，秦毅掌握了话语主导权，于是我们就确定了秦毅的观点，然后由秦毅撰写剧本初稿，我负责润色和定稿，我们一起表演。后来因为秦毅比较忙，剧本一直没有完成，离表演的日期越来越近，于是由我负责完成剧本。我在剩下的时间里和心理老师进行了一次交流，并结合我本科外院同学班上同学的例子，创作了《沉迷》这个剧本。

《沉迷》这个剧本中的主角，我主要是以外院那位同学的同学为原型创作，在向心理老师咨询了他的心理病症后，将人物设计出来。外院那位同学的同学，我们将他称为 A。A 出身普通家庭，也没有特别的长处，他在宿舍里很平庸。他们宿舍有个上海来的同学 B，他学习差，爱跳舞，爱炫耀，家里条件也好，每次考试都去巴结和讨好老师，虽然明明不怎么学习，但最后成绩总是很高，还在毕业前通过了香港理工大学的硕士申请。B 很会跟同学打成一片，女朋友也换了五六个，其中就有A暗恋的对象。B每次从家里回来都会给宿舍的人带很多很昂贵的礼物，宿舍其他同学都比较喜欢B。A很看不惯B的行为，也很讨厌社会上一部分人对于有权力和金钱者的羡慕与崇拜，两人之间开始出现摩擦。时间久了A对B开始仇视，最后在一次小事中，两人矛盾爆发，在争斗中，A拔出藏在枕下的刀将B的手掌筋砍断，致使B缝了七针，手指至今动握不灵。

左起：李豪豪、刘易斯、汪旭林、李凡、梁晓蕾

我在人物设置上，将A最终的暴力行为回避掉，将重点放在A的心理诉求和心理问题形成的过程上，从A心理的偏执和人际交往的困难中，侧面反映出他出现这些问题的原因——除了他自身的缺乏关爱，离异家庭中产生的极度自立和自我的心理，还有就是他对于社会认知的不满。他认为他的世界应该像他想的一样，如果很多事情并不按规矩来，不按他的想法来，那么他就会认定他们都是错的，是必须修正的。偏执症患者由于对某一类常规事情的强制否定，导致心理上会出现这样的问题。剧中的林宇就是对这种靠金钱和关系维系的社会价值和人物地位极度否定。的确有一部分人如此，林宇只看到了那一部分人，认定社会都是这样，导致对这个社会的全面否定。

我给主角设定了一个不喝酒的桥段，是因为酒在我国本身就是所谓的情感交流、关系维系、交易与被交易中一个很重要的媒介。由于遗传原因，我本身不能喝酒，在友情和关系的维系以及工作任务的完成中都吃了很大的亏。很多时候我也极度讨厌酒文化，讨厌在酒桌上浪费大把时间和精力，以健康为代价换取一句句无聊至极的吹嘘拍马或是肮脏交易，我也讨厌不按规则出牌赚钱的很多行为。但我理解这些，如果他们不出格，那也是为了更好地生存的手段。而偏执症患者在他所偏执的事物的思维上不会有任何变通，他们会一味地质疑和否定他们所偏执的。我通过自省，加上对 A 同学的了解，再加上与心理咨询老师的沟通，完成了对这个人物的定位。

左起：刘易斯、李凡

剧中吕东霖所饰演的刘悦扬，就是 B 的一个缩影，名字就透露出他的阳光、快乐、张扬。我将刘悦扬刻画得更温和一些，这样可以反衬出林宇心理偏执和人际情感缺失的严重性。刘悦扬是一个各方面都比较优秀的学生，爱开玩笑，外向，人缘也好，懂得人情世故，非常贴合我们现在综合类重点大学的很多学生。而林宇对于刘悦扬的认知就比较偏执，他对刘悦扬做的很多事情持偏执否定的态度，导致他开始否定刘悦扬整个人，最后导致不管刘悦扬做任何事情，他都会往偏执否定的方向去认定。比如，他在没有证据的情况下咬定刘悦扬作弊，认为刘悦扬不学习,认定刘悦扬欺骗女生的感情,巴结老师。这一切无非是因为刘悦扬考试成绩优异,女生喜欢刘悦扬,老师喜欢刘悦扬。他因为偏执否定刘悦扬,所以就认定刘悦扬做着他偏执否定的事情。林宇通过对刘悦扬的否定,开始否定社会,否定社会让这样的人受欢迎,继而开始对这个社会产生反感。他开始将社会上的阴暗面无限放大,投射到他所认识的每一个人身上。比如他开始认为一向对他很关怀的韩子晨也不过是一丘之貉,认为他面前的所有人都是戴着面具的,在阿谀奉承、谎话连篇的枷锁中苟延残喘。他不想这样生活,于是他就逃离出现实生活,沉迷在网络世界中,用非赢即输的简单直接的生存法则来麻痹自己,逃避现实。

其他人物是根据秦毅和黄晨的个人性格,按照我要的人物的形象塑造出来的,这两个人物主要也是为了推进剧情发展服务的。秦毅饰演李亦萧,"亦萧亦萧",用一个古代修饰美男的词来揭示李亦萧雄性荷尔蒙旺盛,并且善于唱歌跳舞。他也是刘悦扬的死党。韩子晨的名字偏中性,没有攻击性,人物刻画得比较有女性的细腻、宽容和温和。韩子晨的最大作用是中和宿舍的两股力量,并且在最后的高潮处使他与林宇的关系线破碎,凸显出林宇的极端对立和无助。

在剧本的创作手法方面,主要是想用布莱希特的间离效果的表演方式,所以为主角配了一定量的内心独白。这种间离的表演手法配上合适的灯光效果,可以强化叙事,而且给予观众一种独特的审美体验。演员也能很好地用第三者的心态去观察和体会自己和饰演的角色。

由于我们组其他成员时间非常少,大家在外面都有自己的事情,我们就只有几个小时的时间去对念词的音调和语速、舞台站位、动作和灯光进行排练,在我跟其他人讲清楚人物设定、事情发展的起落高潮后,大家一起安排自己的位置和表演的方式。

第一次彩排完后,高字民老师给我们组提了几个非常好的建议,这些建议都是非常有针对性的。在高老师的建议下,我在开头非常大胆地使用了倒叙和插叙交错的叙事方式;删掉了梦中表现主角家庭离异的写意桥段,加入了一开始的入学桥段,来体现四人不同的性格定位,强化了动作,精炼了对白。

在主题上,除了对主角心理问题的表现,我还借林宇的口怒斥了这个社会的某些偏执面。其实我们每个人,包括我们的社会,多多少少都有一点点偏执——对这个或者对那个,但社会系统也在不断地自我净化,它还需要时间。

我们要去包容它，并从自身开始，努力让它变得更好。同样，我们的发展和成长也需要时间，不能因为一时的不理解就偏执地否定。阳光总会慢慢照亮那一点点阴暗。

（王伟，西北大学文学院2013级硕士生，现为陕西中医药大学信息化建设管理处工程师）

《徘徊》中的徘徊

王　爽

本学期我在高字民老师的指导下开始接触舞台剧,并与同学们一道在期末进行了心理短剧的汇演。一谈到舞台剧,脑海中闪现的都是那些高大上的音乐剧、歌舞剧和话剧,接触最多的当属话剧。对舞台剧,我最初是望而却步的,因为它是没有NG也没有蒙太奇的演出,十分考验编剧的水平和演员的演技。说到编剧,我之前倒是写过一些小说和简单的剧本,对于舞台剧的把握功力尚浅,表演经验更是十分匮乏。在这样的情况下,在高老师的热心鼓励下,我们完成了心理短剧《徘徊》的汇演。

《徘徊》这部短剧讲述的是在贫困家庭长大的张晓琪,自幼饱受贫困带来的不幸,同时还要忍受父亲对母亲的家庭暴力,这样的环境下长大的张晓琪自卑,不爱与人说话,又暴躁,常常没缘由就跟人打架。后来她通过自己的努力通过了重点大学的专升本,刚开学没多久就开始与身边的同学打架,对老师无理,经常突然暴躁,很少与同学交流。一次,听到舍友露露议论她打架的事情,她便与露露争执,后来竟然要将其推下阳台。这个时候在老师和同学的劝阻下,她开始了内心的徘徊。我们用包括序幕和尾声在内的五场20多分钟的戏简单介绍了跟主人公张晓琪有关的几个片段。创作最初,我们比较崇尚用夸张的故事情节,以及同学在乌镇戏剧节上学到的前卫的舞台呈现来讲述这个故事。后来高老师在课上几次跟我们讲到的"如何讲故事"这句话给了我很大的感触。如何讲故事、如何讲好故事是我们影视行业的学生难以避开的基本问题。对于我个人来讲,创作过程中很容易连简单的故事也讲不清楚,甚至总爱加入一些自己认为很炫的情节和自己臆想的桥段。后来意识到最初的创作如果不本着一颗真诚的讲故事的心而胡编乱造,那么出来的作品只能是哗众取宠。这些是参与创作最初的最大的感触。

同样非常重要的还有素材的取舍和整部剧的结构。关于这部剧我们有很多素材,但是由于主人公性格的原因,这些素材也都是没有什么联系的,素材的取舍和整部剧的结构就显得尤为重要。最初只是把这些素材简单地串一下放在各场，后来发现每一场竟然没有什么联系，结构也一片混乱。后来高老师提出，很重要的一点是张晓琪跟露露的关系。她俩的关系确实是每场都有涉及，以她俩的关系做一条大的冲突发展线的话，结构性应该会更强一些。包括彩排那天上午临时把跟李彬老师上课那场戏放在一开始，把水房洗衣服和宿舍争吵放在一起，能使整个故事每场的联系更严密一些。关于张晓琪背景的介绍，我们讨论再三，觉得没必要再摊开来单独描写，于是用了最简单的方式——在序幕中设置人物自述，交代了一下她周围的生活环境，让观众大致明白她为什么会是现在这样的性格。在素材挑选方面，我们挑选了一些冲突较大，同时又能反映主人公性格的事件。现在回想一下，觉得还是有些单薄，整个戏一直处于冲突之中，冲突前后的静态描写太少，这会给演员和观众带来紧迫感。

左起：罗志科、宋佳、雷思语

剧本初定之后便开始选角色和排练。对张晓琪这个角色，大家都有些不敢碰触。我们小组进行了简单的试戏，决定让表演经验相对丰富的安娜饰演张晓琪，我演爱煽风点火、搬弄是非的刘欣。说到表演，一直是我的软肋，表演经验确实太少了，放不开，不自然，对台词的掌握能力太差。刘欣这个人物其实也算挺有戏的，她爱慕虚荣，又想做和事佬，总爱跟着有钱人露露，巴结她，来满足自己的虚荣心。在排练过程中，我深深体会到表演经验是一方面，各个角色之间的配合也尤为重要。每个演员能进入到角色并忘乎所以地投入，这能大大带动其他演员很快进入状态，每个角色之间相互激发，那么这场戏就会有很强的带入性。

这次汇演我还在惠杰她们组参演了主人公甜甜热恋期的一小段戏。对于这次汇演中两场的表演，我是非常没有信心的，不过最后还是在大家的鼓励下迈出了不成熟的步伐。

回头反思一下，整个汇演下来确实发现了每个创作环节都有很多不足，最重要的还是编剧和演出的经验太少，我需要学习的太多。同时也认识到，很多工作不是一个人可以完成的，只有大家相互配合，剧组每个成员都能将小我融入大我，很多事情就没那么困难了。这样的机会对于个人的成长是非常必要的，只有在实践中创作，才能避免主观臆断的空洞。

左起：刘敏、王玉珍、陈琦、雷思语、党晓洁

《徘徊》这部心理短剧的创作过程和我的一些感受大抵如此。总归自己是带着一颗很不成熟的心，跟同学们一起用心做了一件现在回想起来觉得挺有意义的事。

（王爽，西北大学文学院2013级硕士生，现在郑州速途网从事新媒体运营工作）

心中的那扇门

刘睿子

我在心理舞台剧《心门》中担任导演和编剧。

一开始在构思故事的时候也没什么头绪，只是想到舞台剧的表现形式比较丰富，而戏剧冲突又很明显，主人公小北作为一个家境贫困，人际交往能力不足，与舍友相处不好导致自杀的艺术形象并不是很丰满。于是在创作过程中几经修改，最终达到了较为满意的艺术表现效果。

左起：敖菁、杨超、王玉珍、刘敏

创作过程大致可以分为三个阶段：

第一阶段，我去图书馆借阅了一些关于大学生心理问题的图书，研究了大学生中较易出现的过于自卑、自负、焦躁、忧郁等负面情绪的产生原因，发现很多孩子童年时期的家庭教育对性格的塑造起着很大的作用，于是我在塑造小北的时候想深入人物内心，挖掘农村家庭的教育对小北的影响。这时我创造了小北的母亲这一形象——她讲一口方言，不识字，对女儿小北能考上大学感到十分骄傲，为了给女儿交学费，不惜向刻薄的亲戚下跪借钱。母亲的殷切期盼给小北带来了很大的压力，小北对母亲的感恩和愧疚也使得她在与舍友的交往中更加自卑与孤僻。这本来可以打造成一个煽情的部分和催泪点，但是在与高老师和心理老师的进一步沟通中，我发现《心门》的主题应该是塑造、再现一个心理有问题的大学女生，而把侧重点放在母女关系和家庭教育上就偏离了主题。

第二阶段，我删除了与主题无关的母亲这一角色和母女之间的情节，在抑郁症、狂躁症、强迫症等几个心理问题中选择了强迫症作为小北与舍友的主要矛盾点。在具体的情节表现上，我摘取了几个常见的场景来表现，如小北与舍友的生活习惯矛盾，小北努力学习却因为不爱参加社团活动导致成绩不好，舍友对小北背后的议论，等等。在故事大纲和主要情节确定后，我对小北的心理活动产生了浓厚的兴趣，于是在剧中加入了小北的独白、旁白，最后小北分化为自卑、忧郁、怯懦、自信这四个角色来进行一场激烈的争论，展示小北的心理活动。在处理小北的结局时，我与其他几位同学进行了讨论，最终决定让小北不要直接跳楼，而是定格在最后一幕，完成一个悲剧的艺术形象。

左起：王玉珍、杨超

第三阶段，就是具体安排角色和排练阶段。众所周知，舞台剧的表现形式丰富多样，为了让《心门》更加精彩，我查阅了大量赖声川和孟京辉的话剧，制订了几个方案。第一次是想加入一些歌舞的元素，并选取了《恋爱的犀牛》和法国歌舞剧《罗密欧与朱丽叶》中的著名片段进行模仿演绎，但因时间紧迫和同学们的专业素养不足等原因放弃了。第二次是打算用微电影的方式帮助塑造小北的内心。我截取了荣获奥斯卡最佳动画短片奖的《父与女》的几段情节来表现小北感到孤独—与同学朋友分离—最后绝望自杀的场景。配乐也从轻灵舒缓到激昂最后到充满湮灭的情绪来辅助情节。但在高老师和同学的建议下，这个方案也放弃了，因为元素过杂会使观众眼花缭乱，最终反而不能领会《心门》的主题。最后一次的方案是用一些舞台表现形式来表达，如第一幕小北的独白，第三幕同学们排队上台，诗朗诵一般讨论小北的成绩。在小北的臆想中，宿舍三人用一张空椅子代替小北被大家指责，带着白色面具的自卑、怯懦、自信、忧郁的争执等成为《心门》的亮点。

最后的演出中，不得不说因为同学们略为紧张，表现得不够完美，灯光、音乐配合得不到位，演员声音小、忘词等现象都成为小小的瑕疵，但是演出获得的成功也是不可否认的。观众们的掌声，心理老师的进一步分析，都将成为我在西北大学广播电视 MFA 求学道路上最为珍贵的记忆。

（刘睿子，西北大学文学院 2013 级硕士生，现在陕西省广电华一互动传媒有限公司工作）

懵懂的爱

倪惠杰

《坠·爱》是2014年下半学年的课程——舞台剧创作与实践结业后，以阶段性的舞台话剧考核为背景创作的，高字民老师与西北大学心理咨询中心的郑安云教授共同作为指导老师，经过多次修改完成的心理情景剧。

左起：赵贵峰、胡小敏、白慧敏

《坠·爱》主要呈现的是心理疾病抑郁症，剧本最初的构思源于西北大学心理咨询中心提供的实际案例，是以真实事件为基本框架进行的二度创作。因为本案例是郑安云教授做过的真实案例，所以我们对整个剧本的故事背景了解得比较详细，为创作打下了良好的基础。

在剧本创作之初，我想借这个故事表达的是较为意识流的东西，最初的想法只是想向观众表达一种情绪，而不想着意去思考整部剧中有关剧情的发展。所以初稿中基本很少有通过台词对话来推动整个事件发展的情节性东西，而基本都是通过大段独白来进行，类似于《等待戈多》，基本是以两三个演员进行着看似毫不相关的语言表达来完成这个剧本。

高字民老师看过剧本之后，在课堂上与我们进行了沟通，想再侧重于对话与台词的加入。因为本次舞台剧公演主要是想通过案例的展示来给同学们答疑解惑，让同学们及早发现自己及周围同学有无此类隐性心理疾病的存在，主要还是要进行叙事，所以之后就进行了四五次调整，剧本才成为最后呈现出来的样式。

所谓心理情景舞台剧，在我看来是必然要展现人们普遍又特别的一些心理状态的；之所以能形成一种心理疾病，肯定是以自己当时的情况无法走出来，才会愈陷愈深。

我们小组共有五人：倪惠杰、白雪、孙龙、刘森、李丹。我们很幸运能选到这个关于爱情的真实案例。自古至今，爱情被无数人谈论，但从未谈透彻过，因为当事人总是深陷其中并愿为此执迷而不悔。每个人都有属于自己的爱情故事，多多少少会在创作、表演及观演过程中有一些情感上的共鸣，这些都是这个选题相较于其他选题的最大优势。

本剧中的女主角田甜在上一段感情中经历了甜蜜与美好，最后却被无情抛弃。伤心悲痛一年后，在她慢慢走出阴影时，她的已婚前男友却因得白血病而入院，不断地跟她联系，想得到她的原谅，并与她重归于好。此时田甜陷入了两难的境地，她高中时代得抑郁症的症状又有反复，敏感、多疑、多思、心境低落等又重新出现。

我将整个舞台剧的重心放在了田甜得知已婚前男友患白血病后希望得到原谅的两难境地，她心里的两种声音不停地争辩，并借她身旁两位好友之嘴更为直接地表达出来，让观众更为直观地感知到。另一个较为突出的亮点是，整个话剧将主角分成了不同时期——热恋期、失恋期以及现在的田甜，她们也许有时会同时出现在舞台上，只是想进行一种穿越时空的对话，看看经过时间的打磨一个人会不会有所改变，心态会不会更好；也能使观众产生更大的时空冲击感，更好地进行角色转换和自我对话，使其在观演期间或之后会禁不住想，如果我是田甜，碰到这样的情况我该怎么办？

最后，我为《坠·爱》选择了一种可以说是无结局的结局，只是将这个患有心理疾病的女孩的问题引出来，更多的是想留给专业的心理老师去提供答疑解惑的方案。但是即使按照我原来的想法，我也不会让女主角继续迷失在过去，不会再让爱情在女主角的生活中放到无限大，但却依旧为生活的重要组成部分。另外也是想留足空间引起大家思考，抛去田甜抑郁症的病史，面对我爱你，你爱他，她不爱他，你不爱我，这种无解的方程式，谁又能给出解决方案呢？

另外剧本设置了一个不出场的重要角色——旁白，可能旁白更大程度上表现了我对于田甜的状况想要表达的东西，以及想对田甜说的话，想拉住这个善良纯真的女孩。当然,也许一切都是枉然。外人说得再深刻,也无法刻进当事人的心里,因为谁都无法代替她去感受。

左起:马泽华、胡小敏

从主观上来讲,我更愿意让田甜更早更快地走出那段她给自己圈定的回忆泥淖,不想再让她困囿在自己的世界里绝望而又倔强地坚持着。去拥抱爱情并且选择相信,相信感觉,相信爱情,重新上路!

《坠·爱》想要传达的是不要偏执于已经成为过去的以前,即使时钟再次显示同一时刻,也依旧不会回到昨天,不会让过去的重新回来。即使人回来了,情怀也早已不同。你在上一段恋情的阴影里再怎么难过,再怎么深切地怀念,时间也回不到从前;更不要因为对某一个男人失望而对爱情失望!爱情可以让人进入天堂,也可以让人在地狱里徘徊挣扎。

整个故事是希望大家能更多地从《坠·爱》这部剧中感到,生命是短暂的,有一些东西可以坚持,也值得坚持,那么就勇敢地去坚持。上帝总是会青睐那些勇敢多情的人,但总是有一些东西需要放手,让那些回忆与过往同时间一起成为过去,永远尘封。毕竟过去已经过去,即使回来也不会毫发无伤,跟以前一样完美。给自己留一丝快乐阳光的门缝,让幸福快点找到每个渴望爱的心灵,去抚慰它。

最后用诗人木心说过的一句话来结束:“不知原谅什么,诚觉世事尽可原谅。”

(倪惠杰,西北大学文学院2013级硕士生,现为安阳师范学院传媒学院教师)

莎剧撷英

编者按

有人说，威廉·莎士比亚是“人类文学奥林匹斯山上的宙斯”。那么，我们无疑是这座巍峨巨山下的仰望者。然而时光久矣，我们无法在今时今日的舞台上尽览他笔下纷纭炫目、悲喜交错的世界。但我们却在2016年4月23日，以读者剧场的形式，献上了对他、对他笔下的世界无比尊崇和敬仰的心声与目光。《奥赛罗》《李尔王》……在华丽的灯光下，一切都是如此的简单而纯粹，一切都是如此的令人感动而使人潸然泪下。在那场《莎剧撷英》的盛宴里，我们在经典中感受永恒，在戏剧里感受辉煌。在灯起灯灭和人声起伏间，一幕幕仿佛抛离了地域、命运的界限，我们沉醉其中，接受莎翁的爱恨情长。今天，虽然我们只有寥寥的文字，但无妨于我们透过它们感受昔日的荣光。

在角色的悲喜里感知真善美，感受戏剧的阳光

王　乐

感谢莎翁，感谢相逢！

记得读过席慕蓉的诗句："我只是个戏子，永远在别人的故事里流着自己的泪。"从六年前第一次登上舞台到今天，从开始的局促不安到如今的酣畅淋漓，每一次舞台的幕展幕落，每一次面前的灯起灯灭，我都在这方寸之间的变化里蜕变和成长。无论饰演什么角色，无论在台上的时间长还是短，每一次都有新的体验，每一次都是新的生活。动作做大，眼睛有神，吐字归音，一步步学习，一点点成长。

王乐饰奥赛罗

这次非常荣幸得到这个机会，饰演经典人物奥赛罗。读者剧场《莎剧撷英》是一个全新的尝试，用教育戏剧的方式解读莎翁名剧中的经典角色，普及和传播莎士比亚戏剧，发展舞台艺术。我刚开始得到这个角色时，有一些手足无措。毕竟是几百年前的人物，背景又是在遥远的欧洲，而且我之前完全没有饰演这类角

色的经验。

为了解这个人物，我找来了《奥赛罗》原著，一口气读完了这部悲剧名作，才知道奥赛罗这个勇猛但是多疑的勇士最后是因为自己的猜疑、嫉妒、鲁莽以及小人的谗言，杀死了自己的爱人。悔恨的奥赛罗最终也葬送了自己的生命。

没有历史背景的交织，就用自身说话。黑胖的我，在外形上和奥赛罗有些许相似，这是塑造角色的容易之处。记得老师在指导时说，你能依赖的只有自己！那就从自己出发吧，塑造一个属于自己的奥赛罗。

我表演的那一段，是奥赛罗得知真相之前满腔的愤怒和真相大白后悔恨的自白。前后两部分情绪差别很大，分属于全本不同的章节。前一段，愤怒占据了奥赛罗的内心。在冲动和小人的谗言之下，他越想越气，越说越怒。表现这一部分，最难的是收——生气愤怒容易表现，但是如何把控情绪的发展，直到最后的爆发，节奏和起伏是练习的重点。要一张一弛才会有精彩，沉默后的爆发才会扣人心弦。

第二部分，奥赛罗得知真相后痛不欲生，准备结束自己的生命。在表现这一部分时，悔意贯穿前后。通过对形体的控制和台词语调的控制，表现出一种类似丧家之犬的颓废形象。前后反差强烈，表现难度大。在老师细致的指点下，我改变了先前舞台上行动的步幅和步数，不为动作而动作，而是努力追求情到深处的自然流露。后来观众的掌声证明，我的努力是有效果的。

虽然天资欠佳，后天也欠勤奋，但靠着一腔热情、同学的鼓励和老师的支持，我最终没有放弃对戏剧表演的热爱。舞台上相伴的时光，师长如友，同学如亲，一起排练，一起改进，一起克服各种困难，用心排练。我们体会角色的设定，感受人物的背景，感悟角色的人生。

美好的青春岁月，在戏剧的舞台上延伸，在角色的设定里拓展，在聚光灯下熠熠生辉！来看戏吧！如果有可能，让我在剧院里生，让我在剧院里长，在角色的悲喜里，感知真善美，感受戏剧的阳光。

（王乐，2016版《莎剧撷英》中奥赛罗的扮演者，西北大学文学院2015级硕士生）

三份收获

沙海波

“哀号吧，哀号吧，哀号吧！你们这些石头一样的人……”

国王李尔是个悲剧人物，对情感爆发度的需要很强——这是我看到台词时的第一印象，也符合我对莎士比亚作品的一贯印象。

“你演的是李尔王，虽然气愤，但他刚愎自用，是君王，不至于愤怒得不顾形象；虽然痛苦绝望，也不能完全歇斯底里地高声哀号。”这是高字民老师在指导我应该怎样去表现李尔王。

沙海波饰李尔王

戏剧本身就包含着历史和文化。角色作为戏剧的载体，其本身也有着深深的文化历史烙印。所以，单凭台词去理解角色本身，相当浅薄片面。这是我演出的第一份收获。

“在舞台上，你要打得开，脚下要动起来，肢体语言要配上情感表达。”这是演出前高字民老师对我再次强调的问题。这让我明白了播音员、主持人在参与表演创作时的一个重要问题。播音员、主持人长期习惯于在话筒前用声音表现情感，导致在表演中忽略了肢体的表现力和舞台调度的重要性。这是我演出的第二份收获。

最后还埋下了一份惭愧——学习、从事语言文字和声音工作，除了关注经典的播报、朗诵音频外，更应该对国内外经典的话剧、电影加以关注和了解，充分感受和学习舞台或屏幕上的表演中有声语言的运用和体现，更应该去了解多种多样的文化形态和历史故事。加深积淀，才能"张嘴"！莎士比亚的剧作作为经典中的经典，对其更应仔细研读和揣摩。然而在此之前，我居然对其所知甚少，实属不该！接下来，应抓紧时间充电学习！这大概就是我演出的第三份收获了！

（沙海波，2016版《莎剧撷英》中李尔王的扮演者，西北大学新闻传播学院2014级学生）

简单的叙述

王芳蕊

“公元 2016 年 4 月 23 日，我们在西安音乐厅，以读者剧场的形式，来纪念一位伟大的戏剧家。”

“四百年前，他诞生于英格兰沃里克郡埃文河畔的斯特拉福镇。”

莎翁是世界戏剧史上一颗璀璨的明星，他的作品流芳百世，至今还在世界各地上演。很荣幸我能以叙述者的身份来纪念他。

在我看来，莎士比亚的意义不仅在于为我们讲述了一个个故事，在于那些曲折离奇的情节背后，带给后世永恒的思考；那些生动形象的人物的心理动机，已经超越了舞台呈现时所带来的震撼，成为永恒的经典。奥赛罗的多疑、哈姆雷特的犹豫、麦克白的恐惧、李尔王的刚愎自用，以及罗密欧和朱丽叶的柔情与浪漫，每一个人物的个性都如此鲜明，每一个人物都能带给观众足够的心灵冲击。

王芳蕊

盛筵易散，良辰难逢。很高兴，我们曾经拥有莎士比亚；很高兴，我们没有忘记他。读者剧场《莎剧撷英》带给观众的不是华美的舞台效果，而仅仅是简单的叙述。希望这个短剧能向更多的人展示莎翁的魅力,能吸引越来越多的人静下心来品读莎翁的作品！希望莎翁和莎剧的光辉能够一直照亮人类未来的道路！

感谢高字民老师给我这次机会参与这样新颖的表现形式,感谢剧组的每一个人！这次经历我将终生难忘。

(王芳蕊,2016 版《莎剧撷英》叙述者 2,西北大学文学院 2014 级学生)

情怀与传承

吴　优

莎士比亚这个名字在中国可谓家喻户晓，可是很多时候他在我心中好像仅是一个符号。感恩自己能参与这次莎翁逝世400周年的纪念活动，用一种特殊的方式走近他，解读他，敬仰他。

站在舞台上的次数很多，演绎过各种角色的悲喜人生，但这却是第一次以叙述者的身份讲述别人作品中的故事。可是就是这个过程，让我感受到经典的魅力可以穿越时空直抵人心。

左起：王焕志、沙海波、王乐

这次我除了叙述者这个身份外，还有一个身份是导演，真的第一次感受到自己肩膀上的责任；虽然没有扮演任何一个角色，但好像又走进了每一个角色的生命中去体验把握。第一次为了一次演出做许多功课，第一次尝试解构每一个人物的内心活动，第一次如此热爱一份工作。读者剧场这种形式是我们所有人的首次尝试。没有华丽的舞美和灯光，一切都以最简单纯粹却又最有感染力的方式呈现在观众眼前。

真的要谢谢高字民老师特殊的情怀和前卫的构思，给了我们大家这么好的机会去学习提高。也要谢谢我们的编剧和每一个演员，一直辛苦地排练磨合，只为了最后呈现最好的效果。

这是一个关于情怀与传承的活动，也让我们这么多人因为共同的使命聚在一起。感恩所有。斯人已逝，经典永恒。我会永远记住这段美好的回忆。

（吴优，2016 版《莎剧撷英》导演，现为西北大学文学院硕士生）

编者按

剧场党课是“黑美人”将戏剧教育方式应用于思想政治教育工作中的一次新鲜尝试与探索。它不同于日常的课堂讲授式教学对理性知识的灌输模式，而是依据教育戏剧感性体验的实践模式，通过学生之间的互动协作、学生自我的体验感悟和指导教师的分析引导，使学生对于“党是什么”“怎样争做一个合格的、优秀的党员”等问题，结合自己的见解，形成多维而深入的思考。同时，在戏剧艺术的虚拟情境的交流中形成党性探索学习的切身体验。

剧场党课

在表演中快乐，在批评中成长

陈　尧

在成为积极分子之前，我完全没有想到党课会以戏剧的形式开展。通过这种新颖有趣的方式来学习党课内容，结合课本内容编写剧本，几节课下来，又是排练又是表演，确实收获不少。

我们小组的表演主题是“党员的批评和自我批评”，剧本内容结合了组员们的意见，由我主笔，大致讲述了一名参加工作多年的老党员小张，最近工作态度消极，对待办事群众的需求敷衍了事，得知情况的主任和领导表现出两种不同的态度，在书记的坚持下开会批评了她，并结合她以前的表现，动之以情，晓之以理，使小张转变了思想态度。经过大家的批评和自我反省，小张意识到自己的错误，改过自新，更加认真负责地对待工作。

高宇民老师指导剧场党课

几个之前互不相识的同学，通过几节党课的相处，关系也亲近不少。大家不但在课上一起排练，一起构思剧本，课后也建立了微信讨论群，积极提出各种意见、建议，以期达到更好的表演效果。同时，不只是组里的各位同学积极配合，每次排演完也能得到老师们的宝贵意见。无论是剧本还是表演，老师们总能提出特别独到又具有针对性的建议。也是因为听取了老师们的建议，经过不断打磨练习，我们的"自产"戏剧越来越成熟。虽然大家都不够专业，每节课对于党课戏剧的热情却丝毫不减。在每节剧场党课上不断打磨戏剧表演的过程中，同学们通过戏剧中的人物再现，更加真实地体会到作为党员的责任与义务，也开始思考在现实生活中到底应该如何做好一个党员。

当然，这次学习的意义不止于此，采用戏剧的形式也是为了让我们更深刻地体会学习内容。提到"批评"二字，作为学生的我们总想规避，而通过这次的排演和对剧情的把握，我们切实体会到一个道理——批评很重要，自我批评更重要，自我反思才有利于不断进步。无论是在工作还是学习中，长时间重复同样的行为都会产生惰性，容易消极对待事物。这时如果能得到身边朋友的劝诫，便是幸运的。得到朋友的提点，自己更要多加反思。这才发现，很多时候人都是在曲折中进步的。

张昊老师指导剧场党课

以前我总是很怕别人的意见和不满，现在态度发生了些许变化，如果能得到中肯的建议，我会很高兴，并且会欣然接受。因为这样就有机会改正问题了，一切也会越来越好。

经历了如此别致的剧场党课，于我而言确实意义非凡。在以后的政治学习中，既要留存同学、老师共同努力的美好记忆，也要时时铭记批评与自我批评的重要性。

（陈尧，西北大学文学院2015级硕士生）

不一样的党课

李　靖

提到马克思主义，我们首先想到的是它是一个很抽象的概念；而提到马克思主义修养，我们可能会觉得更难理解。或许可以说它们都是我们接触不到的。可是，真的如我们想象的那样吗？马克思主义是那么遥不可及，马克思主义修养更是无从谈起？

高宇民老师、张昊老师指导排练

马克思主义不是要给我们营造距离感和神秘感，我们没有必要担心马克思主义有一层神秘的“面纱”。也许听到“马克思主义”时，我们会想到马克思主义哲学、政治经济学和科学社会主义。感觉这些东西不仅晦涩难懂，而且离我们好远啊；我们的生活貌似并不需要马克思主义，马克思主义也并不需要我们来丰富。然而当一位讲授马克思主义理论的老师幽默地说他头上的每一根白发都是智慧的结晶时，我们还会觉得马克思主义离我们很远吗？它还是那样枯燥乏味吗？

党课也是如此。我们大多数人的直观感受就是党课是无聊的、枯燥的，党课的学习只是从普通团员走向预备党员的一个程序而已；说来说去也不过就是那几句话，或许耳朵都已经听得起茧子了。所以一般来说，当我们听到要进行党课学习的时候，恐怕早已经皱起了眉头，并且自动隔绝外界的声音了吧。

高宇民老师指导剧场党课

可是你要听到的是一个故事呢？你还会皱起眉头，仿佛陷入深深的人生思考当中吗？不，当然不会，听故事是很轻松的，没有枷锁，没有镣铐。要是这个故事很有趣，你会很快地沉入这个故事的讲解当中，或许还会幻想自己就是故事中的主人公呢。

党课的另外一种方式——剧场党课，不仅讲故事给大家听，还将故事表演出来，而我们每一个人都是其中的主人公，都是整个故事的经历者。可能你上过党课，也看过剧场，但你一定没经历过这样不同的党课、这样不同的剧场。剧场党课是新的，它的新首先表现在形式上：不同于以往的讲授方式，它不再要求同学们听老师的讲解，而是由同学们自编自导自己体验，从而获得更深层次的认识与了解。其次，在内容上它也是新的：它呈现给我们的不是那些传统抽象的概念与知识，而是一个个小故事，以及通过这些故事我们所能学到的知识。

既然是新的，那么大家会不会不适应，或者觉得一时难以接受呢？剧场党课能存在下来，就说明它有存在的必要性与优势。是什么优势呢？可以打个比方：如果说传统的党课上老师是主角，同学们是配角的话，那么剧场党课里大家都是主角，没有人是配角，在剧场党课里我们每一个人都是事件的经历者，我们的心会一直因为事件的发展而紧张，总是会关心或猜测下一分钟会发生什么。在这样的情况下，每一个同学都既是学习者又是参与者，在经历某一事件之后学到某些知识。而最后发现，原来如此有趣的一次经历是对党课知识的学习，可能相比于传统的党课教学效果更佳。当然，我们也可以这样说，剧场党课圆了每一个同学的“主角梦”。

如果当一位老师幽默地对你说他头上的每一根白发都是马克思主义智慧的结晶时，你会觉得马克思主义变得很亲近的话，那么当另外一种形式的党课给你提供一个当主角的机会时，你又有什么理由拒绝呢？

（李靖，西北大学文学院 2015 级学生）

换个角度，看个崭新的世界

代倩倩

在我的印象中，所有的党课都是大家一起规规矩矩，用一种传统的传输－接受模式，聆听前辈向我们传授共产党的点点滴滴，接受党的洗礼，在前辈们的光辉事迹下，在各种生动的故事中，更加坚定自己的信念。多年的实践验证，这种方式效果也的确很好，在扎实掌握党的理论的前提下，才能在实际生活中用理论指导生活；只有全面认识党的使命，才能在任何时刻都坚定地和党站在一起。

张昊老师示范表演

一场别开生面的剧场党课，一下子为我打开了新世界的大门。在学完党的基本理论后，我们开始了剧场党课模式。从变换上课地点开始，我们就步入了另一个世界，用戏剧的方式感知鲜活的中国共产党。

上课地点从文学院大会议室变到“黑美人”排演室，看见三面镜子中的自己，突然感觉到，这里应该是一个关注自我，鲜活、生动的地方。当然我的感觉非常正确。第一节剧场党课，我们所有人和老师站在一起，围成一个大圈，没有座位，也没有讲台。我们的身份变得平等，从游戏开始打破大家内心仍存在的害羞与矜持，从大声说话开始释放出每个人真正的自己，从定格戏剧开始接触戏剧表演形式。在老师循循善诱的指导下，每个组都顺利完成了自己的定格版戏剧，因为相对而言画面感比较容易呈现，并且当场就可以完成，每个组也完成得相当不错。每人一句话，但每句话都是一个大线索，组合起来就是一个完整的故事。

李彬老师指导剧场党课

到了第二节课，我们开始将定格版的画面逐渐过渡到动态版的剧情发展模式。对于第一次站到舞台上表演的我们来说，这不是一件容易的事。开始完善情节、打磨剧本时，我们会刻意模仿电视或者小说里的经典情节，比如在洪水暴发时，奋不顾身冲上前去救人而牺牲的肯定是党员，因为他的党员身份，他就该比别人伟大。但是看到别组同学表演时同样存在这样的问题：那个人面对大是大非的问题，可能会损害自己的利益，但是最终选择了坚持原则，因为他是党员。当时觉得这样的表演过于刻意，老师一语点醒梦中人："党员也是人，也是一个普普通通的人。"确实，在接受党组织教育的过程中，我们应该保持一颗敬畏又清醒的心,不去神话化任何一个组织。每一个共产党员都是普通人,在平凡人的平常生活中,首先有普通人的感情和思考方式,同时又拥有共产党员的责任与担当。

在这之后,我们剧本中的人物不再会那么刻意地去做一件事;我们表演自己写出来的人物,也开始能体会他们本来应有的感情;我们的戏剧,开始有了戏剧真正的样子。

我很庆幸自己能有这样一个机会,在成为党员之前体会到一个真正的党员该有的样子;更加庆幸能有这样一个机会接触到一个更加鲜活的党组织。

(代倩倩,西北大学文学院2014级学生)

剧场党课，戏剧人生

贾雪彤

戏剧是使用语言、动作、舞蹈、音乐等形式达到叙事目的的舞台表演艺术的总称。当戏剧融入党课，艺术或许会成为最好的生活导师。剧场党课，每一次排演都满载了收获，每一次学习都是一种更深的理解。

高宇民老师指导剧场党课

艺术来源于生活。对一个剧本的打磨，需要的是源于生活的灵感，作为党课的排演剧，就更要做到“接地气”。在第一次构思剧情的时候，我们选择了一个自己不熟悉的题材来演绎，无论怎么表演，似乎都离我们的生活有些遥远。于是我们从自己的生活出发，以贫困补助为话题展开讨论，从各个方面展开深入剖析。这使我深深地认识到党员的权利与义务不是大话空话，而是要认真落到实处。虽然是戏剧性的表演，但戏剧表现的也是日常生活的缩影，无论如何都不能脱离我们所在的群体。

团结协作是不可或缺的。在排演剧作的过程中，我感受最深的便是小组里的团结与合作。还记得由于体育考试的缘故，新剧本的排演我并没有按时到场，但组内的成员积极地为我梳理剧本,讲解新的剧情。作为最后一个展示小组,我最终跟上了大家的步伐,顺利地完成了展示。

李彬老师、高宇民老师指导剧目

认真的讨论、专业的指导、巧妙的构思……创新的戏剧形式不仅将戏剧与党课的内容紧密联系在一起,更使我深刻意识到"党员"不是一个抽象的概念,而是真真正正用自己的权利与义务为人民办实事,为群众解难题的群体。砥砺前行,不忘初心,党员的每一项权利与义务都是衡量党员是否合格的重要尺度,是提高党员素质、保证党员质量不可缺少的条件。党员,必须切实履行党员的义务,正确行使党员的权利,才能成为名副其实的共产党员。

(贾雪彤,西北大学文学院 2015 级学生)

第三辑

烂漫年华凭追忆，舞台绽放更青春

今朝挽起“黑美人”

——王静波访谈

记者:请您谈一谈“黑美人”艺术节的起源。

王静波:最早她叫“黑美人”戏剧节,大家应该都知道我们文学院的作家班吧!我们从1987年开始在全国范围内招了三届,那些学生都有很强的文字功底,为了让他们展现自我,也为了体现我们文学院的特色,就搞了这么一个由同学们自编自演自导的理论学习和实践锻炼相结合的活动。

记者:那么将“黑美人”戏剧节改为“黑美人”艺术节有何特别意义?

王静波:我们的“黑美人”发展到第八届时已经在校内颇具影响了,也是从那时起我开始接手。为了让“黑美人”的影响扩大到全校乃至全省,我们开始请一些知名编导、作家、表演艺术家来院里开讲座,并在全省通过媒体发起宣传。为了让我们活动的面更宽,容量更大,我们将原来的戏剧节改为“黑美人”艺术节。

记者:我们在整理资料的时候发现“黑美人”历年获奖的剧目以现实剧居多,您能就此谈一谈吗?

王静波:现实剧是最能反映生活,引起大家共鸣的,但想要把它排好却不是一件容易的事,它需要编导具有一定的观察社会的能力,要关注人生,关注自己的价值、自己的定位,把自己的东西融入其中。所以一旦排出来好戏,自然会得到大家的喜爱喽!

记者:从“黑美人”中我们能够获取什么?

王静波:参与其中可以在锻炼中培养一种自信,在成功时萌发一种成就感,特别是它对人的隐性品格的培养,比如奉献精神、集体精神。这些都可以在“黑美人”艺术节中得到发掘与提升,好多“黑美人”的参与者都从中获益匪浅。

幕起幕落,舞台上展现一出出精彩人生。华章依旧,文采依旧,岁月挥不去一段段似水流年。当同学少年的风采已酿成记忆中最惬意的倒影,十七岁的“黑美人”却更加娇艳动人。今天,就让我们感受那逝去的欢歌笑语,搜寻那记忆中的点点滴滴。

见到王静波老师的时候，虽然已经接近下班时间，但当我们说明来意，她仍然很热情地把我们让进了办公室。

话题绕不开“黑美人”。王老师的谈话让我们惊讶，激情中深藏着理智，理智中却又透显感性，“黑美人”朦胧的面纱在娓娓而谈中被一点一点揭开，露出她娇羞的面容。

“黑美人”一出娘胎就表现不俗，只是还不成规模。那是在1987年的时候，西北大学在全国招了一批作家班学生，列位同学笔下功夫都很过硬，更为可贵的是那份文士姿态。厚重的书本已禁锢不住汹涌的文思，按部就班的学习已束缚不住跃跃欲试的创作激情，有学院传统的底蕴，本身又见证了社会的精彩，学生们就想搞一个戏剧节来做载体，演绎书中万象，一吐胸中锦绣。在自娱自乐中，他们的才华也得到了更好的发挥。

初时的名字定为“黑美人”戏剧节，主题明确，内容有限，这名字源于莎士比亚笔下那些善良、美丽、勤劳的黑人妇女。

王老师向我们提到了初期的“黑美人”以寓言剧、校园剧居多，《双面镜》《女大学生宿舍》都是早期的成功作品。学生自编自演自导，其乐融融，好戏连台。虽然1989年第三届“黑美人”的演出非常失败，但从此“黑美人”也彻底终结了“班级作坊”的运作模式，更注重同学们的个性展露，推崇自发的独步奔放，并建立健全了整个戏剧节彩排、审查等各项制度。以后的事实证明，这是“黑美人”的生命力所在——内敛自律又个性张扬。

王老师明朗的语气中分明带有难捺的骄傲，她说她投身“黑美人”是在1994年，那时“黑美人”已经八岁了，天生丽质加之后天熏陶，虽然不是倾国倾城，但也是小有名气。王静波老师组织全院把“黑美人”从头到脚装饰一新，风风火火地把“黑美人”打造成另一番景象。

首先，她力主把“黑美人”戏剧节改为“黑美人”艺术节。主题广泛，内容也要有新意；有了先进的设备，也有了日渐响亮的名气。更重要的是，她号召打开新思路，由文学院独家代理发展成全校集体参与，可谓一方舞台齐聚八方俊彦。具备校际影响后，又向全市、全省乃至全国发起宣传。一时间西大“黑美人”在媒体上风光无限，赫赫醒目于四海之内。

王老师没有过多提及她的这份贡献，但享受“黑美人”绰约风姿的我们却不得不仔细思忖那段轰轰烈烈的岁月。“黑美人”能走过她十七个春秋，并且日益朝气蓬勃，首先是因为有很多像王静波老师这样的人，他们把“黑美人”当成一种事业，无怨无悔地为其付出，全身心投入其中。

再则，王老师开始着手并力求使“黑美人”的剧种更加多样化。初期的“黑美人”文人气很浓。寓言剧在舞台上极为盛行，占据很大的比例，也确实出现了很多经典之作，如张晓明、陈杰开的“夫妻店”。二人的寓言剧精雕细琢，精彩绝伦，影响到很多“黑美人”的编导；曾获大奖的《旅店》显示出空灵的气韵，曼妙的台词，夸张有力的动作，成为新一代寓言剧的代表。二人的剧都强调音乐、灯光、道具三者俱全，缺一不可。而寓言剧发展到第八届“黑美人”的时候，更是日臻成熟，日近巅峰之态。按照王军老师的说法，“寓言剧更有了学院气和贵族气”。虽不乏喜剧的写实主义风格，但寓言剧的主导地位却毋庸置疑。

这个时候，王静波老师站出来说话了，她明确地指出：寓言剧不是不能写，但当代大学生更应该面对新知，注目社会，笔下应更多地反映社会现实，发掘生活的意义，追寻自身的价值。在采访中，王老师有段话给我们的印象极深刻，她说：“写现实剧，更多地要求学生观察社会的能力，关注人生，关注自己的价值、自己的定位，要把自己的东西融入剧中……”显然，王老师已不认为“黑美人”的作用仅仅在于自娱自乐，摒弃了开始的随意和稍带浅薄的文人气的“黑美人”已经成为一种锻炼能力、提升素质的必要工具。

兴奋，自豪，坐在面前的王老师情不自禁地边聊边用手比画起来，好像要向那些熟悉的身影招手，也仿佛要把我们引回那段如歌似梦的美妙岁月……

我说：“为了达到提高学生素质的目的，您是不是力图让‘黑美人’显示出一种高层次？”

“不，”王老师否定得很干脆，“不是体现一种高层次，而是追求一种高层次，力求每个细节的唯美……”

正是这些为每个细节付出的汗水成就了今日的经典。

王老师给我们信手拈来几个例子。她说某一届的舞台美术设计员拿给她六个样本，她精挑细选，严格甚至苛刻地审阅每一个细节，思索，讨论，建立又推翻……一次次肯定，又一次次否定，最后才谨慎地审核通过。还有就是“黑美人”海报的设计，不仅要求贴出去的东西有思想性，而且要求每一个细节都追求一种艺术性。所以，历届“黑美人”绝对堪称广告精品，有的院系的老师就让他们的学生在“黑美人”海报中发现收获。王老师还特别提到“黑美人”的节目单。她很遗憾地说，那些节目单已在搬校的时候不幸丢失了，她只能动用很多精美的赞语来为我们描述那些艺术品。是的,“黑美人”的节目单是艺术品,每一个字符都是灵动的她,个性张扬。因为没有实物,我们只能想象那一个个薄薄的本子该显示了怎样的才情似海。

说到这里,王老师似乎有点过意不去,竟用一种自责的语气说:“我这个人很苛刻。”那一刻,我们察觉到她温和的话语中有一丝严肃,眼光却依旧坦诚。

采访继续进行,我们换了一个话题,聊起“黑美人”舞台上的一些风云人物。上文早已说到,王老师的观点是把“黑美人”当作训练人的事业,她提倡现实剧的创作。也正是因为如此,她那么挑剔“黑美人”的每一个细节,无非是想让学生们在此活动中更能得到各个方面的锻炼。“人是需要更多层次的开发的。”王老师虽然没有说出这句话,但我们能感觉出来。王老师还向我们强调一种隐性素质的历练——团队精神、敬业精神、高昂的斗志、满身的锐气、坚不可摧的强大信念。这一切的一切,都是她的“人才”信念。

事实上,王老师给我们列举了很多“黑美人”参与者的成功经历。她提到刘生,他因为有了在“黑美人”中的锻炼,才得以过五关斩六将,成为《中国青年报》的记者。还有我们大家都知道的谢斌,不少同学都看过她在陕西电视台主持的文艺节目。还有一个叫姚琴的学姐,在信中对王老师说:我在台上底气很足,我不怯场,因为我搞过“黑美人”,那些博士、硕士根本压不倒我……一个研究生留学日本,读完博士回来,想起本科时想让自己的一部剧在“黑美人”舞台上露露脸,可王老师认为这部剧欠火候。无论那个“戏剧狂”怎么说,王静波老师总是摇头,那家伙一急,竟扑通一声跪了下去,声泪俱下(又是一个被“黑美人”摄取了魂魄的痴心人呵!)确实,他的剧本准备了三个月,不上台演一下肯定是不甘心的。他对“黑美人”的热情就很有代表性。与此类似的例子是1995年有一出《三八热线》的戏,一开始王老师认为这出戏太沉闷,缺乏艺术性。那位编导二话不说,下决心动大手术,非要达到演出水准不可。后来的演出证明这部戏非常成功,三个女性的不同经历反映出社会的三个不同方面,王老师称赞他观察社会的眼力相当犀利。王老师说这些话的时候,眼里闪烁着欣慰的光芒,而在旁边采访的我们,更是“听而言止”……

“‘黑美人’艺术节开始是在12月9日,后来才改为每年的5月4日。每年的剧本浩浩荡荡有四五十个,1994年、1995年竟有七八十本。要在这么多的剧本中挑出四五个来……”王静波老师后面的话没有说,那种感情要留给我们自己仔细品味。

那些感叹是今日对昨日耕耘的肯定。

我们问王老师对最近“黑美人”的看法如何，王静波坦言自己并没有参与这几年的艺术节，但是对这几年过多的改编剧持保留态度。她始终提倡一种自我创新与写实的风格，她很坦率地对我们说，这几年的“黑美人”质量似乎有所下滑。

王静波老师还是那么率直，在她的心中，“黑美人”是西大才怀的综合展现，流淌着西大学子的风流，它的辉煌还会一如既往，毕竟无论多么雄伟的事业都会出现一点坎坷。换句话说，任何困难既是必然的，又是暂时的，每一次的困难都会使“黑美人”更加坚强、更加完善。作为一项大有前途的事业，作为这种大事业的开拓者，坦然面对这些挫折，才更能显示“黑美人”旺盛的生命力。从王老师的眼中，从王老师的话中，我们看到了那势不可当的发展浪潮……

最后，王老师向我们提到了暂时不如意的一些原因，她觉得很可能是搬校区的缘故，我们无法接受本部深厚的文化素养，以及2000、2001级也在老校区，我们少了艺术熏陶，无法得到“黑美人”最经典的传承，暂时的弱化是可以理解的。

采访就快结束了，王静波老师再次笑着问我们还有没有问题要问。“没有了。”一个小时中，娓娓道来，对“黑美人”的关注如同对自己亲手养育的女儿，呵护她一路成长，陪伴她一路艰辛，看着她长成亭亭玉立的少女，更祝福她一路走好。

后记：昨日的风流是今朝记忆的醇香，看晚风杨柳前，不知笛声何处，只留青春，在天际飞扬。看曾经西大人追求真、善、美的恢宏画卷，更唱一曲明朝的光彩夺目。留与后人，听我们无悔于舞台上的跳动生命，无悔于曾经骄傲的青春。

【原载于2004年“黑美人”纪念刊】

昂扬发展的“黑美人”

——访张阿利纪实

采访者:您对当年参与“黑美人”艺术节的1987级学生和曾经的“黑美人”剧目有什么特别的印象?

张阿利:我对“黑美人”可谓印象颇深。因为曾给1987级的学生带课,所以对那一年的“黑美人”有特殊的情怀,印象最深刻的是《女大学生宿舍》《新白毛女传》等一些改编的剧目。因为戏剧不是我个人学术研究的重心,所以并没有特别多地参与;但是戏剧是我做学术研究的起点,我最早发表的学术论文也是关于戏剧的。

后来,西北大学中文系开始下设戏剧影视文学方向,这个专业的同学成了“黑美人”的创作主力。我认为,“黑美人”后来的发展是一个值得探究的话题,在“黑美人”三十年之际更应该对这三十年的演变进行反思和总结。在我看来,“黑美人”艺术节是广大师生精神诉求、审美诉求和表现诉求的戏剧活动载体,这种历届师生一脉相承的内在驱动力促使“黑美人”不断发展。“黑美人”的核心便是传承,我们组织学生活动,使“黑美人”变成一个历久弥新的品牌……这便是“黑美人”发展的方式。在我经历的一年年“黑美人”艺术节中,有许许多多令人感慨万分的故事。我亲眼看到太多在课堂上内向沉默的学生,在“黑美人”舞台上有令人吃惊的表现。今年我们的毕业大戏《破阵子》中参演的同学们尤其令我感动。

采访者:从戏剧的专业实践和人才培养方面讲,在您看来“黑美人”这个舞台未来发展的方向是什么?

张阿利:“黑美人”之所以能传承三十载,有很大一部分原因是我们戏剧影视学科的发展。我们有专业的教师团队和教学体系,有一届届才华横溢的学生,因此我们在学科建设和专业培养上可以保持长久的优势。近年来,影视学科的发展也让“黑美人”艺术节不断地向专业化、高质化发展,“黑美人”中走出的剧目也不断摘得大奖,二者是互有裨益、共同进步的。我们有理由期待,愈来愈高质化、专业化必然是“黑美人”发展的方向,“黑美人”前景光明,一定会迎来更优秀的剧目和更优秀的参演者。

采访者:之前您说过,“黑美人”是西北大学与学生之间结出的一朵爱情的花,您对“黑美人”有什么样的期待和祝福呢?

张阿利:对“黑美人”,我最大的期盼便是希望她能够走出西大,走出陕西,走向全国。我们要努力把她打造成为西北大学学生素质教育的平台,打造成为当代大学传承中国优秀传统文化的平台,打造成为“一带一路”国际文化传播的平台。

我们希望能将“黑美人”艺术节打造成为南京大学那样的能够出现如《蒋公的面子》一般杰出的艺术作品的平台,希望我们的“黑美人”能够更专业,更具有发展潜力,也希望学校能够给予更多支持。同时,希望“黑美人”艺术节在市场化上努力探索,在市场转型上能够更多地同外界传媒对接,努力将“黑美人”这个品牌推广开来。依照我们的发展规划,未来三到五年就可以实现将“黑美人”的优秀作品传播至欧洲、美洲这些地方的相关领域。另外,“黑美人”是沟通戏剧影视学科老师与学生的极为出色的第二课堂,在引进人才、吸纳生源方面,我们也会加大力度。

(张阿利,西北大学文学院戏剧影视专业系主任,教授,博士生导师)

回望昔日“骄龙”

——陈龙访谈

十九个春天，生机盎然；十九个夏天，激情澎湃；十九个秋天，硕果累累；十九个冬天，冰清玉洁。告别了十九岁的天空，“黑美人”正在翘首期待二十岁生日的到来。追忆往昔，“黑美人”深情地挽起我们的双手，一起去寻找那条隐匿在岁月流波中的骄龙。

“骄龙”，即陈龙，系我校 1996 级广告专业的学子，现为西影厂的专业编剧。陈龙曾参加过三届“黑美人”艺术节，在第十一、十二届大赛中分别以《夜郎西》和《青铜骑士》夺取了最耀眼的桂冠。也正是因为与“黑美人”结下了不解之缘，他毕业以后才毅然放弃自己的专业而去从事影视编剧工作。“我感觉‘黑美人’对我的人生来说是非常有意义的，因此，我对她的感情也是最深的。”这是陈龙的肺腑之言，相信也是每一个与“黑美人”携手同行的人的心声。

据陈龙介绍，他与“黑美人”结缘，尤其是进行相关的创作实属偶然。最清楚的便是在《夜郎西》这部剧上。从大的背景看，本时期的剧本创作主要以大学生的校园生活为主题，就《夜郎西》来说，讲述的是青年大学生面对事业和爱情的痛苦抉择，既有浓郁的浪漫主义情调，也有凝重的现实主义气息。陈龙坦言，他写这部剧也是受人之托，而且由于经验不足，在整个剧本的创作过程中历经无数次修改。特别是到了排练阶段，更让人头痛。面对不同专业、不同性格、不同爱好的人，必须采取最有力的措施加以调和。就这样往往都会有很多矛盾，但结果总是“相逢一笑泯恩仇”。

到了第二部剧目《青铜骑士》的时候，用陈龙自己的话来说，便是“心里多少有一点底了”。但要单纯去创作一部现实主义作品，他认为还不到火候。虽身处现实，也渴望了解现实，但始终不能深刻了解现实，更谈不上驾驭现实。因此，相对于《夜郎西》来说，《青铜骑士》已经明显跳出了校园生活的小天地，这不能不说是一次飞跃。而且这部剧的篇幅更长，气势也更加恢宏。最为可喜的是，它还开创了一个新的历史篇章——首次赴校外进行专场演出，并得到了其他社会群体的高度认可。

问陈龙成功的原因，他的回答很简练：一靠自己，二靠他人。他认为好的剧本是成功的前提，因此，对创作来说，不仅需要大量的知识储备，而且要有敏锐的洞察力和高尚的人格修养。“艺术作为一种创作活动，对人的要求很高。但这样的要求对个人也是一种有力的锤炼。”再就是从具体的编排工作方面来看，如何成为一个合格的导演也是令他难忘的。最基本的组织协调能力、沟通能力都应该具备，而且也是可以锤炼出来的。“是‘黑美人’使我更加完美。”这是陈龙深情的感慨。另外，他还指出了合作的重要性：“起码要找到一些愿意为整个剧目奉献的人。”他以《青铜骑士》为例说，剧目讲述的是一位民族英雄如何为自己的人民争取独立、争取和平，而又如何被反动派杀害的故事。相关的人物形象极具虚幻性和模糊性，不是容易把握的。但剧组成员还是努力克服一切困难，最大限度地表现人物最为鲜活的一面，这一点使他十分感动。“合作总会使我愉快，合作总会给我力量。”

的确，“黑美人”给了陈龙很多很多，不过令他感触最深的还是“黑美人”为广大学子构建了一块平台，而不只是一方舞台。在这个自由的空间中，每一个人都可以发挥自己的积极性和创造性，发掘埋藏在自己身心之中的那一份潜能，充分展现自己的才华，充分彰显个人的魅力，尽情袒露自己心中的酸甜苦辣；在快乐中陶冶自己的性情，在快乐中提高自己的修养。与此同时，陈龙也认识到，对于真真正正经历过“黑美人”的人来说，思维节奏愈加明快，思维愈加活跃，同样是人生的一大收获。

简单的采访工作结束后，记者深深地感慨了一句：“‘黑美人’的艺术魅力所在就是每个学生的魅力所在，每个学生的魅力所在也即‘黑美人’的魅力所在。”岁月之墙也许会剥落太多太多的泥片，但“黑美人”却是我们心头一座莹亮的丰碑，爱她，永远不变。因此，我们不妨向她道一句“珍重”，祝愿她一路安好。

【原载于2007年“黑美人”二十周年纪念刊】

（陈龙，西北大学文学艺术传播学院1996级学生，现在西部电影集团工作）

情系“黑美人”

——耿建访谈

曾经的辉煌、曾经的精彩还历历在目，如今，“黑美人”又将以它新的风采展现于世人面前。在第17届“黑美人”艺术节即将拉开帷幕之际，我们对我院耿建老师进行了一次采访。

曾作为学生的耿老师与“黑美人”有着不解之缘。耿老师说他在上大一的时候只是对“黑美人”遥遥观望，很像现在的我们，既有展示自我的强烈欲望，又担心自己才华不足，若被淘汰，脸上挂不住。经过再三考虑，他认为自己在表演方面有一定的优势，便抱着锻炼自己的目的，在大二时参加了《月儿与你相约》一剧的编排，这也是他投身于“黑美人”事业的第一步。但由于“黑美人”对剧本各个方面要求非常严格，而该剧本又存在着一些问题，最终被淘汰下来。据耿老师讲，虽然当时很难过，但最终还是释然了，因为这毕竟是对自己的一次锻炼，胜利了固然可喜可贺，若不如意也当是积累了经验。在采访中，耿老师一直严肃而诚恳地说，“黑美人”是一次机会，是提供给我们的舞台，只要投入了，结果无所谓。这些肺腑之言，大约是第一次参加就被淘汰的有感而发吧。

生活就是这样，阳光总在风雨后，不经历风雨怎能见彩虹？也许正因为这次的尝试，才有了后来《风口》的成功。

提起《风口》这部剧，耿老师有禁不住的自豪与兴奋，围绕这部剧谈的话也特别多。耿老师在大三时参演这部“黑美人”史上的重要剧目，并且是男一号。《风口》的成功，也使他成为“黑美人”的精英级人物。耿老师说，《风口》这部戏是在第十五届艺术节上展演的，它的编剧十分出色（获得了最佳编剧奖），语言很有张力。尤其值得一提的是，《风口》基本上是剧组人员共同导演的。耿建老师谈到这里，对这种精诚团结的精神予以充分的肯定，这种大学生导演原创剧的灵活性使耿老师有了相当大的收获。

我们问起《风口》的情节时，都十分讶异于耿老师对这部剧、对“黑美人”的热忱，他记忆中那些烦琐的情节还是这般清晰可辨……

该剧讲的是四个男毕业生的事。耿老师作为男一号，实际上起到的是穿插的作用。剧中有个叫大陆的人，是个写诗的男孩，有个女孩爱上了他，毕业后两人结婚了。女孩家里有钱有势，可自尊的大陆不想依靠她发展，两人之间便产生了矛盾。女孩后来背叛了大陆，这事儿被大陆知道后，他便找到了那个第三者，一怒之下失手出了人命，因此被判刑。耿老师饰演的男一号前往探视，途中与火车上的一个陌生人谈开，两人聊起一系列往事……

其中还有一个叫老大的人，是农民的孩子，刻苦学习，想被保送研究生的人中有他和大陆，他利用一些手段得到了名额，开始了他的另一种人生。

最后一个男孩是一个很纯真的人，甚至不敢和女孩说话，后来竟有了一段浪漫的爱情……

耿老师在总结这部戏时说：《风口》编得很出色，繁杂的人物事件把社会的方方面面整束为一个个可悲可喜的点，算得上是匠心独运；更由于剧本贴近大学生的生活，人物性格鲜明，演员表演得细致入微，赢得了评委及观众的一致好评，获得了最佳编剧奖，在当时影响很大。他说，许多人来看“黑美人”就是为了看《风口》，它的成功可见一斑。

亲历了几年的“黑美人”，在谈起“黑美人”的现状及将来时，耿老师认为“黑美人”的组织日渐成熟，而且设备的更新也有利于剧情的展开，本届“黑美人”更是给大一、大二学生提供了一次展示自我的机会。耿老师说：“黑美人”是我们展示自我青春活力和创作才华的平台，同时也能给同学们带来很多机遇，从中我们能够结交更多的朋友，学到更多的知识，为以后的工作积累资本，给人生增添几分况味。总之，只要付出就会有收获，“黑美人”将永远向你伸出双手，让你尽情展示自我风采。

采访在愉悦的气氛中结束了，我们能深切地感受到耿建老师对“黑美人”的热忱，他关于“黑美人”的见解对我们很有启发。他是一代“黑美人”的代表，并在如今的“黑美人”舞台上继续放飞心中的梦想。

【原载于2004年“黑美人”纪念刊】

（耿建，西北大学文学艺术传播学院1998级学生，现在西北大学工会工作）

追忆似水年华

——寇嘉访谈

“黑美人”——历练在十九载的风雨跌宕中，浸育在十九年的智慧与才情下，它承载了太多的梦想与激情、泪水与汗水、成就与荣耀……华章再谱，风采卓然。在这艳阳高照、激情满怀的五月，我们即将迎来二十岁的“黑美人”，她愈发成熟与稳重，她身着才情与智慧的长裙款款向我们走来，犹如一习凉风，带给我们甘泉般的慰藉。岁月挥不去年轻的记忆，更挥不去那段追梦的光辉……让我们带着感动，怀着朝圣般的心追忆那段似水年华。

初见寇嘉老师的时候，我眼前一亮。她的才情与气质、个性与成熟在她的言谈举止中表现得那么张弛有度，不愧是中文系出来的。她是文学院1999级汉语言文学专业的学生，曾任文学院学习部副部长、学生会副主席。任职期间她曾担任过“黑美人”艺术节的主持人，参加演出了《金锁记》。现任新闻传播学院2003级辅导员。

寇嘉老师大学四年每年都参加“黑美人”艺术节，只是扮演的角色不同。大一大二时她和几个朋友跳开场舞，当时只是由于好奇，感兴趣。如今寇嘉老师欣慰地说：“那份友谊才是弥足珍贵的，即使走上了工作岗位，我们仍然保持着密切的联系。”

《金锁记》是“黑美人”改编剧里的里程碑，也是寇嘉老师参加“黑美人”的里程碑。那年，她上大三，参加了“黑美人”，扮演了《金锁记》里的女主角曹七巧——一个展现中国妇女分裂人格的惨烈角色。遗憾的是我们现在看不到了，但从她生动逼真的描述中，我们似乎可以感受到很多。她说：“就为演七巧摔茶碗那个细节，我不知摔碎了多少茶碗……”谈及当年《金锁记》的剧组时，寇嘉老师语气温柔，眼神真诚。她用“一家人”来形容当年《金锁记》的剧组，我们似乎可以看到当年他们“一家人”其乐融融，团结一致，创造经典与辉煌背后的故事。岁月带走了排练时的困难，沉淀在她记忆中的是温馨与甜蜜……

“黑美人”在寇嘉老师的眼里代表着唯美自由的艺术境界，年轻人犹如精灵一般，在这自由的怀抱中放飞梦想，张扬生命，挥洒才情。在“黑美人”的怀抱中,他们形成了团结,成就了自信,实现了自我价值的定位,经营了一份难舍的情谊。

在谈及对现在“黑美人”的建议时,寇嘉老师的表情认真而又严肃,言辞理智,她说:“我希望‘黑美人’能注入更多的传统思想,我们不能丢掉传统——那是艺术的源泉,是艺术的命脉。”

采访在寇嘉老师的笑谈中结束了,感谢她能在百忙之中接受我们的采访。她说她肯定会在舞台下静静地观看第二十届“黑美人”,那应该是“黑美人”的高峰,是一种积淀的精华的呈现。

让我们拭目以待吧,看我们西大人是如何在舞台上描绘这幅恢宏画卷的!让我们静静聆听吧,听我们西大人在舞台上演奏青春的旋律,再谱那无悔的乐章……

【原载于2007年“黑美人”二十周年纪念刊】

(寇嘉,西北大学文学艺术传播学院1999级学生,现为西北大学公共管理学院党委副书记)

执着追求,真情演绎

——燕来访谈

“黑美人”带着夏天般火热的激情走进了她辉煌的第二十年。从1987年羞涩的诞生起,她便执着成长,逐渐变得热情、奔放,已成为西大学子心中永恒的光芒,她的艺术魅力已将我们深深地折服。

曾经的风风雨雨是艰辛而又辉煌的历程,话剧作为“黑美人”表演的重中之重,不能不让我们回味品味一番。而在众多的话剧表演中,《金锁记》和《断肠何限》堪称精华,而这两部剧的编导兼主角就是燕来老师。

为了更加深刻地了解“黑美人”的艺术魅力,我们采访了这位在“黑美人”艺术节史册上永放光芒的燕来老师。燕老师如今在校学生处工作,当我们在办公室见到他时,他正在紧张而忙碌地工作着。我们说明来意之后,他十分热情,立刻停下手中的工作和我们交谈起来。我们的紧张也随着他的热情消失了。

《金锁记》和《断肠何限》都是燕老师自编自导的,他先谈了这两部剧的创作。他说,《金锁记》是一部名著,因此这个剧基本上忠于原著,这是对作者和读者的一种尊重。他又说,不是所有的剧都要忠于原著,就像第十七届“黑美人”艺术节上的《断肠何限》就是根据《西厢记》改编的,其中加入了现代人的思维方式和对爱情、对生活的态度。原著所表现的思想已不符合现代人的需求,因为话剧作为表演性的戏剧形式必须吸引观众的眼球才是可取的。

当我们问起当时参加“黑美人”的动因,他说最主要的原因是喜欢,中学时代就对话剧表演有很大的爱好,大一观看“黑美人”的表演后就有了想切身体会的冲动,于是大二就报名参加了。的确,兴趣是最好的老师,因为喜欢所以追求,应该是燕老师成功的重要原因吧。然后他又谈了参与《金锁记》的许多感受,他说受益是多方面的。首先是作为团队合作的剧组,认识的人特别多,而三人行必有我师,从别人身上学到不少有用的东西,可谓取长补短。其次是增强了个人能力,作为导演,要导出一部好戏,不仅仅需要剧本,还涉及很多方面,如舞台、灯光、音乐、服装等因素,接触多了也就对各方面有了许多了解。他说,最重要的是参与,在各种各样的剧目中有了对人生价值的思考。在排戏的过程中,如何融入角色，剧中人物的生命价值和意义，都是需要好好思考的。

我们又向燕老师讨教剧目成功的关键，他说最重要的是使观众产生共鸣，排戏是给观众欣赏的，只有观众满意了，才算成功了。而要让观众产生共鸣，排戏时就必须投入真实的感情，使自己融入角色，达到忘我的境界才是最好的。

燕老师说他一直参与并关注着“黑美人”艺术节，我们便请他谈谈对“黑美人”的认识。他显得有点严肃，思索了一会儿，他说，“黑美人”对学生来讲，首先是一个实践平台，可以将课堂知识转化为实践，还可以提高写作能力，同时它也是一个认识社会、感悟人生的平台，从中你可以品味到人生的各色各味；其次就是提高了学生的综合素质，在现代这种为生计趋功近利的社会形势下，各种证书只是证明能力和本领的一方面，而参加“黑美人”所获得的是受益终身的，就像读唐诗是不能立竿见影的，而是在潜移默化中提高着你的综合素质。他说，“黑美人”作为一种经历是他终生难忘的，在此过程中能体会到温情的一面，是他永远不会后悔的。

最后他说，希望“黑美人”艺术节能够长盛不衰，一直延续下去；他也希望“黑美人”艺术节能够不断创新，在内容、形式上更加新颖，更加贴近生活，也更有魅力；也预祝第二十届“黑美人”艺术节举办成功。

就让我们带着燕来老师的期望以及我们心中的梦想，来迎接“黑美人”的再次到来！

【原载于2007年“黑美人”二十周年纪念刊】

（燕来，西北大学文学艺术传播学院1999级学生，现在西北大学学生工作部工作）

聚焦“黑美人”剧目评审工作

——唐明访谈

2007年5月23日，第二十届“黑美人”艺术节进行了首次剧目评审工作。评审结束后，记者就本次评审情况及本届“黑美人”的相关问题对西北大学文学院辅导员唐明老师进行了采访。

本次参加评审的剧目共有四部——《牛虻》《背叛》《萝卜花女人》《青春无悔》。唐老师认为，四部剧目在创作上各有所长，基本上表现出了创作者的水平和能力。从整体上看，涉及的领域相当广，剧目类型也多种多样，形式上更是多姿多彩，如《背叛》明显包含着历史主义的情愫，《青春无悔》则充满现实主义的气息。从横向上看，既有《萝卜花女人》这样突出展现中华民族历史风云的篇章，也不乏《牛虻》之类有着异域风情的良作。因此，可以说本次的剧本创作是多彩夺目的。不过，唐老师也指出，同学们虽然已向现实主义的创作方向迈出了一大步，但是还不够，还需要进一步向现实靠拢，反映更为大众化的社会生活，这样才能为更多的社会群体所接受。同时，还必须跳出传统的创作模式，打破旧框架的束缚，尝试在新的历史条件下运用更加新颖的手法进行创作，赋予剧本更丰盈的构架。

在整个评审过程中，演员们始终全身心地投入到各自剧目的排演中。“这一点我个人觉得十分可贵。”正如他所说的那样，各剧组演员无论是在语言对白上，还是在形体动作的表现上，都很到位。难能可贵的还有昂扬的精神风貌，真真正正地实现了“心往一处想，劲往一处使”。毕竟，大家来自不同的年级、不同的专业，能够做到自身表演与整体协调实属不易。在这一点上，唐老师以各个剧目平时的排练为背景材料，道出大家如何加班加点，如何调和矛盾冲突，从而促进整个排练顺利进行的。不过，唐老师感觉这还不够，真正能够取得成功的个体或是群体应该是非常善于学习的。因而，本次的剧目评审不仅是对学生创作和排练结果的检验，更是大家进行沟通与交流的机遇，一次学习的机遇。通过整个评审工作的进行，各个剧目之间有了一次明显的对比，这在一定程度上使大家能够比较准确地找出落差，找出自己的剧目与其他剧目之间的梯度差异，取长补短，不断完善自己；同时也方便大家相互借鉴，力求达到共同进步。这样，整个评审工作就不仅是作为评审而存在，还作为一个实际为大家服务的平台、一个方便大家学习的平台而存在。

另外，唐老师强调，之所以在评审上下这样大的功夫，在于今年的“黑美人”与众不同。当下，“黑美人”迎来了她的二十岁生日。二十年来，“黑美人”在不断的探索与奋进中逐渐成长，现如今已经迈入相对成熟的阶段，也焕发出日新月异的光彩。今年的“黑美人”有着鲜明的特点。首先，剧目演员的选取向低年级倾斜，向其他院系倾斜。这一方面吸纳了更多数量、更多类型的人才，使得演员储备更加厚实。同时，也将一些新的人才发掘出来，将他们身上的潜能发掘出来，为以后的“黑美人”和其他艺术活动准备更多的人才资源。但是另一方面，这些新的因素存在着一定的不稳定性，需要耐心教导。而这次的剧目评审正好提供了这样一个机会。其次，本届“黑美人”不单是一届艺术节，更是二十年来成果积累的总结和展示，同时也是寻求自身提升的一次尝试。特别是恰遇良缘，与陕西省首届大学生戏剧节同步进行。这就赋予了本届“黑美人”更高远、更深层的意义。不但要求搞好校内的准备和演出活动，还要紧跟整个戏剧节的步伐。在整个戏剧节的舞台上，在林立的高校之间，在众多的艺术形式中，求生存，求发展，力争在戏剧节的舞台上得到认可，从而把“黑美人”打造成为陕西高校的知名品牌。因此，本届“黑美人”可以说是任重而道远。

唐老师还说，自从“黑美人”艺术节诞生以来，她确实在诸多方面都有了显著的变化，唯一不变的是大家对她孜孜的追求。也正是这种对“黑美人”的诚挚情感，才使得我们大家都愿意为她而努力，为她而奉献。唐老师坦言，他对本次的评审总体上还是满意的，对本届的“黑美人”艺术节也是信心十足。因此，就让我们擦亮双眸，一起期待这道精美艺术套餐的上场。

【原载于2007年“黑美人”二十周年纪念刊】

（唐明，西北大学文学艺术传播学院2000级学生，现在西北大学党委办公室、校长办公室工作）

爱你需要理由吗?

——郭家嘉访谈

“知道吗?头一次这么肆无忌惮地看你,你睡着的样子好美。每次跟你在一起的时候,你的眼睛总是那么明亮,那么刺眼,仿佛可以洞穿到人的心里去,灼射得让我没有勇气去正视你,现在的我是不是很贪心呢?还记得我们是怎么认识的吗?那天下着雨,雨中傻傻奔跑的我遇见了雨中傻傻奔跑的你,于是苍天不仅给了我们机会体会雨水的淋漓,还让我们明白了爱情的甜蜜,好美啊!好美的回忆,还记得吗?还记得你曾经要我给一个爱你的理由,因为你的声音甜美,所以我爱你。可现在的你能开口吗?所以我不爱你。因为你的细心、体贴、善解人意,所以我爱你。现在的你能表现吗?不,所以我不爱你。因为你的笑容、你的一举一动,所以我爱你。现在的你能笑吗?现在的你能动吗?不,所以我不爱你。如果我爱你需要理由,现在的你根本没有让我爱你的理由,所以我不爱你。我爱你需要理由吗?不,所以我爱你!无论你怎么样,我都会爱你,疼你,照顾你,与你一起勇敢地面对生活……你别哭,你怎么哭了?是不是我说错话了?对不起,那是因为我真的——爱你呀!”

看到这样精彩的内心独白,你一定会为它而感动,也一定会迫切地想问:“这是谁写的?能把主人公内心世界的矛盾写得如此细腻,作者一定煞费苦心,反复琢磨后才能有这样的效果。”

不错,它的作者就是文学院2003级影视专业的郭家嘉。此人可不简单。他爱好文学、音乐创作,自己写过二十一首歌,曾多次在西安电视台和中央电视台做现场演出,还获得过全国“艺术新星新人大赛”原创金奖,“中美文化艺术交流作词作曲大赛”西北赛区金奖、全国一等奖。面对如此之多的荣誉,郭家嘉却更显平静,而且把心用在每一次创作之中,比如这次的戏剧《没有理由的理由》。谈到创作这个剧本时,郭家嘉是这样说的:“编剧之前我心中一直反复思考着一些问题,它们像一根根利刺扎在心中,愈想拔就愈鲜血淋漓。人性越来越沉沦了,真爱越来越少了,大家变得世故、圆滑和自私,所以我要用文字、表演来揭示、控诉,还爱情一个清白的理由!”

在本届“黑美人”艺术节中，他的剧是其中唯一一部校园剧，因此有很大的看点。该剧共分三幕，角色八名，依次是何依然（西北大学中文系研究生），齐美（西北大学外语系大四学生），肖默（西北大学外语系大四学生），青年甲、乙、丙（社会待业青年），医生（省医院外科主任医生），护士（省医院护士）。第一幕中，男（何）女（齐）主人公在一个天空中飘着凄美的细雨的日子里，像往常一样手拉着手走在校园的小径上。当齐让何说出爱她的理由时，何无言以对，齐心生不满，提出分手。正当两人发生矛盾时，肖趁机挑拨二人关系，用花言巧语骗取了齐的芳心，随后带齐离开。第二幕中，齐、肖在公园的石凳上尽情地打闹，青年甲、乙、丙的突然出现让二人感到恐惧和不安。在青年乙讲述了肖与其妹的事之后，齐终于明白原来肖是一个专门博得女孩子芳心，借机骗取钱财的流氓。不幸的是，在肖与三个青年的争斗中，齐的头部被刀砍伤。最后，何及时出现，将齐送往医院。第三幕中，齐静静地躺在医院加护病房的床上，但情况不容乐观，很有可能神志不清，成为植物人。何得知这个消息之后，感到震惊和悲痛，于是全剧在何的一段内心独白中落下帷幕。

纵观全剧，正如郭家嘉同学所谈，人物之间精彩的对话和内心丰富多彩的情感活动是本剧成功的两大重要因素。该剧短小精悍，浪漫主义唯美特色充溢其中，集中展现了当代大学生的一段凄美爱情故事。同时，为了更好地调动观众的情感，该剧还特意加了几段音乐，如《盛夏的果实》《冰雨》《甘心替代你》等，进一步烘托现场的气氛，努力以多元素、多角度的形式展现给观众，达到更好的效果。

爱情需要理由吗？这个问题或许真的不好回答，但是你在看完《没有理由的理由》后，心中应该有个答案了吧？

【原载于2004年“黑美人”纪念刊】

幕后崔莺莺

——孟婷访谈

文学院第十七届“黑美人”艺术节即将拉开帷幕，日前，各大剧组加紧备练，以期取得最佳成绩。本报记者就此采访了古装剧《断肠何限》的女主角孟婷。

记者：《断肠何限》一剧根据王实甫《西厢记》改编而成，你饰演的是剧中的女主角崔莺莺，请问你当初是怎么想起来要演这个角色的呢？

孟婷：我原本没想过要参加这个剧目，是导演找我的，可能是导演觉得我比较适合吧。其实这一次我也兼任“黑美人”艺术节的主持人，虽然我不是表演出身，但是我想既然做了就应好好努力，我也相信自己的实力。

记者：在剧中你是如何理解、把握崔莺莺的性格的？可以谈谈戏外的你是一个怎样的人吗？

孟婷：崔莺莺其实是那种很调皮、很聪明的女子。但由于时代的原因，在她的身上更多地体现了传统女子的个性。其实我倒觉得在感情方面她是很愚蠢的。比如她等张生，一等就是十五年。人的一生有几个十五年啊？（笑）我这个人怎么说呢，有和她相像的一面，比如执着、活泼、外向啊。但我很现实，我是个内敛的女孩子，决不会为一个人等这么长时间的。

记者：在演戏的过程中遇到过困难没有？是怎样克服的？

孟婷：困难当然是有的，而且很多很多。比如对崔莺莺的性格我当初就很难把握住，需要仔细揣摩她当时的所思所想。毕竟不是同一时代的人嘛，感觉好难好累。不过我们花了很长时间演了很多次，慢慢就有了感觉。其实最重要的还是投入，只有全心全意地投入，才有可能成功。

记者：在最困难的时候，有没有想过放弃？

孟婷：（毫不犹豫）没有，从来没有想过。既然参加了，我就会努力做好。

记者：在演戏的过程中有什么难忘的事？

孟婷：当然有啦，认识了很多好朋友，大家都是一个集体，平时互相鼓励互相支持，感觉很好。现在就期待“黑美人”的顺利举行，虽然第一次当演员，但还是希望可以顺顺利利的吧。

记者:戏中的张生是不是你生活中对男友的标准?

孟婷:(笑,沉思)应该不是,我其实不是很喜欢张生这种人。一方面可能是古代儒生给我的感觉是没有阳刚之气吧;另一方面他其实有很多缺点,比如有读书人的清高。不过戏里戏外两样人生,演出的时候,我还是要全心全意爱他的。(笑)

记者:你觉得作为一个演员应该具备哪些素质?

孟婷:首先要敬业,如果不敬业,其他一切都无从谈起。另外,还要注意心理状态的调整,这是很重要的。还有,做一个演员不应该将平日生活里的感情带到戏里,我想,现实与戏剧中的自我应该是判若两人吧。

记者:有信心拿最佳女主角奖吗?

孟婷:这个要看自己的能力吧,其实倒是真的没怎么想过,只要努力就好了。能拿到最佳女主角奖更好,不过拿不到也没关系。我想参与就是一种成功吧,况且重要的是过程,我觉得我从中学到了很多东西,这是在课堂上所学不到的。总之,无论结果怎样,我都很高兴。

记者:想没想过以后做一个真正的职业演员?

孟婷:没想过。我想当一个主持人,我觉得我还是比较适合做主持人,我也比较爱好主持。

记者:还想给剧组的其他人员说些什么呢?

孟婷:有很多话想说,他们平时给了我很多支持和帮助。我要特别感谢我们的导演,他是一个很优秀的导演,他很敬业,而且对剧情和人物心理把握得非常到位。导演还比较善于团结我们,而且人很谦虚,我觉得能得到他的指导,我很幸运。

采访刚一结束,孟婷又陷入了紧张的排练之中,我们真为她的精神所感动。在这里我们祝愿"黑美人"艺术节取得圆满成功,也希望孟婷可以摘得最佳女主角的桂冠。

【原载于2004年"黑美人"纪念刊】

因为付出，所以无悔

——《麻将》编导访谈

“黑美人”艺术节至今已举办了十六届，如果说创立之初是艰难起步的话，那么今天的“黑美人”艺术节可谓人才济济，好戏连台了。在征集剧本的过程中，我们收到了很多高质量的本子，但由于时间、条件等各种原因的限制，各剧不可能一一上演。于是我们采访了话剧《麻将》的编导——2002 级影视专业的陈航和雒毅同学，请他们就剧本不能上演谈一些感受。

首先，我们了解到该剧是反映亲情的，一部可以说是后现代的作品。该剧主人公帽子伙同当家的、小活佛和三儿利用宗教迷信搞房地产。帽子的父亲曾经也是做这种生意的，后来因为躲债并喜欢上另一个女人而丢下了帽子母子。一天，帽子刚刚做完一桩生意就接到了父亲的电话，他匆匆赶到父亲住的地方，父亲对他讲了许多。此时的父亲在金钱与亲情的天平上度量自己，他只想见见儿子。而帽子此时却一句话也听不进去，并逼父亲复出。两人争执不下之时，帽子甩手离去，父亲自杀……帽子父亲的旧相识，地产商刘先生找到帽子，希望帽子再帮他做笔生意，更希望最好能找到帽子的父亲一块儿合作。刚刚失去父亲的帽子不想再做，可能面临破产的刘先生一再央求，并说“不想弄得跟你爸爸一样”，一句话激怒了帽子。他对刘先生说了父亲自杀前对他说的那些话，最终在极度冲动与怨恨中结果了刘先生的性命。死前挨了一枪的刘先生想要见见自己的儿子……我们听了编导的讲述并通过对剧本的阅读深深地感到，帽子这样十分复杂的人物形象在舞台上是很难表现的。剧中贯穿的一个主线是金钱与亲情的冲突，在金钱面前，许多人放弃亲情、爱情、友情，甚至互相残杀，一层薄薄的文明掩盖着残忍的生存斗争。观众所受到的震撼是极其强烈的。

采访过程中，我们了解到《麻将》一剧是根据台湾导演杨德昌的同名电影改编的。在下笔改编之前，编剧和导演一遍一遍不厌其烦地看电影原作，有些台词甚至在反复读解电影的过程中记住了。对一部后现代主义的电影，必须抠出一个线索来，才能形成一个矛盾冲突鲜明的话剧。改编的过程中，需要删除、添加一些人物，而影片又特别长，压缩又是一个难题。

提到该剧没能上演，陈航与雒毅都感到很遗憾。一是整部剧改编的过程中，如我们上文所提到的，产生了断层，就有可能导致剧本更加晦涩难懂，最终编导将该剧定在40分钟左右。二是在演员的挑选上，该剧的心理描写特别多，因而对演员的要求也就更高，要求舞台表现力要特别强，感觉要特别到位，而没有更多更广的接触和社交面，选演员就成了一个问题。三是在具体的舞台表演上，又是由长片压成了短剧，而有些场景又是不得不表现的，那么编导就采取了一场戏中又分为左右场的方式。而在现实中，没有充足的条件满足编导人员的创作要求。四是排练准备不充分。陈航在此期间一直生病，雒毅在"黑美人"其他的剧中另有角色，因而对《麻将》的排练也是时断时续。基于以上种种原因，陈航与雒毅在再三考虑之后选择了放弃。为此我们也感到十分惋惜。

可以说，"黑美人"每一部作品的上演都倾注了剧组人员大量的心血。我们的每一位剧作人员都尽心竭力为"黑美人"增光添彩。对于《麻将》以及其他没能在"黑美人"上演的作品，我们和创作人员一样觉得遗憾与惋惜。在此我们也衷心感谢每一位为"黑美人"艺术节辛勤付出的人。我们相信，因为付出，所以无悔。

【原载于2004年"黑美人"纪念刊】

经典剧目将超越过去，给人新的思考

——《窦娥冤·等待戈多》剧组主创访谈

今天是5月27日，距“黑美人”正式演出还有一个星期的时间。先锋剧《窦娥冤·等待戈多》备受大家关注。晚上八点，院报记者来到《窦娥冤·等待戈多》剧组的排练地点，对主演王瑜、谭啸、李晨光三人进行了采访，他们分别饰演窦娥、刽子手甲和刽子手乙。

记者：你对自己所演的角色有什么看法？对角色把握得怎么样？

王瑜：因为这个剧是在元剧的基础上改编的，所以这个窦娥和原来的窦娥在感觉上是有点不一样，演起来就不好把握，于是就和导演不断地讨论。演到现在，终于找到一些感觉了。也看到过以前演出的视频，看别人怎么演，向他们学习。当年那个女主角演得特别好，拿了最佳女主角奖，很难超越。

记者：那就是说你无法超越了？

王瑜：我不敢说我能超越，但我会努力的。

记者：人们都说不同的人演绎同样的东西会有不同的感觉，你对自己的感觉有信心吗？

王瑜：我觉得就自己内向的性格来说还是比较适合演窦娥的，但具体把握得如何还要看观众的反应。

记者：能否介绍一下你们的角色？

谭啸：我在剧中饰演的是刽子手甲。这部剧把《窦娥冤》和《等待戈多》融合在了一起。我很喜欢这种先锋剧。出演之前我就已经看过2004年的视频，剧本我也看过。刽子手甲和刽子手乙有着完全不同的性格。刽子手甲给人一种稚嫩的、傻乎乎的感觉，做起事来很急躁，刚开始演的时候会很难把握，但多揣摩一下台词，前后想想，还是可以把握到位的。虽然在我之前已经有个样板了，但我相信新的刽子手甲肯定能超越旧的刽子手甲。

李晨光：我在剧中饰演的是刽子手乙。刽子手乙的性格和刽子手甲的性格形成了鲜明的对比。刽子手乙很机灵活跃，会起到搞笑作用。我先前看过视频，当时就觉得肯定会比之前的演员演得好。因为我和刽子手乙在性格上是比较接近的，感觉就像在本色演出。在语言等方面能拿捏得比较自如，情感容易到位。

记者：这部剧在原来《窦娥冤》的基础上有了一点小小的颠覆，你是怎么看待这种颠覆的？

谭啸：其实也算不上颠覆，只是运用了一种比较新颖的表现方式，超出了观众原本对《窦娥冤》的定义。

记者：这种表现方式有什么优势？

谭啸：这就将时代感融入经典剧目中，利用经典的东西反映新的社会问题，让观众感到新奇的同时，也能感受到这部剧所表达的思想。

王瑜：我觉得这是作者的一种表现手法，这种方式更需要讽刺意味。

李晨光：把传统的东西放到现代的东西中，很能吸引观众的眼球。虽然观众可能当时不理解这种先锋的形式，但之后一定会给他们留下思考的空间。

记者：你觉得这部剧最终要表达什么样的思想？

谭啸：这个剧从窦娥将遭斩首却未成展开，整个过程中表现出围观人群的麻木与冷漠，人际关系的复杂，这也是当前社会存在的问题。

王瑜：剧本更多的是表现社会及个人精神上的缺陷，引导人们去反省，查找自身缺点，弥补这个社会的不足。

李晨光：这个剧并没有指导人们以后的人生该怎么走，但每个人看到这个剧都会有不同的想法。也许剧中的人物会让你联想到你身边的某个人或者就是你自己，让你产生心理上的共鸣。

记者：其中除了批判，有没有一点缓和的东西？

谭啸：其实我们演的刽子手是很缓和的角色。我们也想帮窦娥，但是帮不了，所以还是表达了对社会的批判，表达了生活的疾苦、心灵的孤独与处世的无奈。这与剧本表达的是一种比较批判的主题是有关系的。

对剧组的采访结束了。从导演的言语中可以看到整个剧组的信心，从演员的回答中可以看到信心的来源，剧组每个人都在用心演绎一部全新的《窦娥冤·等待戈多》，我们完全有理由相信他们将会用经典剧目带给人们新的思考。

【原载于2007年“黑美人”二十周年纪念刊】

大爱无言
——林颖访谈

水,无色无味,却是我们的生命之源;月,无声无热,却是自然中最纯美的天使。还有一种东西——爱,不是轰轰烈烈,没有海誓山盟,而是无言沉默的,是所谓真爱无言。在新一届"黑美人"艺术节来临之际,让我们来回顾一下曾经留在"黑美人"舞台上的一些画面,回顾一下《真爱无言》,回顾一下它给我们带来的那份感动。

记者:能不能简单介绍一下《真爱无言》这部剧的创作背景?

林颖:这部剧是由我院2003级汉语言文学专业的一位学姐根据咱们学校物理系和化学系两位老师的真实故事改编的。这两位老师是一对夫妇,当年咱们国家号召一些专家学者去支援原子弹的开发项目,于是这两位老师就踊跃地报名参与到原子弹的开发实验组里。可是他们为了不使对方担心,都以在外地出差为由隐瞒了这件事,后来还因为这个引发了很多的误会。最后当他们在罗布泊相见的时候,真相终于大白了,最后原子弹也研发成功了。为了国家的利益,他们付出了自己的青春。这是一部弘扬主旋律的剧。

记者:那该剧在我校演出时的影响是什么样的呢?能不能给我们描述一下当时的场景?

林颖:当时的演出效果应该还是不错的。当演到他们两个人相遇,原子弹爆炸的场景时,很多女生都激动得热泪盈眶,一些年纪比较大的老师也都非常有感触,毕竟这也是发生在他们那一个特定年代的事情。

记者:那你觉得这部剧之所以会成功的原因是什么呢?

林颖:首先我觉得还是因为这部剧写的是发生在咱们西大人自己身上的事,所以大家就容易产生认同感。其次就是国家一直在号召大学生支援西部建设,从该剧中我们可以学习老一辈无私奉献的精神。当然该剧的成功与演员的出色演出是分不开的,虽然我当时用的都是新人,但是他们确实把角色诠释得很到位。这点很让我觉得自豪。

记者:你本人是如何看待这部剧的?

林颖:我对这部剧完全是怀着一种敬仰的心情来看的,它给我个人的感触很多很多。

记者:在这部剧的排演过程中有没有发生过一些让你至今都无法忘怀的事情?

林颖:最让我难以忘怀的就是当时我们演员的刻苦精神。有的演员如果有某个场景没有演好,就会提前半个小时一个人先来练,非常刻苦,这种精神让我觉得很感动。

记者:你觉得在这部剧里最重要的东西是什么?

林颖:我觉得在这部剧里最重要的东西是亲情。在这里我所指的亲情是一种广义上的亲情,由爱情升华而成的亲情,以及个人与国家之间的亲情。这些都是贯穿全剧的感情主线。

记者:那这部剧与你今年执导的《窦娥冤·等待戈多》相比,你觉得有哪些异同?

林颖:共同之处就是它们都会引发观众去思考,会给他们的心灵带来震撼,只是震撼的方式可能不同。一个是完全地使人在感动中去思考,而另一个则是让人们在笑过之后去思考。

后记:面对老一辈们对于祖国无私的真爱时,记者也深深地觉得一切华丽的语言都会显得黯然失色、苍白无力,此时真的唯有沉默无言才能显现出这份伟大的爱——无言的关怀,无言的注视,无言的奉献,无言的契合,无言的真爱……

【原载于2007年“黑美人”二十周年纪念刊】

我是舞台上的主角

——王洋访谈

第20届“黑美人”艺术节即将开幕，又将是一个炫亮的舞台。今天我们采访了第16届“黑美人”中先锋爱情剧《瞳孔爱情》的男主角王洋。

记者：当初怎么会想起参加“黑美人”艺术节的呢？

王洋：因为刚进大学时，在迎新晚会上我表演了一个小品得到了大家的肯定，后来又有机会结识了很有才华的《瞳孔爱情》的导演。自身的原因还是自己对表演的热情，也想通过舞台上的表演练胆，提高自己的心理素质。

记者：《瞳孔爱情》是先锋爱情剧，可以说是“黑美人”的一种全新尝试，你当初为什么会选择出演这个剧目？

王洋：因为我在迎新晚会和“文苑华章”中都有表演，所以导演就找到了我。而《瞳孔爱情》不同于其他剧本，它新奇夸张的表现形式，个性的台词，后现代派的背景音乐，只见舞影的串场舞，为大家呈现了一个完全不同的舞台效果。我就是被这样独特的形式所吸引而进入剧组的。

记者：从排练到正式演出这么长的时间里，有什么事是至今想起来都记忆犹新的吗？

王洋：排练的时候，大家因为共同的兴趣和热情聚在一起，认识了很多不同专业的同学，那时候的快乐是至今难忘的。

记者：在第17届“黑美人”中你创作了《河东狮吼》这一剧本，演出和创作是两种不同的体验，表演对你的创作有什么影响吗？

王洋：有影响。因为我喜欢表演，所以在创作的过程中我更注重某些细节，像是拔刀、弯腰的小动作都会在剧本中注明。写的过程也是表演的过程，在表演中受到很多启发，把它们融入剧本中。

记者：转眼就是第20届“黑美人”艺术节了，回想参与“黑美人”的经历，你觉得它对你后来的学习生活有什么重要影响吗？

王洋：我觉得表演的经历锻炼了我的心理素质，像参加各类考试我就能比较镇定。也许你现在听不出来，我以前是个结巴磕子，背台词提高了我的表达能力,使我和别人交流时顺畅。在舞台上表演时会出现各种意料之外的状况,所以“黑美人”也锻炼了我灵活应对的能力。这对我来说真是有着很深的影响。

记者:“黑美人”艺术节是我们院文体活动的一个重头戏,不仅体现了文学院的专业特点,还展现了大学生的风采。那么,你觉得“黑美人”对学生尤其是文学院学生有什么重要意义吗?

王洋:我觉得“黑美人”让文学院学生当主角是顺理成章的。首先,“黑美人”在征集剧本上为文学院学生提供了一个创作平台。再者,对于表演者而言,他首先要具备一定的文学素养才行,这正适合于文学院学生。

记者:作为曾经在艺术节中大展风采的学长,在你看来,“黑美人”应该怎样才更有发展活力和艺术魅力?

王洋:我觉得表演形式的多样化非常重要,因为只有不断发展创新才能保持活力。还有就是在剧本的选择上,光是学生的原创肯定会有限制,因为我们的阅历都比较浅,剧本都不够有深度,如果可以改编经典剧本,让经典由我们的方式来诠释,或许又会有一种不同的魅力。

记者:在第20届“黑美人”艺术节即将到来之际,对正在紧张排练的同学们,你有什么想说的吗?

王洋:就一句话:“好好享受这个过程!”

采访很快就结束了,记忆中那段“黑美人”的经历再次翻阅出来——站在舞台上,我就是主角,那是一份快乐,一份自信,一份最珍贵的回忆。

【原载于2007年“黑美人”二十周年纪念刊】

(王洋,西北大学文学院2001级学生)

英雄的内涵

——张铭峰访谈

英雄是什么？怎么样的人才配得上英雄这个称号？或许切·格瓦拉就是这样一个人。他代表着一个时代，见证了一段历史，创造了一个神话。这样的一个人有着怎样的传奇故事，他的行动又是怎样震撼全世界的，这些都是我们期盼了解的。“黑美人”艺术节正是这样一个平台，一架桥梁，一条纽带。通过话剧这一艺术表现形式，我们得以重温历史，近距离地感受往日的辉煌，深切地体味英雄的内涵。

二十载春秋，“黑美人”迎来了她二十岁的生日，恰逢话剧百年华诞，这本身就是极具纪念意义的时刻，因此经典剧目的重现又别具意味，为此我们采访了话剧《切·格瓦拉》的主演张铭峰学长。

当我们怀着崇敬的心情在话剧排练场找到张铭峰学长时，他正手持剧本与演员们交流着剧本的细节。看见我们到来，他舒缓了一下情绪，得知我们的来意后，便迫不及待地向我们介绍了该剧的剧情。

《切·格瓦拉》一剧主要讲述了传奇英雄切·格瓦拉不平凡的一生。他虽然出身于贵族家庭，却有着一颗平民的心。他大学时代学的是医学，本来准备将来从医，救死扶伤。但一切却在他到南美洲游历后改变了。当时的社会是动荡黑暗的，他目睹这一切后认为只有通过革命走向光明，才能拯救广大人民于水火之中。1956 年，他结识了卡斯特罗，并与其成为志同道合的盟友，最终领导革命成功，古巴独立，他因此也成为古巴的重要领导人。可是，切·格瓦拉并没有因此而居功自傲，沉溺于名利。他毅然放弃所得，告别家人，继续革命事业，因为他是全世界人民的切·格瓦拉，他是为所有人民伸张正义的切·格瓦拉。但上天又是不公平的，后因当地农民的出卖，他被反动政府军俘虏，英勇就义，结束了不平凡的一生。

在谈到为何偏偏选择切·格瓦拉这一英雄形象进行表演时，张铭峰学长洋溢着激动的情绪，和我们聊了很多。首先，这个话剧曾经在 2000 年公演，引起巨大的轰动，在观众心中有很重要的地位。其次，他个人较为认同切·格瓦拉这个人，切·格瓦拉的精神魅力是前无古人后无来者的，他的行为和精神境界非一般人所能企及。再次，今年恰逢切·格瓦拉逝世50周年，在这样的时刻把这个剧本搬上舞台，也算是对切·格瓦拉的纪念。

那么这种改编的剧本，类似于人物传记的剧目，能否吸引观众的眼球呢？张铭峰学长的回答是肯定的。观众可以轻松地顺着戏剧所表现的贴近现实的语言和形式来了解我们对于切·格瓦拉精神内涵的理解和阐释。它是一个先锋剧，而非一个剧情剧。它主要通过人物的台词来阐述历史事件、历史人物。角色都是符号化的角色，十分容易解读。

已是大三学生的张铭峰，连续三年参加了艺术节，无论在演出经验还是演出经历方面都有相当大的感触。他说参加"黑美人"艺术节的过程有助于个人交流能力的提高，同时亦可提升自信心，通过舞台演出可以展现自我，实现个人的自我价值；舞台具有魔力，能让人情不自禁地全身心地投入其中。

在谈到"黑美人"时，张铭峰学长流露出自豪之情。"黑美人"诞生于1987年，能够经历二十年而不衰，本身也说明其影响力之大，举办"黑美人"已成为文学院的一项传统。

最后在谈到"黑美人"的现状和未来时，张铭峰说他希望2006级的学生们能继承这一传统，将"黑美人"越办越好，也希望"黑美人"能吸引更多人的目光，成为人人熟知的"黑美人"。

采访在愉快的气氛中结束。我们感触很深："黑美人"永远是我们心中最靓丽的"美人"。

【原载于2007年"黑美人"二十周年纪念刊】

采访纪实

编者按

三十年是一段时光，里面有太多的青春、迟疑、尝试和变幻无常。回首三十年，一个人可能已悄然度过生命的三分之一，但西大校园里的这位“黑美人”却依旧少女般如花绽放。曾与她为友的西大学子在回味走过她身旁的那段岁月时，又怎会不为她感动、骄傲？2017 年 7 月，在西大文学院领导、老师的带领下，“黑美人”艺术节三十周年纪录片摄制组在北京和西安两地采访了与“黑美人”结缘的多位优秀校友。采访中，有唏嘘轻叹，有意气风发，有友谊，有收获，还有韶华已逝初心不改的那份坚守与执着。不论如何，相信他们都在对我们坦言：无论走了多远，无论是回首还是展望，他们和他们曾心驰神往的那个“美人”，永远是最美、最让人心动的模样。

梦一场

——访王文汇纪实

采访者：请问您现在所做的具体工作是什么？

王文汇：我目前主要是在陕西广播电视台下属的陕西影视文化公司做剧本筛选工作。我 1987 年进入西北大学，1991 年毕业，之后进入西大校办和 211 工程办公室工作了四年。1995 年进入陕西电视台。这二十多年中创办了《电影最前线》《华山论剑》《天下宝物》等节目并做制片人。除了平时的工作，我还参与一些全国性的戏剧活动，拍过十几部片子。这些都是基于我在学校学到的知识。

采访者：您如何看待戏剧与影视的关系？

王文汇：我觉得它们其实是孪生姐妹的关系。从电影诞生之初到人们对其有所认知，乔治·梅里爱在其中加入了戏剧元素，创造了真正的戏剧电影。所以说它们是互相依附、共同成长的。

采访者：您对“黑美人”戏剧节的相关经历有哪些印象？

王文汇：我们 1987 年入校时正好是“黑美人”艺术节的第一届，可以说我们和“黑美人”是一起成长的。那时我们刚刚入学，对这样的活动非常憧憬，同时她也给我们提供了一个实践平台和实现梦想的机会。

采访者：您当时的作品是什么？

王文汇：第一次创作有一个机缘巧合的起因。当时我们在太白校区，宿舍楼下有个眼镜店，正好赶上“3·15”学雷锋活动，有优惠，我就去重新配了一副眼镜。在等和取货的过程中，与眼镜店老板在质量和价钱上产生了一些冲突。于是我们就想，这样一场活动究竟是为了学雷锋还是为了给自己谋利？当时作为学生不好跟人家有太大冲突，于是我们决定不平则鸣，用戏剧的手法表现出来，就有了我们的剧目《如此雷锋》。我是这部剧的编剧、导演，也客串了一个小角色。

采访者：排练中有什么难忘的事？

王文汇：首先选角上，我们当时有幸请到一位大咖——你们的高字民老师。他很有才华，很有天分，为人幽默，当时老师们也都很喜欢他，向我们推荐过他。

我记得他之前就一个人做过一个独角戏，是一个小贩在街边叫卖，非常精彩。他虽然是大咖，但当时跟我们排练依然很认真，丝毫没有架子，我们的合作很愉快。还有一个小插曲，当时在太白校区演出的时候，周围有一些村民和闲散人员也会来看，这也可见我们"黑美人"的影响力和感染力。当时我们演出完散场的时候，还有一些村民截住我们，问我们一些戏里的问题，这也说明戏剧需要形成与社会的互动。

采访者："黑美人"对您之后的戏剧创作有什么影响？

王文汇：这是我走入这个专业以来第一次真正的舞台实践机会，是一次真正的戏剧实践。这对我们之后的帮助可以说是一个奠基，是基础性的。之后的剧本创作无不受这第一次实践的影响。

采访者：您在"黑美人"中收获最多的是什么？

王文汇：最重要的是初步形成了对戏剧的整体认识，而且整个过程中无一不是收获，让我们有机会体会到完整地做出一个戏是怎样的。当然，在与各个部门、各个演员之间的合作中，我也与一群同龄人收获了友谊，结识了一群同样对戏剧充满热情的同学，他们到现在都是我的人生挚友。

采访者：您认为"黑美人"有什么独特的魅力和精神？

王文汇：她对我们第一届学生来说是永生难忘的回忆，是诱发我们创作激情的不竭源泉。毕竟是学生，对待这件事很纯粹，学校和老师又为我们提供了自由、轻松的创作氛围，让我们可以充分发挥自己的才华，有一片广阔的创作天地。

采访者：您对"黑美人"以后的发展有什么建议？

王文汇：首先还是要坚持自由创作的大方向，老师只能是风向标，起指导作用，真正的创作还是要靠大家。咱们西大一直是"黑美人"戏剧创作的良好平台，相信以后也会是。但如果要更多地走向社会、走向全国的话，肯定还需要更多的资金投入，才能形成一个更广阔的戏剧试验基地。总之就是，不忘初心，代表学校，走向社会。

采访者：母校有什么力量让您每次活动都义不容辞地参与呢？

王文汇：这次活动其实是高字民老师通知我的，母校的事当然义不容辞。记得当年我第一次走出高中，来到西大，那是一个秋天，满校园都是秋天的感觉和气味，带给人一种特别的情愫。在这里专注地学习戏剧，保持着西大人不求名利、一心向学的初心和传统。这是我们的一种情怀，每次都能带来那种强烈的兴奋感。希望"黑美人"能够进一步发扬光大！

采访者:学生时代您对“黑美人”是怎样的印象?

王文汇:她当然是一个高尚的、殿堂级的活动,神圣得让人不敢触碰。当时还是在北区的大礼堂里,我们一开始进不去,就一起趴在窗户上看,那样已经觉得很幸福了,也很自豪。

采访者:据您了解,“黑美人”是怎样诞生的?

王文汇:我记得当年工艺品还是很少见的,当年为了奖励咱们的戏剧成果,就在西大街买了一个黑色的全身人偶。但后来因为保存不当遗失了,又买了一个半身的。那些东西在当时看来还是很洋气的,慢慢就成了一个标识。

王文汇

采访者:您在陕西电视台的工作中有什么特别的体验?

王文汇:我的一个系列节目,现在在电视上还能看到,最初是叫《天下宝物》,后来叫《天下国宝》。到我自己当了制片人和经理后,就改成了现在的名字,叫《华山论剑》。

采访者:您觉得当时“黑美人”的发展遇到了哪些问题?

王文汇:有一个很现实的问题:我们的摄像机非常缺乏。作为一个实践平台,基础硬件设施还是不足的。不过虽然我们每年的辅导员都不一样,但每个辅导员都积极为我们想办法解决,尽量给我们更好的条件去进行创作。

采访者:您觉得话剧中可以加入影视元素吗?

王文汇:当然可以!我们一直强调,话剧终有一天要打破四面墙,走出去,有更生动鲜活而现代化的表现形式。应该充分利用现在发达的网络资源,加入更多新兴科技元素,不断创新,也就是要加大硬件资金投入。咱们的软件从来都很强,这是咱们的优势。硬件上也要跟上,才能更好地走进社会,走向群众。

当时只道是寻常

——访樊鹏纪实

采访者:您当初参加“黑美人”有什么样的经历呢?

樊鹏:我是在大一的第二学期,也就是 1999 年的 4 月份第一次听到“黑美人”。记得当时应该是我们隔壁宿舍有一个同学在楼下喊:“哎,你们谁想演戏啊?咱们‘黑美人’有一个剧组招演员。”我觉得这挺好玩的,就去了。我们宿舍两个同学和隔壁宿舍一个同学,一共三个人一起到当时老校区的孔子像对面,当时文传学院的办公室里有一个剧组(大概四五个人)在面试演员。我以为去那里就是大概聊一下看一下,判断一下这个人的仪态,就定了。没想到去了之后考官出了两道题,一道题是宿舍要装电话了,让我们做即兴小品,另外一道题已经记不太清了。总之整个过程很正式,就像艺考一样——当然当时不知道艺考是什么概念,可是后来想想,就像是艺考一样。这两位学长当时上大二,他们已经上过“黑美人”艺术节了,对于演戏这件事蛮有研究和经验了,对自己的演员要求也比较严格。比较幸运的是,去的三个人中我被挑中了,所以这就是我演的第一个话剧。两天后我们去排戏的时候,令我兴奋的是,女一号还是个美女。后来在排戏的过程中,导演不断有新的想法,就说我们能不能往里面加一些新的内容,因为我们这个戏是一个校园爱情剧,我演的是一个校园诗人——当时“诗人”是一个褒义词,女一号因为我的诗喜欢上我,就谈了一场恋爱,最后因为大家性格不合,这段恋爱就结束了。结束的时候大家就在想总不能握手再见吧,这样没有戏剧的张力。他们就问我:你敢在大庭广众之下拥抱吗?我就想反正我又没什么吃亏的,就说行啊。然后又征得了女一号的同意。后来在排练的时候我们都不排这些,因为在当时那个环境下大家对这些事还是比较忌讳的,等到最后演出的时候必须深深地拥抱一下。结果到了演出那天,我们前面一个戏还在演,导演跑过来跟我说:我跟你说个事儿啊。我问:啥事儿啊?导演就把侧幕的帘子拉开,给我指底下观众席的第四排,从左边数的第几个人是女一号的男朋友,今天专门过来看戏的。然后我一看,膀大腰圆的。就因为有这么一个观众在底下,拥抱到最后也没有实行。这算是一个小小的遗憾。

采访者：您能否和我们聊一聊《青铜骑士》？

樊鹏：我演第一个戏的时候就在台下看《青铜骑士》，看他们排练，真的不错。从戏的立意就可以知道整个演员阵容，包括他们其他方面的配合，基本上属于超豪华级别的。

采访者：有没有遇到过什么困难或者开心的事？

樊鹏：其实《青铜骑士》我最早没参演，我是中途加入的。因为当时《青铜骑士》要复演。当时西安交通大学和咱们学校有一个文化交流活动，《青铜骑士》需要去交大演出，相当于我们学校的一个代表。当时，这个剧组里有一个叫孙大路的同学因为在外地，去不了，所以我就临时顶替上去了。上去之后最大的问题是所有的词都要从头开始背。那段时间是我们宿舍最痛苦的时候，晚上睡觉之前我就一直在背台词，看不清楚的时候还要点个蜡，早晨起来第一件事是坐在床边继续背。那段时间我们宿舍的人都疯了。好在时间比较宽裕，而且词不是很多，我也喜欢这个剧，到底还是背下来了。但是对于我们所有人来说，有一个新的问题：西大老校区大礼堂的舞台小，交大的礼堂很大，比我们的舞台大差不多三四倍，是一个标准礼堂，差不多是剧院的级别了，对于我们习惯了西大舞台的人来说，那个长度就不合适。举个例子，有一场戏是男主和一个人分别从两边出来，然后说"你好，总统"，以我们舞台的长度，两个人说完"你好"就握上手了；如果在交大礼堂上的话，就不能这样演了。所以我们就特别不习惯，第一次走台之后就有点疯了，感觉所有的东西都要重新设计，包括人什么时候重新上台，大家怎么打招呼，必要的时候可能还要加点词什么的。所以就像刚才我说的处理方法，就像总统坐在这儿看他的文件，他的谈判对手就先上台，走到台中间，向他凝视几下，再略微思考一下，最后再往前走，再说"你好，总统"。那么这种凝视和思考就给戏里加了一些新的元素，因为他们是对手、敌人，所以这种凝视和思考反而使得这个人物有了一种新的心理。用这种类似的重新加工，也算是把这个戏在交大的舞台上重新展示了一下。对于我来说，这个还是蛮有挑战性的，因为第一，其他人都是重新演一次，对于我来说可能就是第一次熟悉。再一个，对于我们所有人来说为校争光这个感受还是挺强烈的，因为我们当时也有其他的校际比赛，但是从话剧或者文化创作的角度来讲，我们收获了较大的喜爱。我记得当时整个话剧演完以后还返场了一次，因为大家鞠躬谢幕下场后，底下掌声还没断，没办法，大家只好又上去了，又谢了一场。这个印象还是蛮深刻的。

采访者：那您之前有没有做过导演什么的？

樊鹏：有，第三年的时候导演过一出戏，但是做导演当时好像还不是我特别想做的事，因为我是学新闻的，我觉得还是要有一些文学性，写出点像样的文字。我一直想写一个剧，到大四的时候才写出来一个，过审的一个剧，叫《通过爱情》。其实本来叫《关于爱情的四种看法》，

樊　鹏

但是因为那年刚好是 2002 年，是百年校庆，然后“黑美人”就移到了十月份，和校庆一起。等到十月份“黑美人”开始的时候，我们这一级已经离校了，所以这个戏，按照之前的环节，谁写的谁导，谁找演员、请剧组、排练。我因为马上要离校，肯定干不完了，所以就把这个事交给了别人。反正这个戏故事性也不是特别强，只是分幕，相对来说比较具有片段性，后来请他们改成先锋戏剧了，所以名字也就改成《通过爱情》了。

采访者：您是学新闻的，但是您参与了不论是“黑美人”演出也好还是剧本创作也好，您是本身就喜欢，还是参加了“黑美人”以后才发现自己慢慢地喜欢上了戏剧呢？

樊鹏：说不上来，其实就是觉得这是一个挺有意思的事，本能地觉得原来在学校里除了学习我还能干点别的事，然后一群人在一起讨论怎么演。

采访者：那您觉得之前的这段时光，不论是参加“黑美人”，还是自己导演的过程，对现在的工作有没有什么影响？

樊鹏：影响比较抽象，但有。跟我刚才说的一样，我认为我们在上大学之前，大部分情况下做一件事就会有一个标准答案，这标准答案就是 A 或者 B，论述题就是你把那些东西写到了就会给你分。其实到了大学里面，学习方面差不多也是这样，总会有一个答案在那。但“黑美人”不是，没有对错之分，你也不知道自己是对是错，但是在这个过程中你会很享受。我后来回忆起来，真正工作的时候才发现，其实真的是这样，这个才是现实生活的规则——你的人生不管怎么样，不管你怎么选择，你要面对的工作是什么样的，都没有标准答案。恐怕我们现在

也不能肯定地说,当初我们哪个选择是对的哪个选择是错的。可能只能等到我们退休或者即将老去的时候,回忆起来才会觉得哪一段选择好一点,哪一段选择差一点,哪些事情做得好,哪些事情做得不好。可能那个时候才会有这种判断,但是这种判断也不是标准答案,只是你个人对它的判断。所以后来在工作中我觉得,就像在准备"黑美人"的过程中一样,我只能尽我的努力把它做好,至少做到我满意。至于对与错,谁也不能判断,其实在某种程度上也不重要。我觉得要说直接的影响,就是把各个工作都做好,把每段生活都过得有价值。

恰同学少年

——访焦磊纪实

采访者:请您谈一下“黑美人”的意义是什么。

焦磊:其实我觉得生活和戏剧看似很遥远,但戏剧来源于生活并且高于生活,它是一种抽象的艺术表现。而且对于大学生来说,能够近距离地接触各种各样的戏剧创作——从制作、导演,到前期、后期的准备,一直到舞台上最终的呈现。我觉得“黑美人”艺术节对于大学生来说真的是一个非常好的戏剧艺术的体验。这种体验无论是对生活中艺术审美的提高,还是对将来走上工作岗位以后心境的变化,都是用得上的。

采访者:请您用几句话来表达一下对“黑美人”未来发展的祝福,以及对同学们的期盼。

焦磊:“黑美人”艺术节发展到今天已经30周年了。在这么长的时间里,我们戏剧的质量也有了很大的提升。从最初的简陋的小舞台到现在华丽的大舞台,并且给大家提供了更多的展现形式。所有的戏剧,无论是制作还是演出,都有非常大的提高。我希望有更多的学弟学妹能够走上这个舞台,也希望学校能够提供一个更大的平台来给大家发挥。我希望“黑美人”艺术节做得越来越大,越来越好。无论是演出还是观看,希望有更多的大学生参与。

采访者:那您现在从事的工作有涉及戏剧方面的吗?

焦磊:我现在从事的工作是汽车媒体,也会涉及一些视频的拍摄与创作,所以要求是比较高的,工作与戏剧的结合是很多的。

采访者:请您回忆一下当初参加“黑美人”有一些什么样的经历。

焦磊:我参加“黑美人”是在大学二年级的时候,有两部剧是我参演的,并且都是主角。现代剧中,我们演的是浙江大学黑白剧社特别火的一部剧,叫作《擦肩之隙》。内容讲的是一个女大学生与两个男大学生之间角色的变化,其中一个主角是一位男生,他生病了,所以耳朵听不到,而且他又很内向,所以他平常和同学的交流都很困难。剧中的女主角是他当年心仪的一位女生,就是我所扮演的角色,名字叫作熙熙。剧中的女主角一开始不太了解这个男生,但她后来知道了这位男生因为生病了所以耳朵听不到。这部剧对于整个事件以及人物心理的一些变化都有捕捉,属于比较细腻的心理剧。

采访者:参演这样的一部剧,您有没有一种独特的感悟? 到现在,当您回味起来,有没有什么不一样的感触?

焦磊:这部剧的内心戏比较多,就是将一些内心独白搬到舞台上。所以我上学的时候,更加理解了男生女生之间心理的变化。从这部剧中,很多人都可以看到自己的影子。所以我比较有感触的地方是通过戏剧的手段能够很好地把自己当时的一些心境表现出来。

采访者:在您排戏的过程中有没有发生一些比较难忘或有趣的事情?

焦磊:其实对于每个演员来说,对角色的理解与定位都不同,再加上对脚本的处理,演员之间会有一些冲突,我们当时都是一样的。虽然那个时候拍摄条件比较简陋,但是所有的细节,包括配音,甚至到车的轰鸣声,每一个镜头进去,这个声音应该配在什么地方,每一个演员都是有自己的理解的,所以会产生一些不同的看法。但是经过磨合之后,还是达成了高度的一致。所以后面的演出是非常成功的。这是我比较难忘的地方。

采访者:在排戏的过程当中,有没有一些院系的老师与你们有一些互动?

焦磊:排戏是以学生为主,但是在排戏的过程中老师也给予了很多指导。我们当时在文学艺术传播学院,我们的辅导员陈华老师,还有我们的书记王静波老师给予了我们很大的帮助,包括排练场地的提供以及表演的指导。还有我们的周东华老师,在表演方面包括吐字等等都给予了我们很大的指导。

采访者:您当时学的是艺术类专业,那您的同学中是不是有很多人都参与到了“黑美人”当中?

焦磊:我们系参与“黑美人”的人比较少,中文、广告或者是新闻传播专业的学生参与到“黑美人”的比较多。到我们大三的时候,学校里设置了播音主持专业,这个系的同学会更多地参与。我是因为一开始参加了文艺部,可能跟文学院的同学交流得比较多。

采访者:说到跨专业与跨系,您是怎么想到参与一部戏剧,一个自己不太擅长的领域的?

焦磊:我自己是比较喜欢表演的,而且我在刚入学的时候就主持了迎新晚会。我们西大的迎新晚会还是比较有特色的,每年各个系的节目都会吸引不同专业、不同年级的同学来看。我本身在主持方面比较有特长,所以很快就融入了我们的文艺部，于是很自然地就接触到了这些戏剧。在进入“黑美人”的同时，我们这个小小的团体在学校里还有一个社团，叫作“地上铁话剧社”。

采访者：地上铁话剧社算是西北大学艺术类的社团吗？

焦磊：对，它是属于西北大学的社团。它包括历史系、电子系、化工系和图书馆系等的学生。有很多专业的同学都会来参加。

采访者：这个社团后来有没有延续下来？

焦磊：这个社团后来应该没有延续下来。这个社团在当时的几个年级里面配合得比较好。我们当时排了好几部戏，主要都是为“黑美人”做准备的，因为“黑美人”是西北大学最大的戏剧舞台。

焦 磊

采访者：我们看到了当时的一些照片，关于这些照片您有没有一些故事想分享给大家？

焦磊：这些照片其实都是院系提供的，我自己的很多照片都在老家，没有拿过来。我还是很感慨、很怀念的。当时同学们没有太多的时间，都是在学习之余排剧的，大家都废寝忘食。看到当时的剧本，我就在想，我当时到底是怎么样背下来的？感觉当时好有激情。所以这些照片也是让我很有感触的，让我回想起当时的很多同学，包括一起演戏的，包括我们当时一起出演的古装剧，那个剧里有一二十个演员。15、16 届“黑美人”的舞台是很小的，很难承载我们所有人，所以我们分了 a，b，c 三个阶段，但是这三个阶段不是每个演员都能够尽情地发挥的，因为毕竟分主角和配角。但是哪怕很小的一个配角也是非常认真的，包括前期的化妆与服装准备，以及对台词的表现。我觉得每个人都是真正地在用心去表演。所以看到照片，我是很想念当年的那些同学的。

采访者：那在友谊这方面，现在有没有一直联系的朋友呢？

焦磊：有，但是比较少。所以我想通过这样一个活动来寻找我当年的同学。我有一些同学的影像资料，有他们的照片，但是已经想不起来他们的名字了。很多年过去了，还是很想念大家的，如果大家看到这个影片可以跟我联系。

采访者：那您有没有印象特别深刻的闺蜜或者是朋友呢，男女都行？

焦磊：有一个我们1999级历史系的学姐叫孙文琳，她是天津人，特别豪爽，在好几个剧中我们配合过女生的AB角。要么她是主角，要么我是主角。我特别想念她，很久以来也没有找到她的联系方式。

采访者：为什么这个学姐让你印象很深刻呢？

焦磊：因为她当时的形象比较高大，对我们整个剧组的成员都比较照顾，特别有大姐大的风范。所以在剧组里她发挥了自己最大的特长，包括一些组织和剧务工作，她的口才也非常好，所以我对她印象非常深刻。只是毕业之后就没有联系了。

采访者：她是历史系的，那您对非科班出身的这些学生参加戏剧表演或戏剧排演有什么看法呢？

焦磊：我觉得这样非常好。当时我们剧组有一个女生是化工系的，她的长相可能没有那么耀眼，而且个子也比较矮小，但是她非常热衷于戏剧表演，她在我们的剧组里从开始选角色到最后上台，一直都是非常用心的。她自己也说：其实我学习很好，我是一个学霸，但是因为形象的问题，我不是很有自信；但是通过这部剧我认识了很多朋友，甚至是跨系、跨专业的。我大四毕业后找工作以及走上工作岗位，这件事情在自信心上都给了我很重要的影响。

采访者：那个地上铁话剧社在你们刚入校的时候就是学校的社团，还是你们入校后才成立的？

焦磊：是后来成立的，因为当时化工系的女生和那个历史系的天津女生想排一部剧叫《橘子红了》——它是一部电视剧。她们两个比较想排，当时这部剧正在热映。

采访者：那当时排这部剧没有经过正式的申请吗？

焦磊：对，最开始是化工系想做一个这样的迎新晚会，于是贴了海报招人。

面试了很多演员，但是没有找到扮演周迅演的秀禾那个角色的合适人选。后来有一天我去食堂吃饭——我穿了一件中式斜襟的衣服——一个女生就来找我，问我是哪个系的，叫什么名字。我跟她沟通了一下，她就问我能不能去她们宿舍试一下戏，她们要排《橘子红了》。后来我就去了，然后就通过了。因为排了这部剧，大家的爱好都激发出来了。后来我们就成立了地上铁话剧社。

采访者：那它算是一个民间组织？

焦磊：是的，它是一个民间组织。

采访者：那你们毕业之后就没有再延续下去吗？

焦磊：对，就我们在的那两三年排了几部戏。当时社团里还有一个男演员，他在“黑美人”里演了《铡美案》里的反串角色。他当时是学生会主席，也比较支持这样的一个社团。

采访者：那很可惜啊。

焦磊：对，我记得那是下着大雨的一天，我们在阶梯教室里吃着快餐想出来的名字。其实一开始也没想过会成立社团，但是因为我们实在是关系太好了，经常排完一部戏后会很失落，就会想下一部戏在哪里。

（焦磊，西北大学文学艺术传播学院2000级学生，现任行圆汽车总经理）

“黑美人”，我成长的温床

——访胡娜纪实

采访者：您认为“黑美人”对于我们的意义是什么？

胡娜：大学时代留给我们最深刻的印象是无法复制的青春成长的过程。这个青春成长的过程需要一个载体，这个载体不光是时间、空间、空气和水，还有成长的环境。它要给你的精神一个温床，我觉得“黑美人”就是这样一个温床，是绝无仅有的。而且我觉得在西大的这片土地上，我们“公诚勤朴”的校训和文学院源远流长的历史给这个温床造就了一片非常好的土壤。我觉得“黑美人”是让青春释放的一个平台。

采访者：请您用几句话表达一下对“黑美人”的祝福。

胡娜：我一开始作为一个大一新生接触到“黑美人”这个名字的时候，就觉得它很特别，因为大家一般说到美都会想到白皙，所有古诗词中的美人都是白皙的。但是她的“黑”给了她一种特别天然质朴的品质，而艺术正是这样的东西，艺术是能够养心的。我觉得“黑美人”就承载了这样的一个使命，所以我希望我们的“黑美人”能够越来越美，这种美是她内在的积淀，是所有人的心血，是一代一代青年把自己的智慧、成长、看事物的眼光全部融进去。所以“黑美人”是一个绵长的伸展过程，她永远没有年龄，可能她永远都是零岁，也有可能她永远都是九十九岁。

采访者：您还有什么想对“黑美人”说的吗？

胡娜：作为一个已经离开校园七年的人，我在回顾“黑美人”的时候，很难想象在我以后的人生经历中还会不会再有令我不假思索地全身心地投入到其中的一个事情。我很庆幸我所学习的专业和我现在从事的工作有着很紧密的联系，因为我的同学中从事和专业相关的工作的已经不多了。我又特别幸运，能够在国家大剧院这样一个艺术中心，每天看到这么多的艺术作品，接触到这么多的艺术家。我觉得“黑美人”对我来说是一个起点，可能从那个时候开始我就和艺术结下了缘分，知道了自己热爱这个东西。如果可以的话，我想对能够参与或者已经参与“黑美人”的同学们说，你们可以放下自己的一切想法，全身心地投入到这个活动中来。可能在这个过程中你会觉得辛苦,也有可能在演出结束之后你才能感受到这个过程中的喜悦或者胜利。有些东西不是了无痕迹的,五年以后,十年以后,你回过头来再看,有一些人,有一些事,有一些思想和情感,就是恰恰在参与"黑美人"的那些年收获的,这些东西会伴随我们一生。我想感谢"黑美人",也想感谢我的母校,感谢当年那些带着我一起经历"黑美人"的学长学姐,感谢跟我一起参与,支持过我的学弟学妹。还有很多学弟学妹可能我还不知道名字,也许也不会有机会相识相见,但是我知道站在"黑美人"舞台上的所有人都一定是最可爱的。

胡　娜

采访者:您有没有什么有趣的故事或者什么想法想跟大家分享的?

胡娜:其实我觉得"黑美人"对于西大的人来说是一种期待,一种理想的期待,但是这种理想期待的实现需要很多很多人拧成一股绳,大家一起去做这个事情。在我的印象中,每年到夏天的时候很热,学校里也很热,当时我们一起排练的场地都没有,然而各个剧组都在自己的楼道里、走廊里排得如痴如醉。可能出于戏剧的要求,有人哭,有人笑,在别人看来像疯子一样在做这个事情。我觉得这个过程可能是"黑美人"的一个很亮丽的东西,从一开始到在舞台上呈现这个过程更让人刻骨铭心。在这个过程中,很多老师、很多同学不一定最终出现在舞台上,甚至报幕的时候连他们的名字都不会出现,但是我觉得我们应该铭记那些名字,比如高字民老师、孙阳老师、王滔老师、李彬老师、赵强书记,以及支持我们的所有辅导员。他们一遍一遍不厌其烦地帮我们看剧本,审查节目等。老师们一方面拿我们当学生看,一方面也把我们当孩子看。他们尊重我们作为孩子的创造力和想法,尊重我们自由的天性,在这个基础上引导我们,为我们的梦想插上了翅膀。

(胡娜,西北大学文学院2006级学生,现就职于国家大剧院)

再回首，我心依旧

——访陈海华纪实

采访者：您觉得大学时期的“黑美人”对于您有什么意义？或者对于所有人的意义是什么？

陈海华：对我的影响挺大。我觉得学校有这样一个氛围可以发展你的兴趣爱好很好。包括我，包括小亭，包括陈志，包括付蕾，包括袁方，以及后来的小黑，“黑美人”让我们做了真正想做的事情，就是在这个年龄段，20 岁左右。我们问自己，我们想要什么？然后我们就去做。我们知道了有一块可以尝试的地方，并且知道自己能不能做，这个就是“黑美人”对于我们的意义。

采访者：您对“黑美人”有什么样的祝福？对学弟学妹们有什么样的期盼？

陈海华：我希望“黑美人”越办越好，越来越丰富，越来越关注大学生这个年龄段想要表达的东西，然后提供更多的可能性。希望学弟学妹们更多地去尝试，多读书。虽然从纸上立起来的过程会有痛苦，但是要去尝试，去做，多沟通，多倾听。因为合作的事情，只有多磨合，多听意见，你才会发现，你在原来想走的那条路上可能会走得更好。这是我对大家的期盼，也是我对“黑美人”的祝福。

采访者：您是只参加了一次“黑美人”就爱上了戏剧，还是之前就已经喜欢上这方面的东西了？

陈海华：其实我上高中的时候就加入了话剧社团，当然是高一、高二。到了高三，为了应付高考就完全放弃了。到我进入西大的时候，知道学校有小黑，文学院有“黑美人”艺术节，我就觉得我可以继续我的兴趣爱好，然后就试着走走看。

采访者：您除了参加“黑美人”的那次，大学期间还有没有过相关的表演经历？

陈海华：有，就是小黑。小黑从每年一部完整的大戏到后面生发出的小黑小戏小品节，也是对新人的培养和发现——有的做演员，也有的做导演。

采访者：您可不可以举个例子说说您所认为的演员和导演的工作区别，以及您是如何处理的？

陈海华：当时其实是一种蒙的状态。当时我和两个朋友一起弄《日出》，往年我们都会有一部经典作品重现，都会有参考资料和视频。从现在的角度看，有一点 copy。因为大家都还很不熟嘛，你都不理解，或者你还不知道戏剧大概是什么样的，只能照猫画虎去做一些事情。但是那一次尝试做《日出》，我们是从制作到导演讲戏，然后到演员最后呈现，那是一次里程碑。因为那一次真的是我们自己去探索，去发现可能性、人物关系，以及最后的呈现会是什么样子。那次是导演方面的一次尝试，我是和朋友分头工作，他在文本上做了一定的筛选，然后帮我分析男生戏那部分。我觉得我们合作得还是很愉快的。至于做演员，你大部分时间要去跟随，你的聆听能力要特别强，要去理解导演的意图。你要相信你的导演，他给你建议的时候不是在否定你，而是在帮助你做得更好。我觉得这个可能对以后你们做作品或是一起合作会有帮助，这是一个心态的问题。

采访者：您在大学或是现在的表演过程中有没有遇到过瓶颈期？

陈海华：肯定会有啊。比方说现在的担忧是，我做陈佩斯老师的助理从2015 年到现在已经两年了，在这期间我当然做一些导演助理日常该做的工作——安排日程、计划，还有对导演意图的阐释，帮助导演调度，讲戏，因为有可能导演有时候兴致勃发，忘了什么事情，或者是他做出什么调整你都要去跟随。到现在，我出来接戏的意义还是蛮大的，因为我不知道我在隔了这么久之后再次站到舞台上会做出怎样的呈现和表达。因为你在外圈待了一段时间，你再到里面去表达的时候，其实还是有一点点担心的，因为在里头和在外头还是有些不一样的。

采访者：在西北大学有没有帮助过您的人，在表演或者导演这方面？

陈海华：我觉得第一个要感谢的是付蕾，就是小黑的第二届社长。当时我什么都不知道就去面试了，因为我不是文学院的，这点很重要。当我进去面试的时候，在排练《暗恋桃花源》。在我念完云之凡的那段台词之后，那边就发出噪声，但是我知道那边对我还是有好感的，但我当时挺担心因为我不是文学院的而把我拒掉。后来，付蕾挑了我，然后我就觉得她特别有眼光，感谢她给我这样的机会。后来我们就演了《暗恋桃花源》。她没有看你外在的。我当时比现在胖多了，演云之凡可能有点壮。但是她愿意给我机会去尝试，觉得我内在的东西多过外在。然后她也给了一定的空间分组，导演去排。她给了我足够的信任，让我去做这件事。而且特别重要的一点就是不排外，所有爱好戏剧的人都可以来。我觉得这也是真正的平等。

采访者:作为一个哲学与社会学专业的人参与其中的感受是怎样的?

陈海华:很自由,大家都聊得很好。现在特别怀念当时大家一起排练,排练完吃个饭。毕业要分开了的时候大家感情特别好。你们知道在一起经历了那么多事之后,你们的友谊超出了你们的想象。因为一起凑钱,借东西,历经困难完成一件事的时候,那种牢固可能是你们想象不到的。

采访者:您当初是单纯地热爱戏剧,还是为了学分?

陈海华:和学分没有关系。反正大学了,成绩及格就好了,剩下就是做自己喜欢的事情,我觉得这一点比较重要吧。因为在中国比较悲哀的事情是上大学之前你都没有选择权,或者是没有充分的选择权,你不了解社会,你不了解自己,你不知道你的路最终要怎么走。你甚至没有时间去想,因为所有的时间都花费在考试和写作业上了。所以当你有了时间、空间去想你要什么,挺好的。不是为了学分。

采访者:您有没有印象深刻的老师,对您帮助很大的?

陈海华:孙阳老师和高宇民老师。高宇民老师上次带我们去参加南京大学主办的国际大学生易卜生戏剧艺术节,现在想想都是一件特别好的事情。我们带了一件作品,毫无压力地做这个东西,做自己喜欢做的事情,和自己喜欢共事的人一起,最后还拿了个大奖。现在想起来,一路都太美好了。

采访者:您当时在《家里的玩偶》里饰演角色了吗?

陈海华:我饰演了一个狂魔,一个老太太。我是跟我外婆长大的,所以学老人还好,比较容易上手,也挺好玩的。当时我和孙阳老师演两口子,絮絮叨叨的,老埋怨自己现在的老公没有出息,儿子也没有出息,就是这么一个母亲的形象。

采访者:请您说说自己考中戏的经历吧。

陈海华:考的时候进了复试,老师就会提问。其中有一个台词老师翻着本,看着你的履历表说:“你是财会专业的,很容易就业,为什么要考我们表演系呢?”我当时也没有多想,就说:“老师,因为我想做一只海鸥。”老师直接说:“我们这里不培养海鸥。”然后我脸一直红到耳根,囧在那儿。然后我就解释:“老师,我真的很喜欢契诃夫写的《海鸥》。”因为当时正在看那个剧本,就下意识地说了。后来能通过可能就是因为这种傻劲儿。其实面试老师想看到一个真实的你,你不需要伪装,所以后来面试的其他环节也都还好,最后就考上了。

(陈海华,西北大学经济管理学院2007级学生,中央戏剧学院表演系硕士生,现在北京大道喜剧院工作)

经年再忆“黑美人”

——访陈志纪实

采访者:您认为“黑美人”的意义是什么?

陈志:对我来说,“黑美人”改变了我的生活、我的生活轨迹,使我产生了一次蜕变。她对每个人的意义都不同,她会增强你的沟通交流能力,让你变得更快乐……她对每一个人都有或大或小的正面影响。

采访者:您有什么对“黑美人”的祝福和期盼?

陈志:我希望“黑美人”能有许多个未来的十年,能一直存在下去。对学弟学妹,我希望大家都能够特别积极地参与进来,去感受“黑美人”带给我们的力量。

采访者:在陈佩斯老师的工作室工作期间有什么难忘或有趣的事吗?

陈志:那是一次机缘巧合,是我的朋友拉着我一起去的。那个时候本科刚刚毕业,准备向戏剧表演这个方向发展,刚好陈佩斯老师那边举办了他的第一次表演培训,我和朋友顺利入选了,然后就留在那里工作了两三年。

采访者:这中间有没有发生一些有趣的事情或者难忘的经历?听说陈佩斯老师有时候还挺凶的?

陈志:对!他对我其实还比较温柔。他说过比较狠的话是指他排练是非常严格的,有许多表演上的毛病他会一针见血地指出来。比如说,因为我们在舞台上表演是给观众看的,你的面部表情和肢体动作要尽量避免绝对的90度,就是露一个大侧脸。但是我有的时候没做好,有一次他就忍不了了,非常严厉地说:“陈志,你以后要还这样,你就改行!”这是我觉得比较严厉的一次,说到了一个比较根本的问题,就是你适不适合做这个行业。

采访者:您现在的表演经历中有没有一些来源于之前“黑美人”的活动经历的呢?

陈志:当然,“黑美人”的经历对我来讲最重要的一点就是它让我保持了对戏剧的热爱,那个时候最心无旁骛,没有杂念地去做一件自己喜欢的事情。然后在这个过程中发现自己除了热情还有一点点天赋,有能力去从事这个行业。在校园这样一个纯粹的环境里，大家做一点自己喜欢的事情，让我有勇气继续去做这件事情。之前跟大家一起创作排演的经历也一直是我现在得以继续的动力。从技术的角度来讲，因为当时大家都是初出茅庐，是业余爱好者，但是经过不断的摸索和老师的指导，我们还是积累了一些现在看来依旧很重要的表演经验。

陈　志

采访者：“黑美人”中有没有哪一部剧让您特别难忘，至今还记得里面的一个情节或者片段的？

陈志：我想一想。我之前演过一个剧叫《那一天我们在水边之豹子头与花和尚》，这个名字比较长，是当时孙阳老师写的一个本子，讲的是林冲和鲁智深之间的一小段故事。这个戏之所以难忘，是因为它让我感受到作为一个演员可以在个人魅力上展现自己是多么重要。整个创作氛围很快乐。那个戏的角色是有颠覆性的，不同于我们之前对于《水浒传》中这两个人物的认识，给了演员很大的空间去创造新的东西，无论是情绪上的还是肢体上的。在这种自由的创作氛围中，你都会发现之前没有的很多东西。快乐的状态是很宝贵的，最后在台上演出的时候因为是一个喜剧，观众的反应也特别强烈。然后你会发现观众给你的刺激越多、越理你，你在台上就会越兴奋，你越兴奋，瞬间迸发的即兴灵感就越多，那种感觉很好。

采访者：那您作为对外汉语专业的学生一直喜欢戏剧，并从事戏剧表演，对此有什么感触？

陈志:这个转变我觉得挺奇妙的,是一种缘分。我觉得去其他学校也不一定会有西北大学这么好的戏剧氛围,或者是舞台剧表演氛围。虽然这看起来是一个很大的专业上的转变,但是其实不是的。在文学院,对外汉语是一个文化基础比较重要的学科,对于文学素养和中文的要求都比较高,我觉得这对于我从事戏剧的表演和创作是很重要的一部分。如果没有之前在文学院的学习,在专业上的学习,可能日后对文本的理解、对人物的理解,还有对创作的思路和态度,都不会像现在这么好。所以我觉得之前所学的专业实际上是不可或缺的一部分。

采访者:小黑小品节里的《一妇五夫》一剧,您是导演是吧?

陈志:我在小戏小品节的时候做的是总导演,然后请咱们学校当时戏比较好的几个同学一起,一个人出一个戏,然后把它们融合到一起,做成一台演出。然后《一妇五夫》参加了西安一个国际戏剧节的邀请展,它是作为校园剧目参加的,小亭在里面做主演,我是艺术总监。

采访者:您在艺术总监、导演、演员这几个角色之间是如何进行调整和把控的?

陈志:我觉得这是一个有相通性,但是又有很大不同的地方。之前做艺术总监和导演时有点局限于校园作品,并不是绝对的专业性,可能更多的是在监督、排练或者是艺术上的指导,或者是建议。此外还要参与一些制作上的事情、统筹上的事情,因为学校里人手是有限的,所以我有很多事情都要做。而作为演员来讲,可能更注重于自己的角色塑造和与其他人的合作,会比较专注。作为其他方面的话,可能更庞杂一些。

(陈志,西北大学文学院2008级学生,现就读于中央戏剧学院)

昔年好景君须记

——访王小亭纪实

采访者:请您用几句话祝福“黑美人”三十周年。

王小亭:祝“黑美人”三十周年快乐!希望以后越办越好,有更多学弟学妹参与,将她发扬光大,为每个人增添一份美妙的人生回忆。

采访者:请简述一下您的工作经历吧。

王小亭:我2012年毕业后跟随陈佩斯老师学习并实践话剧表演。2015年以后出来自己找戏拍。今年开始真正创作戏剧,也演一些戏。

采访者:您觉得影视剧和话剧的不同之处是什么?

王小亭:是一个度的问题。很多人认为话剧就是要夸张,而影视剧要自然一些。其实也不尽然。根本上还是要有真实的情感流露,话剧近年也有很多自然流的表演。其实电影和电视剧也不一样,电影的要求更加精准。

采访者:您在陈佩斯老师那里最难忘的经历是什么?

王小亭:这就真的很多了。我由一个稚嫩的、完全业余的演员,慢慢学习实践到今天,与团队不断磨合,几百场的演出,中间也有争吵和冲突,最后也收获了不错的票房,真的成长了很多。印象特别深刻的就是我身体不好,容易生病,有几次带病演出,伙伴们都给予我很多关怀和帮助,我觉得非常温暖和感动。

采访者:您是怎样一步步成为一个优秀的演员的?

王小亭:我本身其实是对外汉语专业的。虽然我从小就热衷于文艺,对表演有浓厚的兴趣,但在报志愿的时候因为种种原因没有报表演专业。大一的时候一度非常迷茫和颓废,大二知道并参加了“黑美人”艺术节,在《天堂隔壁是疯人院》里一人分饰三角,感受颇多。后来又得到王青的鼓励和推荐,参演了《家里的玩偶》《一妇五夫》等剧目,更加有信心了。大四快毕业时也是一心想做演员,在网上看到陈佩斯老师的团队在招演员,于是投了简历,也通过了。之后又专门去北京参加了面试,当时考的主要还是声台形表,还有一个单人小品、一个多人小品,都是偏喜剧的。之后也通过了,就留在了陈老师的团队。

采访者:您本来是在“黑美人”中做化妆师的吗?

王小亭:是啊!可以说是化妆把我引向了做演员这条路上。我最初在《家里的玩偶》剧组做化妆师,获得了王青学长的推荐,做了女主角,去北京演出了。

采访者:您觉得从"黑美人"到陈佩斯老师的团队,有什么变化吗?

王小亭:变化当然是有的,就是一个规范化的过程。以前毕竟是学生,还是业余的;现在就有了更多专业的、技术的要求。但不变的当然是我们对戏剧表演的热情。

王小亭

采访者:您之后回西大看"黑美人",有什么感想?

王小亭:当然是觉得她越来越好了!现在的孩子真的越来越棒了!尤其令我印象深刻的是去年,有一个演太监的孩子虽然戏不多,但有一种莫名的喜感,很有天赋!也看到了咱们校长在台下,足见领导们的重视。最后郭校长还向大家承诺会升级舞台,营造更好的环境。

采访者:您现在做导演,有什么特别的感受?

王小亭:导演要有足够的创作欲,要能表达足够的自己的想法。前几年我在这方面的想法还不够,所以主要做演员。近几年我反倒更想做幕后。如果我以后自己开了公司,也希望大家多给我机会,让我的团队容纳更多更开放的人才!

采访者:您之前学习的对外汉语专业对您的戏剧工作有什么帮助吗?

王小亭:肯定是有的。会形成一种人文气息浓厚的氛围,身边的人也都比较有文学素养,这些都是潜移默化的熏陶和潜在的财富。

采访者:做演员的过程中有什么情绪化的事吗?

王小亭:演员本身就是一个代入感非常强的职业,在表演中难免与其他演员产生一些感情,这都是很正常的。但一旦出戏,其实也都是好朋友。我记得当年在做化妆师的时候还和《日出》剧组的一个男孩产生了一段感情。虽然后来我们分手了,但这段因戏剧产生的感情,直到现在都很深刻。

(王小亭,西北大学文学院2008级学生,现为导演、演员)

窗外的世界
——访蔡可人纪实

采访者:首先请您用一到两个词形容一下“黑美人”是什么。

蔡可人:我觉得“黑美人”是一双翅膀、一扇窗。

采访者:请您大概阐释一下为什么这样说。

蔡可人:这是突然想到的两个词。说是“一双翅膀”是因为觉得参加了“黑美人”之后我飞得更高更远了。说是“一扇窗”是因为“黑美人”为我打开了一个全新的世界,通过这扇窗可以看到不一样的人生。

蔡可人

采访者:您现在是高中老师,可以讲一下您的工作经历吗?

蔡可人:其实我也才工作了一年,去年这个时候接到通知可以在这所学校当老师。从西大毕业之后考上了北京师范大学的研究生,那个时候就打算当老师。今年是工作第一年,挺忙碌的。工作跟“黑美人”有一点关系的是,我在学校负责的是学生的话剧社,主要是给大家修改一下剧本,看看孩子们排练。这个虽然是学校派给我的一个工作,但也是我的兴趣所在——以前在西大的时候培养了这个兴趣,好像每次做这样的事情的时候都比较放松。从内心来说是自己很喜欢的,所以就拿这个当作工作的一个调节。

采访者:那您在高中授课的过程中会不会有意识地传达给学生一些自己的话剧观念或者是一些想法呢?

蔡可人:并没有给他们说多少关于话剧的东西。他们好像比较偏重于表演。我上课的风格可能是更大一点、开放一点,这个可能是话剧带给我的和别的老师不太一样的特点。也可能正是因为这个特点,学校才会选上我,因为我们学校已经连续六年只招博士生,我是第六年之后招的唯一一个硕士生。就是因为试讲的时候讲的是陆蠡的《囚绿记》,分析文章的时候我就很激动,那种革命的热情是文章最深的地方,我讲出来了,特别有带入感。有时候可能会热泪盈眶,但并不是让人感觉很尴尬的那种,就是可以感染到别人,这个我还是很有自信的。这真的是"黑美人"带给我的难能可贵的独特的地方。

采访者:那您大学期间参加"黑美人"的那段经历大概是什么样子的呢?

蔡可人:其实我大一的时候没有主动报"黑美人"。后来是因为感觉还可以,想着要不试试戏,在这个过程当中就觉得挺适合这个角色的,就第一次参加了"黑美人",然后拿了一个最佳女主角奖。下一学期的时候,小黑戏剧社排了一个比较大的戏叫《日出》,要选一个饰演陈白露的女主角。我当时其实没有想到要去竞选这个角色,因为自己不在小黑戏剧社里,是个编外人员。因为我跟导演认识,我们一块跳啦啦操,她就说"你试试戏吧!"我试戏的时候有一个眼神,她就说:"这个眼神就是我想要的这个角色的眼神,你就上吧! 你就试试吧!"给了我这个机会。我在试戏的过程当中就慢慢放开自己,好像是一扇窗子打开了,整个人放开了,不再拘泥于自己那个狭小的世界。进入这个角色,然后了解这个角色的人生,一下子就觉得,原来人生这么的宏大。然后我就想去探索更多的不一样的人生,读文学作品的时候也跟以前不一样了,会把自己带入角色里去,感同身受地去演绎。所以参加"黑美人"的经历带给我的真的不一样。讲课的时候也是这样的。

(蔡可人,西北大学文学院2008级学生,现就职于北京八一学校)

时光远走，铃声依旧

——访马小茏纪实

采访者：您对“黑美人”未来的发展有没有什么建议？

马小茏：“黑美人”是一个以戏剧为主要核心的舞台，希望学弟学妹们在今后的“黑美人”舞台上能展示更多种类型的戏剧、更精致的戏剧。比如说在横面上能做得越来越宽广，在纵面上能够精益求精。在我们所能承载的方面做到最好，回过头去看的时候，尽量少留遗憾。

采访者：请您聊一下《天堂的风铃》吧。

马小茏：接到任务的时候，从主题上，它是要在心理节的舞台上去展示，心理节的舞台跟平常不一样的地方就在于：“黑美人”是一个艺术的舞台，她表现的是一种艺术性、观赏性，和我们对戏剧的欣赏的特性；心理节的舞台更多的要有一种指导、教化，兼具戏剧性，我们还要充满正能量。当时对我们来说，最大的挑战就是怎么样通过这种形式来表现我们想要表现的主题。当时在心理节上，我们这个剧主要反映的是学生的心理状态由消极变得积极这样的一个过程，要将这个过程体现出来，我们就要去体会当时这个心理“有问题”的同学的心理活动和他的外在表现，他又是经过了怎样的事情最后逐渐变得性格开朗、心情舒畅的。这里的每一个过程都需要我们在创作的时候花精力去研究去体会的。当时我们看了很多视频，看了很多材料，包括心理学的很多知识，在专业性上想有一个很好的突破。在很多老师的指导之下，我们逐渐有了一些自己的心得，也在专业的角度上有了一些自己的见解，这是我们解决的第一个问题。第二个问题是怎么样去表现他们。当时我们很努力地排练，大概一个半月的时间天天在磨，所有演员天天在一块商量，包括一遍又一遍地走位，到最后——过程我还记得挺清楚的——就是在正式表演时，从演员带麦到摆拍，因为当时的音乐制作包括每个演员在舞台上的呈现都是非常饱满的状态，所以说当时首场演出之后，心理节一半的演出时间都给了这个剧，效果非常好。当时也是非常的有感触，在这个过程当中也学到了很多东西。首先，把一个东西从没有做到有，这个过程是历历在目的。我们让自己初步的想法一点一点茁壮成长。在茁壮成长的过程当中就要把一些不符合这个发展方向的地方改掉,一点点地去打磨。有很多好的想法,但是不能全部加在这个事情上,就要学会取舍,学会平衡。我觉得这个是一个戏剧的创作过程给我,包括给我们所有的演员今后工作的一个很重要的启示。也就是要踏踏实实做事,在各方面都要努力做到协调,做到平衡,把想做的事情精益求精地打磨到最好,直到自己满意。我觉得这个是当时从一部一部剧当中得到的深刻的体会。

马小茏

采访者:听说您和吴文鑫学长是很好的朋友,是“黑美人”让你们结缘的吗?

马小茏:可以这么说。我们首先是同学,是师兄弟这种关系,在课余时间里交流也比较多;还因为大学是一个非常神奇的地方,不光是学习文化的殿堂,还是促进个性的成长、塑造人格化的一个地方。通过和好朋友之间的交往,通过一起做一件事情,我觉得不仅是提升我们的能力这一方面,更主要的一方面是收获友谊,尤其是做完这件事情之后回过头来看每个过程和最后得到的结果。因为每一个过程都很用心很仔细,所以大家都很珍惜这样的一个东西,一直到凝练成一份解也解不开、化也化不开的友谊。我觉得这是一个美妙而且不可多得的过程。所以人老说在学校的时光是最甜蜜的时光、最正规的时光,体现在方方面面,但是从这方面来说确实给我留下了非常深的印记。现在我的很多本科生好朋友都是因为这件事情而结缘,然后友谊越来越深。我相信在以后的过程当中还会通过更多的事情进一步加深我们之间的友谊。

采访者:那您有没有想过以后继续合作?

马小茏:都说人生是个大舞台,我们从"黑美人"的舞台走上了人生、社会这个大舞台,在这个舞台上扮演着不同的角色,我们也在进行着角色之间的相互配合。我们扮演着非常好的朋友这样的角色,所以我们就用心、努力地通过平时的工作去交流,互相学习,一起成长。在北京的这几年也是交流、提升的过程。我们除了聊闲情逸致之外,确实能够相互分享彼此工作上的知识和能力提升方面的技能。在后面的人生之路上,相信这种友谊会越来越得到升华、越来越好!

(马小茏,西北大学文学院2008级学生,现就职于新华社)

青春的自由

——访郑欣纪实

采访者:请您用一到两个词形容一下“黑美人”是什么。

郑欣:我想到的第一个词是“自由”。因为“黑美人”是一个戏剧节,她与其他学校戏剧节的一个区别我觉得就是可以自由地表达。因为在体制内的高校,当大家输出自己的文化价值观的时候,或多或少会受到这个体制的影响。我觉得百年西大的一个特点和最珍贵的地方就在于这种自由表达的权利。戏剧的精神其实也是知识分子对这个社会和世界的一种自由表达。第二个词是“分享”。我们作为学生也可以平等地分享给彼此或者分享给老师和“黑美人”的所有观众这种艺术的创造力,并且在这个过程中结识朋友,能更深刻地认识自己、认识世界、认识戏剧艺术。

采访者:您是因为“黑美人”而爱上戏剧的吗?

郑欣:我觉得是“黑美人”改变了我的人生。我小时候看第一部戏剧是在哈尔滨大剧院,那是在战火纷飞的年代挺著名的一个话剧院,我曾想过以后戏剧会和我产生什么联系,但是没想到她在不久以后确实和我产生了这样的联系。刚上大学军训的时候,学生会学习部的部长就和我说,我们文学院有个非常有特色的活动叫“黑美人”艺术节,你可以自己写剧本,到了大二,你可以自己当导演,你可以组织一堆人,把你的作品在舞台上呈现出来。大一的时候,我真的就写了一个剧本,我没有想到真的会用,因为那个时候刚上大学,什么都不会,也没有学过戏剧,想着人家一定不会用我的剧本。但是,真的没想到,到最后,文学院真的用了我的剧本,一个真的很不成熟的剧本。到了第二年,我遇到了俊婷,遇到她之后我就觉得我的戏剧之路就是坦途。我们合作了我们的第一部剧《山楂树之恋》,当时我们的旗号是要抢在张艺谋之前进行公演,然后我们做到了,虽然没有产生什么影响,但是我们结下了神圣不可颠覆的友谊。刚刚说到好多开始热爱电影的人都转向戏剧了,这是因为什么?我觉得是因为戏剧创造了我们共同的精神生活。其实,电影是不停地重复的,这一条演不好,可以重新再演一遍,重新复制一下自己的感情;但是戏剧是人与人之间的真实反应,它不是说你演一个状态，演一个结果，然后通过后期的剪接去修饰。戏剧是不可修饰不可重复的艺术，她的魅力与神奇就来源于此。如果你是假的，你的对手和观众会在第一时间感受到，并且判断出你是假的。正是这种共识性的很纯粹很真实的东西才能够打动我们每个人，并且在剧场里面同时产生这种情感共鸣，使越来越多的人爱上戏剧。本来他们觉得电影画面很美，然后转向希望在舞台上完成一个共同的精神创造。正是这种对于真实的渴求和建立一个家的愿望使我们爱上了戏剧。其实剧组就是一个家。我记得那个时候文学院没有什么条件供我们排练，根本没有像样的排练室。我到了西工大之后，就更加希望咱们西北大学能够重视“黑美人”，让大家有更好的排练环境。西大这种追求自由的人文环境和人文情怀是特别特别难得和珍贵的。我记得当时排完戏我们都会一起玩杀人游戏，建立起我们非常深厚的友谊。这种朋友是你工作以后可能都不会结识的，一辈子的朋友，所以“黑美人”真的改变了我们的人生。

采访者：您以后的职业规划是什么？

郑欣：张爱玲曾说过，出名要趁早。过了三十岁好像就不可能了。导演圈里也有这句话。就是在影视圈里也有一句话，说如果你三十岁还没有拍出你的第一部片子，那你这辈子可能希望不大了。但事实上真的能孤注一掷地去搞艺术，就靠艺术养活自己的人好像不是特别多了。但是在所有热爱艺术的人中，像我们属于第二类，我永远都不会放弃写剧的，永远不会放弃做戏剧的，但是不能指望一个爱好成为一辈子做的唯一一件事。我的观念是，如果你把你最喜欢的一件事当成养家糊口的工具，就失去这个东西的乐趣了。我记得当时学电影学，劳拉·莫尔维有个观点：所有的电影批评家都是在破坏电影的美感。当你

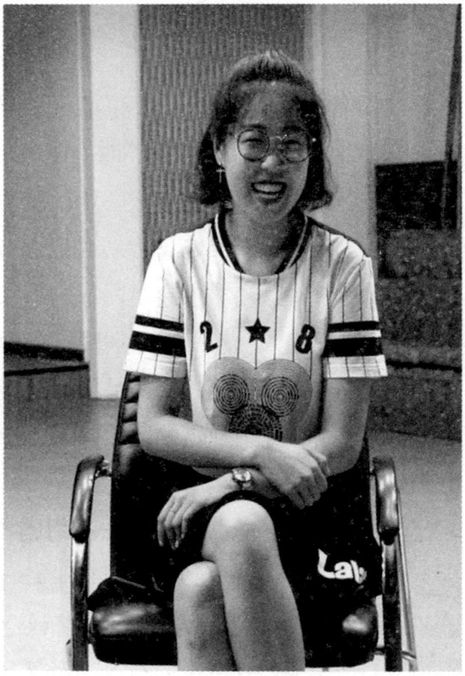

郑　欣

知道这个东西的美感是如何制造的，你再去看电影，欣赏电影艺术的时候，就没有美感了。其实我也是。我是做编剧的，需要时而进去，时而出来，时而是A，时而是B，时而又是C。所以我会经常跳出来，就会觉得，对啊，这样的生活很好呀。但是如果你一直在那个里头，就没办法去评论。上学的时候，在“黑美人”的那个过程里，我是一个特别爱跟多位导演合作的编剧。我不喜欢当导演，就因为我觉得任何一个作品都是思维碰撞来的，任何一件事，一件大事，一件完美的事，都不是能由一个人完成的。而是越多的人来做，那件事就会越完美，因为它融合了更多的思路，会让作品适合更多的人。

采访者：请您用几句话表达一下对“黑美人”的祝福，还有对学弟学妹的期待。

郑欣：祝福“黑美人”能够越来越好，能够有更好的排练环境、更充足的排练条件，更多的同学和老师能够参与进去。因为这个是咱们西北大学三十年来富有传统而且很有意义的一项艺术教育实践活动，是基于咱们西北大学文学院深厚的文学和艺术渊源。我希望“黑美人”的舞台上不管是原创剧目还是经典剧目，都能够常演常新；希望咱们文学院，包括全校的同学都能够积极地参与“黑美人”艺术节，把自己的创造性思维和活力带给更多的人；同时也希望西北大学能借助于“黑美人”的平台更广泛地宣传自己，让西大的声音在全世界都能够听到。

（郑欣，西北大学文学院2008级学生，现就职于西北工业大学艺术教育中心）

重塑自我

——访吴文鑫纪实

采访者：请问“黑美人”对您来说有什么意义？

吴文鑫：“黑美人”对我们来说最大的意义体现在两个方面。第一个方面是教会我们如何做人，不管是从戏剧的角色中体会做人的道理，还是从表演、观看的过程中学会与人相处，都是对我们青年学生人生观、世界观、价值观的关键性塑造。第二个方面就是教会我们如何做事。我们可能会在组织活动的过程中学会如何去策划、组织好这个活动，也会学着如何编一个剧、导一个剧、演好一个剧。这些我们在经历“黑美人”的过程中统统都会学到。虽然我现在从事的工作不是跟“黑美人”直接有关的，但是我感觉我现在的工作是离不开“黑美人”对我的锻炼的。正是因为“黑美人”给了我很多机会，我才学会了如何去组织、策划、协调一些事情，如何去表现自己最好的一面；在工作的过程中，也能更快、更好地适应新的环境，完成工作任务。

采访者：那您对“黑美人”未来的发展有没有什么建议？

吴文鑫：我觉得，在目前这个网络非常发达的时代，一切都变得很快，可以把我们的戏剧节跟网络与新媒体结合起来，探索一些新的思路，这样来开拓一些新的领域。对于怎么结合，可能我们现在没有一些具体的想法，但是这会是一个方向。

采访者：那再请您聊一下《天堂的风铃》吧。

吴文鑫：《天堂的风铃》实际上是一部心理剧。学校有一个心理节，让我们操办一个心理剧，到时候在晚会上表演。后来到了第 25 届“黑美人”艺术节的时候，可能有些老师觉得这部剧表演得还不错，就让我们原班人马又重新演了一遍。这个剧当时是由马小茏担任导演的，我演男主角，邀请了当时院里演技比较好的同学加入我们。这个剧当时获得了比较好的评价。

采访者：听说您和马小茏学长关系很好，是“黑美人”让你们结缘的吗？

吴文鑫：其实小茏比我高一个年级，我感觉在我们认识的在学校的这三年里我们一直在排戏，从我大一排到我大三，直到他大四毕业了，我们还是继续着我们的交流,我们会是一辈子的好朋友。真的非常感谢"黑美人"这个平台。

采访者:那您有没有想过以后和他继续合作?

吴文鑫:我们现在在工作上其实是有联系的,我们也在不断地促进彼此的合作。其实我们把当时学校里的友谊带到了工作当中,这是我们非常大的一个收获。

吴文鑫

采访者:其实你们在学校时学习还挺忙的,那你们是怎么协调排戏和学习的呢?

吴文鑫:我觉得我在大学中参加了很多学生活动,文学院一些大的活动我几乎一个不落全都参加了,所有的课程我也都是一个没落。每次上课的时候我都是早早到,在第一排坐好,然后听老师讲课,每次在课上都最大限度地把知识消化,这样才会有精力和时间去做自己想做的事情。这可能是目前很多大学生的一个困惑,就是怎么兼顾业余爱好和学习成绩。我的体会是,学习上要掌握好方法,活动上要控制住自己,两方面要平衡好,不能顾了这个废了那个。把两方面都照顾好才能使我们的大学生活更加成功和美好。比如说我们平常忙于学生活动,学习成绩不好,最后就导致四六级没过或者挂科;或者只顾学习而不参加学生活动,可能就会使大学生活非常的单调乏味。所以一定要把这两者兼顾好,找对方法,找准路子。

采访者:最后请您表达一下对"黑美人"的祝福。

吴文鑫:希望学弟学妹们能在参与“黑美人”的过程中收获成功,收获爱情,收获喜悦,收获正能量。祝我们的“黑美人”越办越好!

(吴文鑫,西北大学文学院2009级学生,现就职于中共中央统战部)

质朴的“美人”

——访王俊婷纪实

采访者:请您谈一下“黑美人”对于您的意义是什么。

王俊婷:“黑美人”对于我是意义重大的,如果没有“黑美人”,我可能不会走到戏剧这条道路上,也不会有今天的一些小小的成就和现状。所以“黑美人”是我的戏剧领路人。如果当时我没有临危受命,承担学生会主席安排给我这样的一个任务,并且很好地完成了——我不会想到自己会有这样的创造力和潜力,以及特别大的兴趣。我觉得“黑美人”对于所有的参与过的同学以及非常有兴趣参与的同学而言是非常好的平台和经历,我觉得人生中总需要一些有仪式感的东西。对“黑美人”的全程参与,尤其是最后的舞台表演过程以及谢幕,然后大幕拉上,灯光暗下的时候,所有的参与的同学才能体会到什么叫作“人生如戏,戏如人生”。我觉得“黑美人”对于我们所有参与者和想参与的同学来说,最重要的是,使我们枯燥乏味的生活有了一点仪式感,这个是非常重要的。

采访者:您是因为“黑美人”而爱上戏剧的吗?

王俊婷:我觉得“黑美人”是一个特别重要的契机和平台,因为我之前一直都特别喜欢电影,所以报考了西北大学的戏剧影视与文学专业。我对戏剧没有什么概念,直到参与了“黑美人”。我第一次参与“黑美人”就是参加了郑欣他们剧组,叫《山楂树之恋》。特别幸运。她当时给我安排了一个职务叫作形体导演,然后我就负责了一些相关的工作。当我看到有这么多人会为了自己的一个戏排练一个月,这使我很感动。这是我对“黑美人”的第一个印象,也是我对戏剧的初步印象。之前我对戏剧没有概念,所以说是“黑美人”把我领到了戏剧这条道路上。到了第二年,我自己导了一部戏,也非常有意思。当时我参与了一个非常不可救药的、剧本非常糟糕而且也招不到人的剧组,叫作《我不是李白》。当时招不到人,我就把我的好朋友都拉过来了,但是最后的效果还是挺好的,在其中,我也发挥了我很多的想象力。直到后来,大概是上了研究生之后,才发现我当时的一些想法竟然和梅耶荷德是一样的——梅耶荷德是俄罗斯一位特别有名的戏剧家——那个时候我才意识到,当你什么都没有的时候,当你毫无束缚的时候,你的想象力是最充沛的,而这些东西都是“黑美人”带给我的。很有意思的是,高老师和孙阳老师都说,那些喜欢电影的孩子,不知道为什么,到了西大都喜欢上戏剧了。后来我也想过这个问题,我觉得可能是因为戏剧更纯粹,在各个方面都更加纯粹,而且她会让你有一种享受和愉悦在里面;但是电影更需要的是我们的忍耐和坚持。

采访者:您以后的职业规划是什么?

王俊婷:今年我在北京刚毕业,拒绝了一些工作,我想自己去探索更多的可能性。我觉得艺术这条路不是你一直走直线就能走下去的,需要天时地利人和,需要契机,需要各种因素。我觉得我是一个行动派,我不是导演,我特别像一个制片人,可能这两年我会不停地开拓更多的路,去把我身边志同道合的朋友召集到一起做一些戏。怎么说呢,因为戏剧这条路并不是那么好走,不论是商业戏剧还是艺术戏剧。但是,就像前一阵我和我师弟说的那句话,戏剧这个东西,艺术这个东西,本来就不是一个能让你养家糊口安身立命的,你要摆正自己的心态,没有任何人能够轻松获得成功。其实我觉得不用着急,而是要去探索更多的可能性,去经历不同的人生的酸甜苦辣,去经历更多的东西,然后让这些东西都成为你的养分。在对这些东西都有一定的积累积淀之后再去做事情,也不会丧失什么,因为现在机会很多,但是真正的好种子不多。土壤很多,种子不多。我没有一个很明确的职业规划。很多人会觉得,三年之内要达到什么职位,有多少年薪,这可能是一个明确的职业规划。但我可能更多的是一种人生的规划,我觉得人生要不停地往前走,并且不停地去尝试。至于到某个阶段应该干什么,这个东西不是自己决定的。

王俊婷

采访者:请您表达一下对“黑美人”未来的祝福,还有对学弟学妹们的期望。

王俊婷:我希望“黑美人”越办越好,而且能成为一个百年甚至有着更悠久历史的活动,千万不要断了。我知道可能人们常说理想主义的时代已经过去了,“黑美人”最辉煌的时代可能已经过去了,但是不管是人生或是任何事情,总有起起伏伏,所以哪怕是经历一个低谷,或者是同学们现在觉得学校没有给自己提供更好的条件,我觉得都不怕。我有一个特别好的师哥黄莹,他当年做的第一部戏就是用他第一个月的工资拍出来的,这个戏演了十年,叫作《未完待续》,直到现在还在国家大剧院的小剧场里演出。所以我觉得任何的困难借口都不是你真正热爱它的阻力,如果我们足够热爱,任何阻力都能成为我们前进的动力。希望我们所有同学都能把这个活动更好地办下去,让“黑美人”成为一个和西大一样有着百年历史的活动。

忆往昔峥嵘岁月稠

——访杨婉若纪实

采访者:您好,我刚刚了解到现在您在十一学校国际部做行政工作,那您之后有没有想过再从事戏剧方面的工作?

杨婉若:我现在在实习学校这边,主要在办公室里做一些党务工作,还有就是公文方面的一些工作。为什么做这个工作?也是因为当时在西大文学院学生会里做了很多学生活动,还有办公室的一些工作,给了我非常多的经验。这是我研究生毕业找工作的时候非常有优势的一点。本来今年参加完学校暑期培训就让我教语文,但是我拒绝了,因为工作以后我想了很久,我觉得对戏剧这个东西我还是割舍不掉。所以我当时就觉得虽然我选了这个工作,虽然做了行政,但是学校有这个平台能让我完成之前没有完成的戏剧梦想,我非常想在这个平台上坚持下去,就放弃了当语文老师的机会。我想再跟着学校的老师们进行一个系统的课程学习之后,可能到明年这个时候就能够有这样的一些经验,还有一些自己的想法了,就能够承担起学校的戏剧课程了。我是这么想的。我就是想带着孩子们一块玩一玩,上一上戏剧课。

采访者:您现在非常喜欢戏剧,那您之前有与戏剧有关的什么经历吗,比如说"黑美人"?

杨婉若:最开始是我大一刚一入学,有一个应该是学校——西大的第几届心理节,就是"5·25"心理节,当时咱们文学院应该是代表学校排了一个"5·25"心理节的大戏,主要是讲一个心理有问题的女学生后来怎样在老师和同学的帮助下逐步变得更成熟的这样一个故事。当时,这个戏剧是由一个大四的学长导演的,我特别有幸在里面演了一个角色——可以说是女二号吧——一个和自己的年龄非常不相称的教授夫人,也是办公室主任,我觉得跟我现在的这个工作角色比较像。这个是我第一次接触戏剧。一开始觉得戏剧非常新鲜,因为上高中的时候从来没有这样的经历。刚上大学,我觉得同学们在一块排剧、一块读剧本、一块演戏特别有意思。开始觉得很新鲜,但是中途的时候因为咱们院有戏剧传统,对于演员、对于表演方面的东西要求比较严格,就让我比较崩溃。因为我演的那个办公室主任是一个心机颇深的女人，比较像两面三刀、口蜜腹剑的那种人，非常难演。我自己没有那种经历，就不断地学，不断地在电视上找办公室主任的形象跟着学，还有就是找别人演过的一些类似的戏，跟导演讨论，一块学习。我们这个戏可以说经历了四次非常大的彩排，最终在咱们北区的大礼堂上演了。演出的那一刻我们都特别激动。我觉得我之前排练得都特别好，我的台词都背得特别熟，但是上台的那一刻我的脑子里一片空白，都是蒙的那种状态，然后就顺着自己平时排练的那种感觉把戏演完了。

到大二的时候是源于咱们院的“文苑华章”。我是汉文专业的，排了汉文专业的一个大戏《明天，你好》，这个也是缘于当时老说的世界末日的谣言。我们把几个小故事串联起来改编了一下，主要是想表现大学生入学之后，最开始没有想清楚要干什么，生活过得比较混乱，没有目标，因为世界末日——就是有一种预言，说世界末日要来了——他们都特别恐慌，开始反思自己的人生，反思自己大学这几年都做了什么。最终发现这是一个谣言。因为这件事情，他们改变了人生轨迹，开始向着更加美好的方向发展。当时，我从开始写剧本就一直在做这个事情，还有一位是严建昆学长，就是我们两个人导的这个戏，算是当时汉文专业的一个专业展示。里面除了戏剧，也夹杂了一些音乐、芭蕾舞，还有一些现代舞的因素。我觉得我们在改编的时候做得比较好，因为融入了我们汉文专业的一些特色，比如院训啊，院里对我们的一些规划和要求，还有“浩浩文院，百年积淀”这样的口号，这些我们自己特色的东西都加进去了。表演结束之后，李老师一直鼓励我说，你们这个排得非常有特色；也一直鼓励我们的演员，说演得非常好。院系给予了我们特别大的支持，这个戏也演得比较成功。到了大二下学期，咱们就有了“黑美人”的展演，我记得当时是在咱们还没有装修之前的一个报告厅。你们应该都不知道，现在咱们七号楼一楼的那个报告厅应该装修得比较好，我们那时还是一个比较破的地方，就是在那个地方招导演和演员的。我当时跟郑欣学姐一块承担《伤逝》的排练工作，排练的过程可以说一波三折。第一次是高老师主持彩排的时候，我们还没有一幕能完整地拿出来，而且中间还经历了换女主角、换女二这样一系列的波折。我特别感激当时的副导李子璇——你们应该都认识，现在还在西大——我们跟她一块经历了一些波折，整个戏在大家的共同努力下演得比较成功。然后这个戏有幸被院里选中去参加了陕西省大学生戏剧节，又排练了两个月，然后一块去参加了这个比赛。最后成果也比较丰硕，算是能回报我们这几个月的排演，回报咱们院老师的鼎力支持。

采访者:您刚刚说到参加了大戏节和“黑美人”,那在参加的过程中有没有学校的组织?

杨婉若:比较感谢的就是咱们院的老师能够特别放心我们,能够给我们支持,让我们放手去做。王理鹏老师,还有王晋华老师,给予了我们特别大的支持,所有的问题都不是问题,我们好好排戏就行,剩下的一切院里是最大的后盾,有什么事就找院里。

杨婉若

采访者:您刚刚谈到了在《伤逝》这部“黑美人”剧中,郑欣是编剧,那您和郑欣之间有没有发生一些有趣的事?

杨婉若:郑欣学姐从本科到研究生一直在文学院,她的专业背景非常强大。我当时还处于半新人半老人的一个状态,比较怯弱,觉得自己承担不起。郑欣学姐因为专业能力非常强大,在演戏技巧上给了我们很多的帮助,包括剧里很多创新的地方都是郑欣学姐想出来的。举一个例子,最开始排练的时候,好多演员都不是像你们一样是科班出身,他们有的是学汉文的,有的是学新闻的,很多人都没有专业背景,很多人也放不开,这么一大群演员在排练厅里,好多动作、语言都放不开。郑欣学姐就带着我们解放天性,每个人都要学一种小动物啊,学一个老头啊,一个山羊啊,一个怀孕的女人啊,就是带着大家一块玩,玩着玩着大家就熟络了,慢慢也就没有警惕心了,都放松下来,最后排练就非常顺畅。

遇见更多的可能性

——访吴玄利纪实

采访者:请您用一到两个词来形容一下“黑美人”。

吴玄利:“黑美人”对我而言,比较重要的一个词是“可能性”,再一个词就是“才华”。为什么这么讲呢?是因为我觉得在“黑美人”这个舞台上,展现了不管是我们那一届学生,以及学弟学妹、学长学姐在各方面的可能性。在这个舞台上我看到了大家对于表演、台词、剧本甚至是后台,还有我们外联部的对这个舞台拉来赞助等各个方面的贡献。“才华”怎么讲呢?我在上咱们西北大学文学院之前,从来都没有想过我们文学院的学生还能演这么精美的话剧,也没有想过大家能够自编自导自演这么优秀、这么精彩的话剧给我们每个人。所以我觉得就是这两个词吧。

采访者:您对“黑美人”的祝福是什么?对学弟学妹有什么期望?

吴玄利:我希望“黑美人”越办越好,然后每年能够更多地办一些话剧展。也非常希望“黑美人”能够到北京,当然也能够到全国各地巡演一下,到时候邀请我们这些漂泊在外的学长学姐去看一下。对现在还在西大读书的学弟学妹,我非常真心地建议大家多多参加“黑美人”,不管是去演个话剧,去写个剧本,去拉个赞助,或者去当个后勤,都是挺好的。

采访者:您现在是在北京的新华书店工作,是什么样的契机让您来到北京的?

吴玄利:我因为学的是汉语言文学专业,文学文化专业的工作在北京的机会更多一些。而且当时想到文化产业是一个非常传统的行业,必须跟互联网、大数据挂钩。集合这两点来看的话,北京是在我们全国所有城市中能提供这样一个平台与机遇的最合适的选择。同时我也考虑了一下,我家是北方的,离北京比较近,对气候什么的也比较适应。主要考虑了工作环境和工作机遇就来了这里。

采访者:那您现在从事的工作可能并不与戏剧影视文学有特别大的联系,您觉得当年在西北大学参加“黑美人”的经历对现在有什么影响吗?

吴玄利:虽然我没有演过剧,但是也参加了咱“黑美人”的舞蹈表演,还有后勤工作，当时也就是在学生会外联部，给咱外联部拉一些赞助。非常实际地讲，给“黑美人”拉赞助的工作给我后面找工作——就是现在的工作提供了很大的帮助，当时借“黑美人”这样一个平台对外面的商家进行宣传是一个很好的办法。对外宣传的过程中既培养了自己的沟通能力，也培养了自己跟商家谈事情——谈合作不卑不亢的精神。当然也有问题，但是这种初生牛犊不怕虎的精神带着我走上外联和市场的道路。我现在的工作中其实也用到了当时积累的经验。我们现在做市场工作也需要和商家合作，其实是一样的道理。基本上就是把双方的合作点、赢利点都谈清楚了，双方达成一个共识就好继续合作。

采访者：那您当时就是在外联部，您还记不记得当时学生会的其他一些组织有没有参与到“黑美人”的，不管是前期策划还是后期排练这样一个过程中的？

吴玄利：我记得我们学生会所有的人都会参与“黑美人”的制作。我记得有几次彩排，我们学生会的所有部长都去参加，有什么建议也都会提。因为对于话剧而言，首先要做好一个观众，我们就会把观众的感受如实地反映给这个剧组，这个剧组才会改进。至于其他部门，当时可能是那个学习部会做一些展板的展示，“黑美人”工作小组会有专门的人员进行剧本的创作。

采访者：您有没有参与到“黑美人”的表演中？

吴玄利：参与了。咱“黑美人”前期有舞蹈表演，开场舞，我当时表演了一个开场舞叫《雨中花》，是一个古典舞。

采访者：您觉得从您自己的经验和求职经历来说，未来“黑美人”的发展有什么样的一个方向或者您有什么建议？

吴玄利：一方面是经典的翻新创作吧，不管是一些经典话剧也好或者是小说，可以在里面加一些学生自己的理解。另一方面就是学生的原创。我觉得原创一定要从自身出发，没必要有太多追求。我最近也会看陈佩斯排的一些话剧，有可能人家是站在了社会层面，从人生百态这么一个比较高的立足点出发去创作。我觉得学生也不要好高骛远，就是从自己本身，哪怕是从青春的角度、大学生的角度。大学生的迷茫，这本身就是人生中很重要的一部分，从这一部分去写我们真实的感受和真真实实发生在我们身边的故事，就已经很能打动人了。

采访者：像王小亭，还有陈志，其实是陈佩斯老师那个戏剧工作室的演员，您对他们了解吗？

吴玄利：我对他们有一些了解。我记得我们那里还有一个学姐也在陈佩斯老师那儿，但是她做的不是演员，她做的应该是偏后勤这方面的。

采访者:如果现在还有机会从事戏剧方面的一些工作,您愿意再次投身到这个岗位吗?

吴玄利

吴玄利:我补充一点。你刚才问我对西北大学“黑美人”发展方面的建议,我觉得对这方面的市场工作还能再拓展一些。我刚刚讲在各地的巡演,我觉得如果对这个事情进行非常认真的策划,然后得到学校以及社会上的赞助,是可以做起来的。各地的巡演我们也可以做些售票这样营利性的行为,也可以和一些大学进行合作,进入他们的礼堂。一些大学也有自己的戏剧社团,跟他们合作一方面是一种交流,一方面也是对西北大学“黑美人”社团品牌的推广。同时,很有可能不同地方的学生对同一个话题、同一个戏剧有着不同的认识,可能碰撞后会形成更加精彩绝伦的话剧。如果要我参与话剧方面的工作,我可能更愿意做这方面的工作,做一些市场方面的工作,去给咱找一些赞助、场地、外联——任何一个大型活动,不管是人力、物力还是财力方面都是需要强大后勤支撑的。

(吴玄利,西北大学文学院2011级学生,现就职于北京新华书店)

青春做伴“黑美人”

——访袁佳纪实

采访者:请您用一到两个词来形容一下“黑美人”是什么。

袁佳:我觉得“黑美人”是青春,是我们的希望。

采访者:请您用一句话表达一下对“黑美人”的祝福以及对学弟学妹们的期冀。

袁佳:作为一个参加过“黑美人”很多届的学姐,我祝“黑美人”越办越好,祝学弟学妹们的作品越来越精彩,祝学弟学妹们有了想法就去写就去排,把我们的青春、我们的想法展现出来。

采访者:您能简单说一下您现在的读博经历和未来的职业打算吗?

袁　佳

袁佳:我现在就是上课、写论文,课余也会写剧本,也接触了一些网剧和电视剧类的创作。关于职业规划,其实这两天也在纠结,因为也该毕业了,觉得还是会找一些高校的影视教育的相关工作。如果有机会的话,也会从事影视方面的创作。从事与影视教育相关的行业,可能会把从“黑美人”中学到的一些排戏或导戏的经验和以后的教学工作结合起来。因为我觉得排戏过程中很多的问题、很多具体的情况,其实是想要学习或从事影视行业的同学会面临的问题。我觉得这些问题可能是那些真正想要学习影视的人的宝贵经验,而不是简单的理论。如果有幸成为一名影视方向的教师的话,我肯定会努力把这些实践经验和教学结合起来,让大家更加愉快、更加充满激情地投入到影视和戏剧的学习中。

采访者:您对未来“黑美人”的发展有什么建议吗?

袁佳:我希望大家能多做原创剧本。如果是改编或者是翻拍的话,我觉得可能不如自己写剧本的经历更能让人学到东西。写出来的作品,可能并不是特别完美,但是我觉得从原创到形成一个戏的过程是很难得的,如果只是排别人的戏的话,可能没有这么大的收获。

采访者:作为本科生,我们如何提高编导方面的能力?

袁佳:作为学姐,我的建议就是多读一些理论书籍之外的文学艺术作品,去补充生活的不足。因为同学们都是在学校里,不能接触到社会的各个层面,各种人生经历都比较少,可以通过阅读来补充我们的人生经历,这样我们写出来的就不只是校园爱情或者是臆想出来的东西,而是会更贴近生活,更具有饱满的生命力。

(袁佳,西北大学文学院2012级硕士生,现在北京师范大学攻读博士学位)

“黑美人”编年

◎1987年，聂益南、边学锋老师提出组织一场舞台剧以活跃气氛，展现才华，挖掘人才。经各方面认同后，以奖品——一个小小的黑人女性艺术瓷雕命名这次活动，这成为“黑美人”的开始。

◎1988年，1987级学生王根林编剧、张明导演的一部反映商品经济大潮对大学校园冲击的四幕话剧荣获最佳创作奖。1988级学生高字民自编自导自演的喜剧《买不买?》荣获最佳男演员奖。1988级学生郝国庆编剧的《今天没戏》荣获最佳编剧奖。

◎1989年，由于中文系学生对“黑美人”戏剧节准备不足，各班在老师的催促下仓促完成，“班级作坊”成为最初的运作模式。后来，“黑美人”建立了彩排、节目审核制度。《武松打虎》获最佳创作奖。

◎1990年，1988级学生冯晓明、赵伟以《旅馆》捧得大奖，开创寓言剧时代。

◎1991年，冯晓明、赵伟以《金枝》再度捧得大奖。

◎1992年，1988级毕业以后，寓言剧继续独领风骚，保持了亦实亦虚的人物情节，大段的优美台词，佐以档次不断提升的服装、道具，增添了贵族和学院气息。在这届戏剧节上，1991级学生吴晓妮以《太阳城》获大奖。

◎1993年，王晓燕创作的寓言剧《金元方》获大奖。这时，王静波老师明确指出“黑美人”应更多地反映现实社会，反映大学生活。

◎1995年，“黑美人”在剧本类型上向现实戏剧转变，王洵凭《乡情》获大奖。这一年，“黑美人”被调到五六月上演。

◎1996年，王洵以《山祭》获奖。

◎1997年，王洵凭《光辉岁月》再度捧得大奖。至此，王洵独步西大“戏坛”三年。其剧作充满泪水的创痛及不息的求索，他也因此被称为“悲情王子”。

◎1998年，1996级广告专业学生陈龙以《夜郎西》获大奖，著名作家贾平凹到场观看并颁奖。

◎1999年，陈龙完成的《青铜骑士》是“黑美人”历史上出色的戏剧作品之一。

◎2000 年,1996 级学生郭永平和 1998 级学生王曦共同编剧、导演的话剧《金光大道》获最佳导演奖,樊鹏获最佳男主角奖。1996 级学生陈龙编剧和导演的《月光之下》获最佳剧本奖。

◎2001 年,耿建主演的《风口》成为本届的一大看点,燕来根据张爱玲同名小说改编的《金锁记》也造成很大轰动。此后,燕来的改编剧在"黑美人"中占据一席之地。

◎2002 年,2001 级学生王洋主演的《瞳孔爱情》获得成功。

◎2003 年,因为"非典"这一特殊原因,"黑美人"停办一年。

◎2004 年,上演《断肠何限》《窦娥冤·等待戈多》《同行》《没有理由的理由》《河东狮吼》。

◎2005 年,上演《小王子》《文明的碎片》《女人花》《白毛女新传》《供家具的出租屋》等。

◎2006 年,上演话剧《真爱无言》《秋香点唐伯虎》《走出山谷》《栀子花开》和《龙凤奇缘》。

◎2007 年,上演话剧《背叛》《切·格瓦拉》《窦娥冤·等待戈多》《牛虻》《萝卜花女人》《山路》《校园深处》《英雄如歌》,其中《背叛》获最佳剧目奖,《切·格瓦拉》获最佳表演奖,《窦娥冤·等待戈多》获最具创新奖。

◎2008 年,上演话剧《我爱点点点》《月亮光光》《祝英台与甲壳虫》《卧虎藏龙》,其中《我爱点点点》获最佳改编奖,《月亮光光》获最佳表演奖,《祝英台与甲壳虫》获最佳原创奖。

◎2009 年,上演话剧《步步皆殇》《金锁记》《危机时代的文学青年》《扶起你的大爷》《三十里铺》以及舞蹈剧《如果·明天》,其中《扶起你的大爷》获最佳剧目奖。

◎2010 年,上演话剧《七天》《小团圆》《伊莎贝拉诗人之死》《山楂树之恋》《天堂隔壁是疯人院》《那一天我们在水边之豹子头和花和尚》。

◎2011 年,上演话剧《倾城》《我不是李白》《青花瓷》《极品飞车之青天大老爷》《山寨爸爸》《梁山传奇之我是谁,你爱谁》。

◎2012 年,上演话剧《长安往事》《我爱桃花》《天堂的风铃》《半生缘》《上海夫人》,其中《上海夫人》获最佳剧目奖。

◎2013 年,上演话剧《叫魂》《海的女儿》《深井与回声》《伤逝——涓生的手记》《山寨爸爸》《武贰》，其中《武贰》获最佳剧目奖。

◎2014 年，上演话剧《兰若遗梦》《胎记》《两只狗的生活意见》《井》，其中《两只狗的生活意见》获最佳剧目奖。

◎2015 年，上演心理情景剧“心有千千结”（《心门》《徘徊》《沉迷》《坠·爱》），话剧《一个无政府主义者的意外死亡》《奔月》《萝卜上有泥》《回生》《青春作伴》，其中《萝卜上有泥》获最佳剧目奖，“心有千千结”获最佳创意奖。

◎2016 年，上演话剧《补天》《秋风秋雨愁煞人》《莎剧撷英》《十二公民》《晚歌》《长安乐》《重生》，其中《秋风秋雨愁煞人》获最佳剧目奖；举办《心中的红蜡烛》剧评大赛。

◎2017 年，为纪念“黑美人”艺术节诞辰 30 周年，排演了剧目《这个美人有点黑》《秋风秋雨愁煞人》和《芙蓉射艺招亲记》。三剧同时参加本年度的陕西省校园艺术节竞赛。《芙蓉射艺招亲记》同时入围西安市首届高新创客戏剧节，与其他五部剧一起参加了创客青年戏剧展演。

后　记

时光荏苒，岁月匆匆。“黑美人”艺术节作为西北大学精品校园文化品牌活动，至今已有30年的历史。1987年，在原中文系一些热爱戏剧的教师、学生和辅导员的精心策划下，12月西北大学举办了旨在纪念“一二·九”运动的第一届“黑美人”戏剧节。后因冬季排演不便，且同考试冲突，故改于每年5月举办。此后，学生自编自导自演的话剧如期上演，角逐竞赛，成为校园里一道迷人的风景。1994年，“黑美人”戏剧节更名为“黑美人”艺术节，活动容量增加，表现形式更加多样。2007年，“黑美人”艺术节扩展为以戏剧活动为主体，兼有诗歌、微电影、艺术沙龙等内容的综合艺术节。2015年，排演校园心理情景剧“心有千千结”系列。2016年，编创排演纪念莎士比亚逝世400周年的读者剧场短剧《莎剧撷英》。2017年开展“剧场党课”创意实验。目前，“黑美人”艺术节已形成文化素质教育、公共艺术教育、思想政治教育、心理健康教育相结合，校园文化与专业实践相配合的多元联动育人机制。学生在艺术节的各项实践活动中，完成了认识自我、探索自我、丰富自我、实现自我的成长和超越。

多年来，“黑美人”艺术节中涌现出了一批具有广泛影响的校园戏剧作品，提高了学生的人文素质和艺术修养，在凝心聚气、引领成长方面发挥了重要作用。培养出一批热爱戏剧的准专业人才，丰富了校园文化生活，使广大师生在思想激荡和艺术审美中得到了文化艺术的熏陶，深受欢迎和好评，取得了丰硕成果。经典剧目曾获首届国际易卜生大学生戏剧节最佳剧目特等奖、最佳导演奖，陕西省校园戏剧节优秀剧目奖，陕西省大学生话剧节最佳编剧奖、最佳团队奖等奖项。相关研究课题或实践活动曾获得教育部高校校园文化建设优秀成果一等奖和二等奖，获得中国高等教育学会第一届大学生素质教育优秀成果二等奖。相关教改课题取得显著成果，大学生创新创业训练计划项目研究在学生中广泛开展。

30年来，以“黑美人”艺术节为平台，我校培养了一大批戏剧、影视等相关行业的优秀人才，他们有的考上了中央戏剧学院、北京电影学院、英国伦敦大学金匠学院编、导、演管理专业的研究生；有的就职于国家大剧院、北京大道喜剧院、陕西省人民艺术剧院等专业院团，成为业界骨干；有的自主创业，从事戏剧教育和艺术普及工作。艺术节的审美文化实践有力促进了文学院戏剧影视等专业的教学改革、课程改革，为学生对口就业提供了信息资源，成为扩大我校社会影响力的特色平台。

为响应习近平总书记在文艺工作座谈会上提出的“创作无愧于时代的优秀作品”“把思想政治工作贯穿教育教学全过程，开创我国高等教育事业发展新局面”的精神，大力建设积极向上、清新高雅、健康文明的校园文化，培养和提高学生的文化品位和艺术修养，全面拓展学生的综合素质，借“黑美人”创办30周年之机，我们自2016年开始公开征集“黑美人”故事，历时一年，收集整理亲身参与“黑美人”艺术节的师生作品及其他资料近百篇，很多校友还专门给我们发来了当年的珍贵照片和相关资料。

本书以时间顺序为主线，根据内容和形式分为三个部分。第一部分主要是亲历或见证“黑美人”艺术节的师生的故事随笔。第二部分和第三部分为“黑美人”艺术节“心有千千结”系列心理情景剧展演随感，纪念莎士比亚诞辰400周年学生实验戏剧系列随笔，“黑美人”艺术节10周年、20周年和30周年优秀校友的采访记录。本书名《时光中的“黑美人”》源于2016年西北大学官方微博做“黑美人”专题推送时的题目，受到编委们一致青睐，故沿用。

本书的编辑和出版工作得到了学校宣传部、学生工作部、团委、教务处和多方校友的大力支持，郭立宏校长、李邦邦副书记和王尧宇副校长更是给予了热情的鼓励和指导，在此表示由衷的感谢！

因时间仓促和资料有限，书中难免有遗漏和错讹之处，还望大家批评指正。

韶光流转，朝花夕拾，美人依旧。我们衷心期望“黑美人”这个经典校园文化品牌绽放出更加绚烂的青春光彩，再创辉煌。

编委会

2017年8月